OBERBAYERN · ALLGÄU · TIROL

Pistengehen & leichte Skitouren

Michael Reimer · Klaus Stierhof

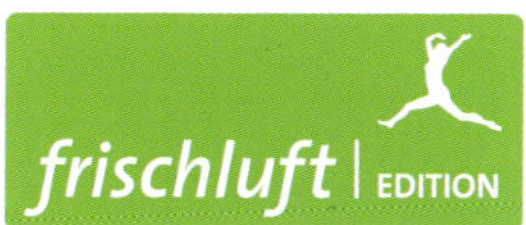

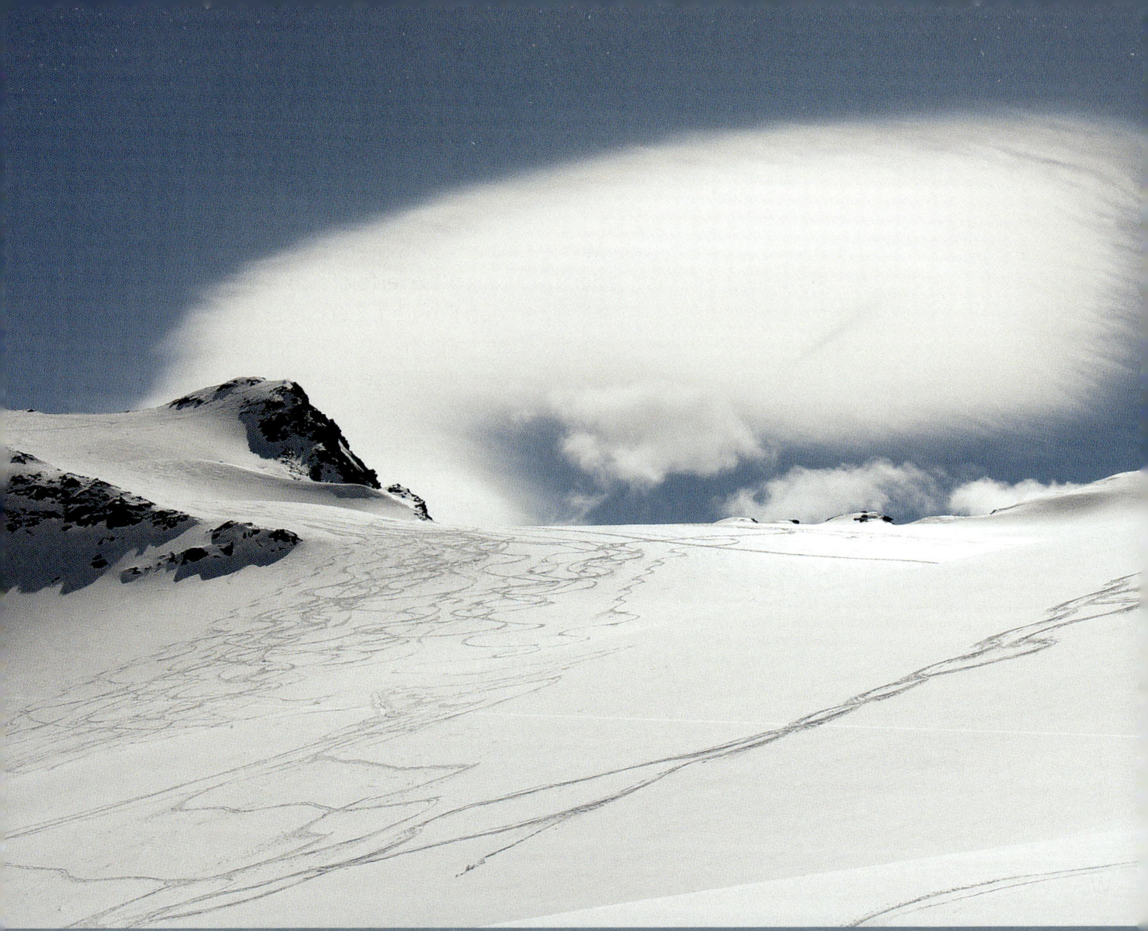

DIE AUTOREN

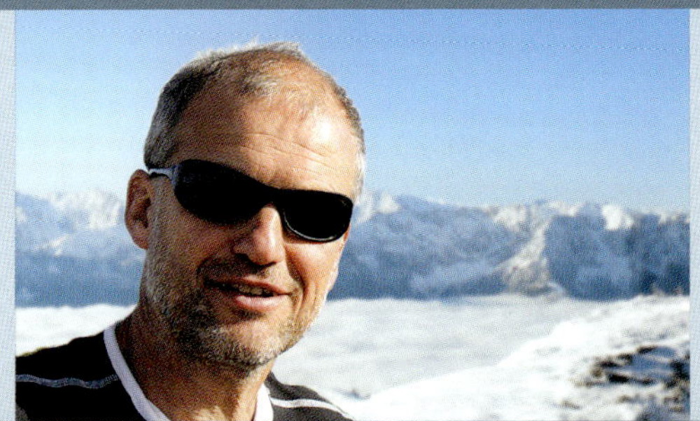

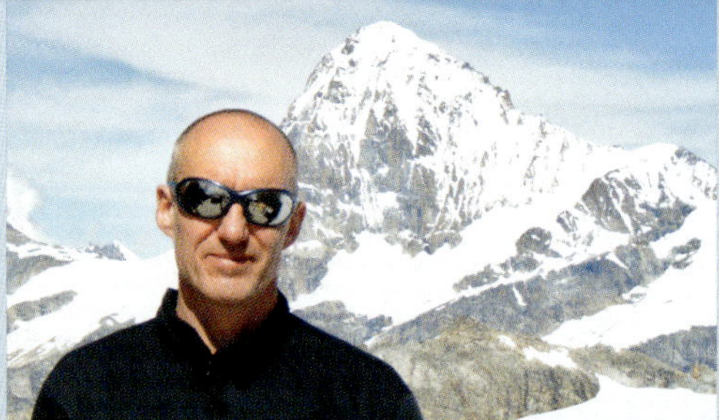

Michael Reimer Seit seiner frühen Jugend ist der erfahrene Verleger und Reisejournalist mit den Bergen verwurzelt. Ob zu Fuß, mit dem Bike oder per (Langlauf-)Ski: Am liebsten erkundet er naturnahe Ausflugsziele in Oberbayern und Tirol, wobei sein Pioniergeist danach verlangt, immer wieder neue Wege und Herausforderungen zu suchen.

Klaus Stierhof Der in München tätige Architekt begann sein „alpinistisches Treiben" während seiner Studienzeit mit alpinen Fels- und Eistouren. Mittlerweile ist der seit seiner Kindheit mit dem Skifahren verbundene Allroundbergsteiger zu allen Jahreszeiten zu Fuß, mit dem Mountainbike oder den Skiern im Alpenraum unterwegs.

Ein früher Winterabend in Garmisch-Partenkirchen. Eine Stunde nach Betriebsschluss hat sich der Parkplatz an der Hausbergbahn relativ gelehrt. Relativ. Denn während die Pistenfahrer aufgrund der einsetzenden Dämmerung längst das Weite gesucht haben, kennen zahlreiche„Fitness-Tourengeher" nach Feierabend nur ein Ziel: Aufstieg zum Drehmöser 9. Wie an einer Perlenschnur aufgereiht flackern die Stirnlampen der aufsteigenden After-Work-Karawane in der Dunkelheit. Es ist Dienstag, und die Pistenraupen ruhen. Zumindest solange, bis sich das Nachtspektakel in Wohlgefallen auflöst.

Skipisten haben heute für die Tourengeher die gleiche Bedeutung wie Kletterhallen für die Kletterer: Hier kann man auch bei schlechteren Wetterbedingungen Sport, Fitness und Geselligkeit zum Beispiel im Rahmen einer After-Work-Tour elegant miteinander verknüpfen. Es entsteht an bestimmten Abenden eine echte „Win-win-Situation" zwischen den an der frischen Luft Bewegung suchenden Tourengehern und den Umsatz machenden Hüttenwirten.

Dass Skipisten in Bayern keine Sportstätten, sondern Teil der freien Natur sind und damit auch für Skitourengeher unter Einhaltung entsprechender Regeln (siehe S. 15) zur Verfügung stehen, ist seit November 2013 durch den Bayerischen Verwaltungsgerichtshof abschließend geklärt worden. Pistensperrungen dürfen und müssen nur dann erfolgen, wenn akute Gefahren wie die Pistenpräparierung mit Seilwinden oder Lawinensprengungen drohen.

Die pauschale Sperrung ganzer Skigebiete für Tourengeher, wie einst trotz der Gerichtsentscheidung durch die Gemeinde Schliersee für das Skigebiet am Spitzingsee angeordnet, ist nach Auffassung des Deutschen Alpenvereins somit rechtswidrig.

Mit der Aktion „Skitouren auf Pisten" fungiert der DAV seit 2003 erfolgreich als Vermittler zwischen den Fronten. Ziel dieser Moderation ist die bestmögliche Lösung für jedes Skigebiet, die beispielsweise die Entwicklung und Ausweisung einer eigenen Aufstiegstrasse für Tourengeher bedeuten kann. Falls keine separate Route ausgewiesen ist, muss man ja nicht unbedingt zur Hochsaison tagsüber in einem stark frequentierten Pistengebiet „spazieren" gehen. Übrigens sind entgegen mancher Vorurteile auch die meisten Pistenfahrer den Tourengehern gegenüber keinesfalls negativ eingestellt: Wir wurden während unserer Recherche jedenfalls niemals „angefeindet". Auch die Wanderer haben sich nach jahrelangen Irritationen an die Mountainbiker gewöhnt ...

Unser Freizeitführer will das Pistengehen ohnehin auch als „Sprungbrett" für Skitouren im freien Gelände verstanden wissen. Wer zu Weihnachten eine Tourenausrüstung geschenkt bekommt, möchte sie gerne ausprobieren. Die Piste eignet sich hervorragend, um sowohl an der Ausrüstung als auch an der Technik zu feilen, ohne mit den objektiven Gefahren im freien Gelände und womöglich schwierigem Tiefschnee bei der Abfahrt konfrontiert zu sein. Und der Touren-Neuling muss sich nicht immer einen erfahrenen Partner suchen, um einfach loszuziehen! Nach einer kurzen Eingewöhnphase ist dann die Zeit reif für die leichten Skitouren im Gelände. Und wer diesen faszinierenden Sport gerne ausübt, wird mit Sicherheit den geeigneten Pisten-Skitouren-Mix für sich herausfinden und sich im Lauf der Saison womöglich sogar für anspruchsvollere Ziele gewappnet fühlen.

Viel Spaß und Freude bei den Touren!
Michael Reimer und Klaus Stierhof

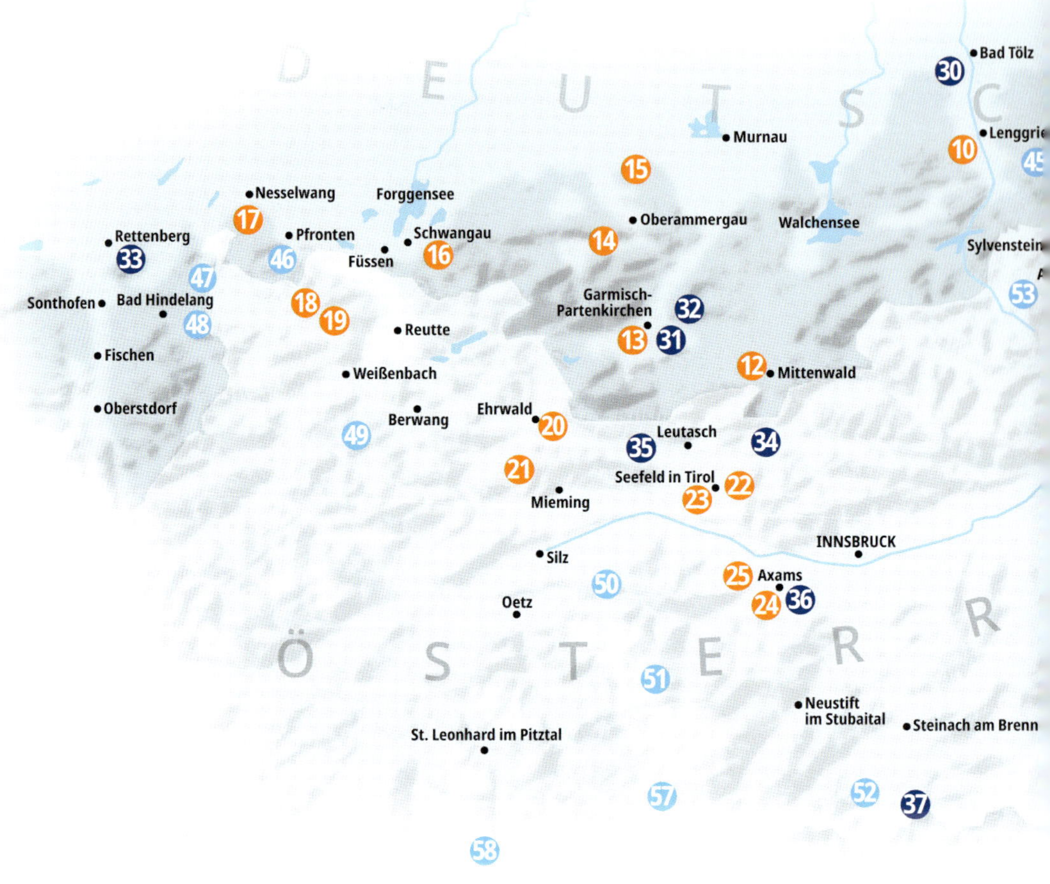
D E U T S C
Bad Tölz
30
Murnau
Lenggrie
10
15
Nesselwang
Forggensee
17
Oberammergau
Walchensee
Rettenberg
Pfronten
Schwangau
14
Sylvenstein
33
46
Füssen
16
47
53
Sonthofen
Bad Hindelang
18
Garmisch-Partenkirchen
32
48
19
Reutte
13
31
Fischen
12
Mittenwald
Weißenbach
Oberstdorf
Berwang
Ehrwald
20
Leutasch
49
35
34
21
Seefeld in Tirol
22
Mieming
23
INNSBRUCK
Silz
25
Axams
50
36
Oetz
24
R
Ö S T E R R
51
Neustift im Stubaital
Steinach am Brenn
St. Leonhard im Pitztal
57
52
37
58

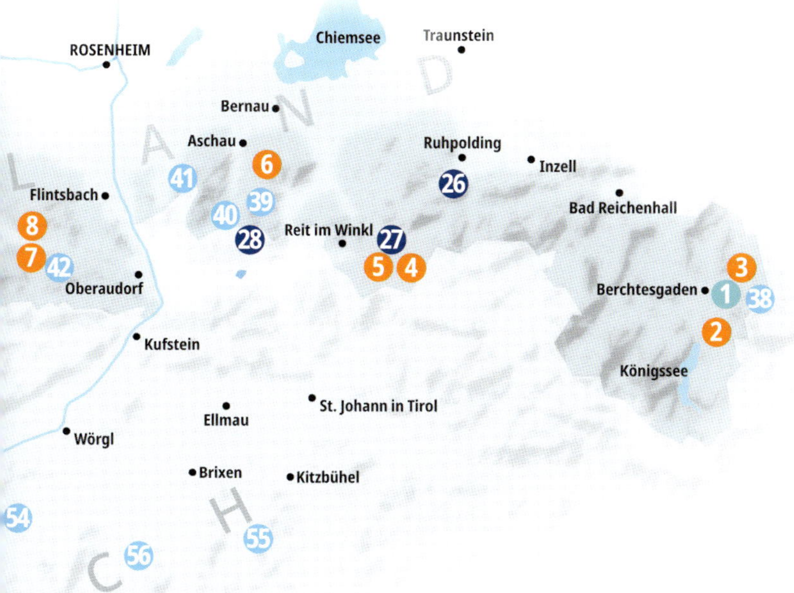

AFTER-WORK-TOUREN

SKITOURENPARK

SKITOUREN-LEHRPFAD

		TOURENZIEL	REGION	AUSGANGSORT	HÖ
SKITOURENPARK	1	Obersalzberg / Skitourenpark	Berchtesgadener Alpen	Obersalzberg	
PISTENGEHEN	2	Jenner / Stahlhaus	Berchtesgadener Alpen	Königssee	11
	3	Rossfeld	Berchtesgadener Alpen	Wirtshaus Pechhäusl	11
	4	Heutal	Chiemgauer Alpen	Parkplatz Heutallifte	9
	5	Steinplatte	Chiemgauer Alpen	Seegatterl / Winklmoosalm	11
	6	Steinplatte	Chiemgauer Alpen	Hohenaschau	6
	7	Oberes Sudelfeld	Mangfallgebirge	Bayrischzell	8
	8	Wendelstein	Mangfallgebirge	Osterhofen	7
	9	Aueralm	Mangfallgebirge	Bad Wiessee	8
	10	Brauneck	Tölzer Berge	Wescheid	7
	11	Erfurter Hütte	Rofangebirge	Maurach am Achensee	9
	12	Kranzberg	Karwendelgebirge	Mittenwald	9
	13	Drehmöser 9	Wettersteingebirge	Garmisch-Partenkirchen	7
	14	Kolbensattelhütte / Zahn	Ammergauer Alpen	Unterammergau	8
	15	Hörnlehütte	Ammergauer Alpen	Bad Kohlgrub	8
	16	Rohrkopfhütte / Tegelberghaus	Allgäuer Alpen	Schwangau	8
	17	Sportheim Böck / Alpspitz	Allgäuer Alpen	Nesselwang	9
	18	Sonnenalm	Tannheimer Berge	Grän	11
	19	Krinnenalpe	Tannheimer Berge	Nesselwängle	11
	20	Ehrwalder Alm	Mieminger Berge	Ehrwald	10
	21	Sunnalm	Mieminger Berge	Biberwier	10
	22	Seefelder Joch	Karwendelgebirge	Seefeld	11
	23	Gschwandtkopf	Karwendelgebirge	Mösern	1
	24	Hoadl	Sellrainer Berge	Axamer Lizum	15
	25	Rosskogelhütte / Rangger Köpfl	Sellrainer Berge	Oberpfuss	
AUFGELASSENE PISTEN	26	Unternberg	Chiemgauer Alpen	Ruhpolding	
	27	Dürrnbachhorn	Chiemgauer Alpen	Seegatterl	
	28	Karkopf	Chiemgauer Alpen	Kössen	
	29	Taubensteinhaus	Mangfallgebirge	Spitzingsee	1
	30	Blomberghaus	Tölzer Berge	Blomerg Talstation	
	31	Eckbauer	Wettersteingebirge	Garmisch-Partenkirchen	
	32	Wank	Estergebirge	Garmisch-Partenkirchen	
	33	Grüntenhütte / Grünten	Allgäuer Alpen	Kranzegg	
	34	Mühlberg	Karwendelgebirge	Scharnitz	
	35	Rauthhütte	Mieminger Berge	Leutschtal	1
	36	Birgitzköpflhaus	Sellrainer Berge	Adelshof	1
	37	Sattelberg	Brenner Berge	Gries am Brenner	1
LEICHTE SKITOUREN	38	Purtschellerhaus	Berchtesgadener Alpen	Rossfeldstraße	1
	39	Geigelstein	Chiemgauer Alpen	Ettenhausen	
	40	Mühlhornwand	Chiemgauer Alpen	Sachrang	
	41	Feichteck	Chiemgauer Alpen	Samerberg	
	42	Brünnsteinschanze	Mangfallgebirge	Tatzlwurm	
	43	Jägerkamp	Mangfallgebirge	Spitzingsee	1
	44	Hirschberg	Mangfallgebirge	Point	
	45	Seekarkreuz	Mangfallgebirge	Kreuth	
	46	Schönkahler	Allgäuer Alpen	Parkplatz Engtal	1
	47	Wertacher Hörnle	Allgäuer Alpen	Unterjoch	1
	48	Wannenjoch	Tannheimer Berge	Schattwald	1
	49	Galtjoch	Lechtaler Alpen	Rinnen	1
	50	Kreuzjoch / Mitterzeigerkopf	Sellrainer Berge	Kühtai	1
	51	Lampsenspitz	Sellrainer Berge	Praxmar	1
	52	Leitnerberg	Brenner Berge	Obernberg	1
	53	Gröbner Hals	Karwendelgebirge	Achenkirch	
	54	Schatzberg	Kitzbüheler Alpen	Auffach	
	55	Schwarzkogel	Kitzbüheler Alpen	Aschau	1
	56	Hartkaserjoch / Hundskopf	Kitzbüheler Alpen	Windau / Rettenbach	
	57	Hinterer Daunkopf	Stubaier Alpen	Gries im Ötztal	1
	58	Wurmtaler Kopf	Stubaier Alpen	Mandarfen im Pitztal	1

…HEN-METER	GEHZEIT IN STD.	ÖPNV*	EIN-KEHR	AFTER-WORK	LEHR-PFAD	SEITE
		●				**16**
0 (1200)	2 (4 ½)	●	●	●		**18**
00 (800)	1 (2)	●	●	●		**20**
580	2	●	●	●	●	**22**
0 (1100)	3 (4 ¼)	●	●			**24**
880	3	●	●	●		**26**
00 (350)	1 ½ (2)	●	●	●		**28**
940	3	●	●			**30**
450	1 ½	●	●	●		**32**
850	2 ½	●	●		●	**34**
860	2 ¼	●	●	●	●	**36**
420	2 ½	●	●	●	●	**38**
570	2 ½	●	●	●		**40**
0 (750)	1 ¼ (2 ¼)	●	●	●	●	**42**
510	1 ¼		●	●		**44**
0 (920)	1 ¼ (2 ½)		●	●	●	**46**
0 (690)	1 ½ (2)	●	●	●		**48**
680	1 ¾		●	●		**50**
415	1		●	●		**52**
410	1 ¼	●	●	●		**54**
540	1 ½		●	●		**56**
860	2 ¼	●	●	●		**58**
340	1	●	●			**60**
800	2	●	●	●		**62**
(1120)	2 ½ (3)	●	●	●		**64**
720	2		●	●	●	**66**
1020	3	●	●	●		**68**
900	3		●			**70**
0 (620)	2 ¼ (2 ½)	●	●	●		**72**
580	2	●	●	●		**74**
500	1 ¼	●	●			**76**
1040	3 ½	●	●			**78**
0 (790)	1 ¼ (2 ¼)		●	●		**80**
340	1					**84**
440	1 ¼		●	●		**86**
700	2	●	●	●		**88**
920	2 ½	●	●			**92**
550	1 ½					**96**
1180	3 ½	●	●			**98**
920	3					**102**
650	2		●			**104**
750	2 ½					**106**
690	2	●	●	●		**108**
900	2 ¾	●	●			**110**
780	3	●	●			**112**
700	2	●				**114**
760	2		●			**116**
850	3		●			**120**
1080	3		●			**122**
770	2 ½					**126**
1200	3 ½	●			●	**130**
930	3	●				**134**
740	2 ½					**136**
1030	3	●	●			**140**
1020	3	●				**142**
1040	3 ½					**144**
1630	5 ½		●			**148**
1580	5 ½		●			**152**

*** ÖPNV** Öffentlicher Personennahverkehr

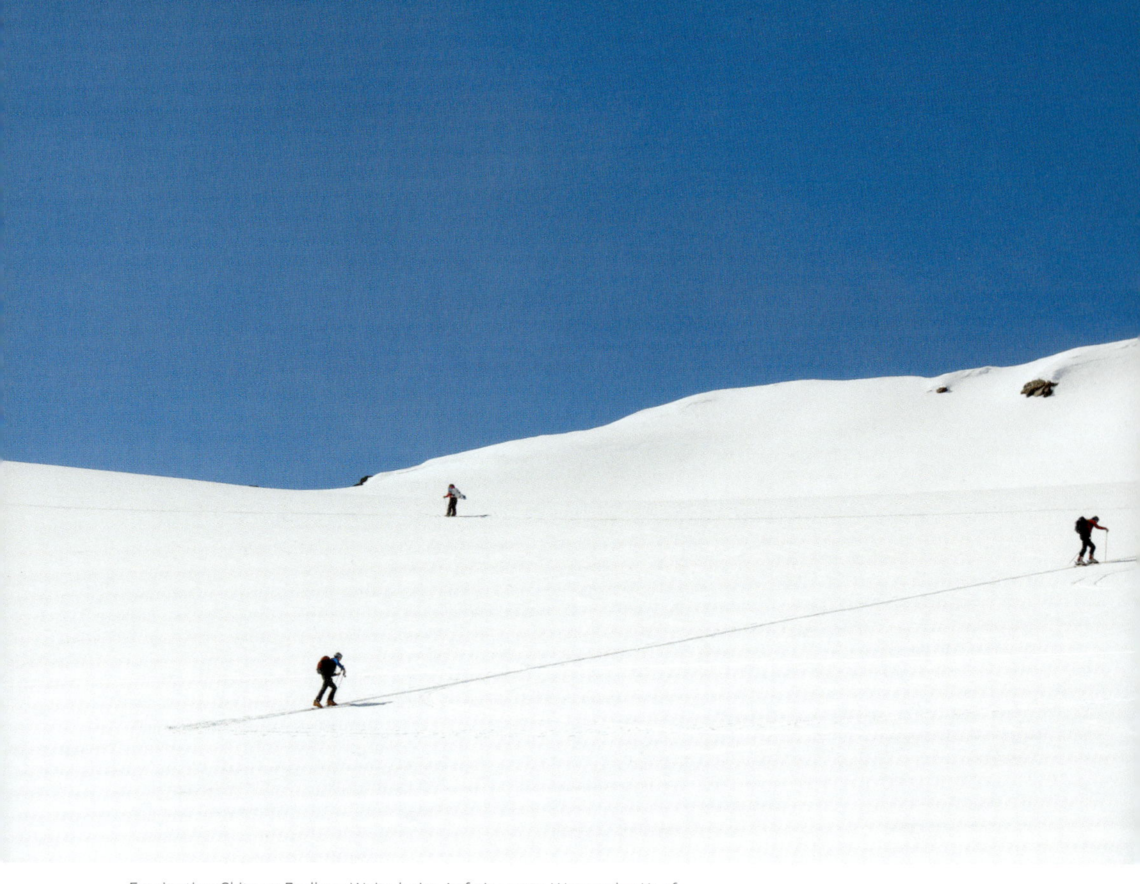

Faszination Skitour: Endlose Weite beim Aufstieg zum Wurmtaler Kopf

Touren im Pistengelände

Der Trend ist nicht zu stoppen: An schönen Wintertagen streben zahlreiche Pistengeher in den Skigebieten in die Höhe. Wichtige Aspekte sind die Bewegung an der frischen Luft, der leichte Rucksack, die präparierten Abfahrten, die bequeme Erreichbarkeit, das geringe Lawinenrisiko und die meist ausreichende Schneelage bei partieller Beschneiung in schneearmen Wintern. Touren-Novizen genießen zudem den Vorteil, im sicheren Umfeld für spätere Touren in freier Wildbahn Routine im Umgang mit der eigenen Ausrüstung zu erlangen: Aufziehen der Felle, Einstellen der Steighilfe, Anlegen der Harscheisen, Funktionalität des Lawinenverschüttetensuch(LVS)-Geräts; auch die Bequemlichkeit eines neuen Schuhs und die Steigtechnik können auf die Probe gestellt werden!

Während tagsüber auch etliche Solisten unterwegs sind, strömen nach Feierabend zahlreiche Kleingruppen auf die an bestimmten Abenden geöffneten Berghütten. Ob auf der Piste oder in der Hüttenstube – das Sehen-und-gesehen-werden macht zu jeder Tageszeit viel Spaß.

Der Pistengeher wird manchmal ja gerne als Risikofaktor für Unfälle mit den Abfahrern abgestempelt, da er gerne nebeneinander emporsteigt, die Piste an unübersichtlicher Stelle quert oder seinen undisziplinierten Hund mitführt. Nach einem intensiven Pistengeher-Recherche-Winter lässt sich feststellen, dass sich von wenigen „schwarzen Schafen" abgesehen die meisten Tourengeher auf Pisten inzwischen sehr diszipliniert verhalten. Dennoch sei an dieser Stelle darauf hingewiesen, sich dringend an die Regeln für Tourengeher auf Skipisten zu halten (siehe Seite 15). Auch die örtlichen Regelungen sind zu beachten: Wird ein Skigebiet etwa aufgrund einer Präparierung mit Seilwinden oder Lawinensprengung gesperrt, herrscht selbstverständlich absolutes Betretungsverbot. Außerdem sollten die beschilderten Aufstiegsrouten eingehalten werden.

Fitness und Geselligkeit beim After Work

Um dem enormen Bewegungs- und Fitnessanspruch der Pistengeher nach Feierabend gerecht zu werden, wurde in zahlreichen Skigebieten mindestens ein sogenannter After-Work-Tag eingeführt. Dann haben bestimmte Hütten nach Liftschluss meist bis 22 Uhr geöffnet, und die Pistenraupen verrichten erst nach Schließung ihren Dienst. Von dieser Regelung profitieren vor allem die Hüttenwirte, die an den entsprechenden Abenden sehr guten Umsatz machen. Und der aktive Freizeitsportler freut sich über die Bewegungsfreiheit an frischer Luft und die Geselligkeit bei der wohlverdienten Einkehr.

Vor der ersten After-Work-Tour sollte sich der Touren-Neuling jedoch bei Tageslicht mit seiner Ausrüstung und Technik vertraut machen. Die Aufstiegstrassen führen meist am Pistenrand in der Hangdirettissima empor, was schon manche Rutsch-und-Fluch-Aktion am Berg ausgelöst hat. Harscheisen sind bei etwaiger Vereisung ebenso unabdingbar wie Stirnlampen und Reflektoren, um sich orientieren zu können und vor allem gesehen zu werden! Auch die Abfahrt in der Dunkelheit ist selbst im Schein der Lampe gewohnheitsbedürftig. Die Pisten sind nur in Ausnahmefällen beleuchtet.

Eine Übersichtsliste über die an den Abenden geöffneten Hütten gibt es auf Seite 156-157. Und die Website www.alpenverein.de liefert ständig aktualisierte Informationen zu den Regelungen auch bezüglich neuer Aufstiegstrassen in den oberbayerischen Pistengebieten.

Unterwegs auf aufgelassenen Pisten

Eine aufgelassene Piste ist das ideale Bindeglied zwischen der Pistentour und „echten" Skitour. Man bewegt sich oft in einem Waldschneisen-Areal, das bestens auf den Abfahrer abgestimmt ist. Bei zehn von elf in diesem Buch vorgestellten Routen kann man zudem in einer Hütte einkehren, was den Genuss erhöht. Da man sich jedoch in unpräpariertem und ungesichertem Gelände bewegt, ist wie bei einer Skitour in „freier Wildbahn" die komplette Sicherheitsausrüstung Pflicht.

Hochgenuss bei leichten Skitouren

Skitouren in freiem Gelände sind eine wohltuende Abwechslung zum Rummel auf der Piste. Das Hauptkriterium einer leichten Skitour liegt im moderaten Streckenprofil: Die zu bewältigenden Hänge sind meist gut kupiert und bis auf wenige Ausnahmen weniger als 30 Grad geneigt. Steilpassagen sind selten und auf den Tourenkarten im Buch entsprechend markiert. Die Abfahrten erfolgen meist auf breiten, übersichtlichen Hängen oder Forstwegen. Manchmal liegt noch eine verlockende Einkehr am Wegesrand, wo man sich aufwärmen und stärken kann. Die 21 Vorschläge in diesem Buch führen in reizvolle landschaftliche Winkel und machen Lust auf höhere Ansprüche.

Eine Skihochtour zum Saisonfinale

Zur Krönung einer Tourensaison lockt im Frühjahr eine Skihochtour. Auch wenn alpines, teils vergletschertes Gelände jenseits der 3000-Meter-Grenze auf den ersten Blick nicht unter der Rubrik „leichte Skitour" laufen dürfte: Ein solches Unternehmen ist bei klarer Sicht, günstigen Lawinen- und Schneeverhältnissen sowie bei kompetenter Begleitung eines Erfahrenen auch für den Anfänger der pure Hochgenuss! Die grandiose Landschaft und der sensationelle Weitblick bei „Kaiserwetter" allein sind jeden Aufstiegsmeter wert! Wer sich zuvor bereits auf einigen Pisten und Touren ein wenig „Körner" gesammelt hat, wird im Normalfall auch die Höhe relativ gut verkraften. Alpine Erfahrung oder zumindest die Begleitung eines Partners mit Hochgebirgserfahrung ist jedoch nötig, da die Routen teilweise über vergletschertes Gelände führen.

Lehrkurse und -pfade vermitteln das Touren-ABC

Das Thema Skitour umfasst von der Steigtechnik bis zur Lawinengefahr eine weitreichende Spanne. Die Obersalzberger Wintersportschule bietet im angrenzenden Skitourenpark nicht nur Einsteigern praxisnahe Kurse an (Tour 1). Am Kranzberg (Tour 12), Tegelberg (Tour 16), Unternberg (Tour 26) und Lampsenspitz (Tour 51) geben Lehrpfade mit anschaulichen Übersichtstafeln wertvolle Hintergrundinformationen. Wie gut diese angenommen werden, zeigt die Meldung der Schwäbischen Zeitung von Februar 2011, wonach an sonnigen Wintertagen weit mehr als 1.000 Skibergsteiger auf dem neu eröffneten Tegelberg-Lehrpfad unterwegs seien. Neben der Vermittlung von Wissen diene die separate Aufstiegstrasse auch dem Frieden zwischen Abfahrern und Pistengehern.

Lawinengefahr abseits der Pisten

Obwohl es sich in diesem Führer um leichte Skitouren handelt, die überwiegend durch einfaches und gut gegliedertes Gelände verlaufen, muss außerhalb des Pistenbereichs die Lawinengefahr beachtet werden. Die Aufstiegsvarianten in Skigebieten führen meist durch Hochwald und sind zwar relativ, aber eben nie komplett lawinensicher. Der einzige tödliche Lawinenunfall Tirols in der Saison 2010/11 hat sich ausgerechnet am Gipfelhang des Sattelbergs ereignet, was zuvor selbst bei den Einheimischen aufgrund der aufgelassenen Piste und des insgesamt flachen Streckenprofils als unvorstellbar galt. Der tragische Beweis, dass vor allem oberhalb der Baumgrenze auch eine vermeintlich lawinensichere Skitour – mit einer Hangneigung von weniger als 30 Grad! – nach starken Schneefällen mit Windverfrachtungen plötzlich gefährlich werden kann. Eine vollständige Sicherheitsausrüstung inklusive LVS-Gerät, Lawinensonde, Lawinenschaufel und Erste-Hilfe-Paket muss also auf jeden Fall mitgenommen werden.

Lawinenwarndienste

- **www.alpenverein.de**
- **www.lawinenwarndienst-bayern.de**
- **www.lawine.at**

Literaturtipps zum Thema Lawine

- **Skibergsteigen – Freeriding,** Alpin-Lehrplan 4, Peter Geyer und Wolfgang Pohl, BLV Buch-Verlag, ISBN 978-3-8354117-3-9, 29,90 Euro (mit Teil zum Naturschutz)
- **Lawine,** Die zehn entscheidenden Gefahrenmuster erkennen. Praxis-Handbuch von Rudi Mair und Patrick Nairz, Tyrolia-Verlag, ISBN 978-3-7022-3086-9, 29,95 Euro
- **SnowCard.** Lawinen-Risiko-Check, Risikomanagement für Skitourengeher, Snowboarder, Variantenfahrer, Schneeschuhwanderer, Martin Engler und Jan Mersch, DAV, ISBN 978-3-9375301-8-5, 15,50 Euro

Umweltschutz als oberstes Gebot

Dieser Freizeitführer wurde dank der Berücksichtigung der Wald-Wild-Schongebiete mit dem DAV-Gütesiegel „Naturlich auf Tour" ausgezeichnet (siehe auch Interview mit Manfred Scheuermann S. 12–14). Ausgenommen von diesem Gütesiegel sind die Pistentouren, da in manchen Regionen noch keine endgültige Einigung über die beste Aufstiegstrasse getroffen wurde. Zur Umweltfreundlichkeit zählt auch die Anreise mit öffentlichen Verkehrsmitteln, die in manchen Gebieten durchaus praktikabel ist.

Erläuterung zu den Tourenkarten

Jede Pisten- und Skitour in diesem Buch ist mit einer Tourenkarte versehen, auf denen wir dank der Unterstützung des DAV und des ÖAV zum Schutz der Umwelt die jeweils relevanten Wald-Wild-Schongebiete gelb eingezeichnet haben. Als Vorlage für die Tourenkarten haben wir die topographischen Karten des Landesamts für Vermessung und Geoinformation (LVG, Bayern) und des Bundesamtes für Eich- und Vermessungswesen (BEV, Tirol) verwendet. Den Oberbayern-und Allgäu-Karten liegt ein Maßstab von 1:25.000 zugrunde, weshalb die für die Steilheit des Geländes relevanten Höhenlinien gut erkennbar sind. Gebiete mit einer größeren Steilheit als 30 Grad sind zur besseren Orientierung mittels dunkelgrauer Flächen gekennzeichnet. Während die Aufstiegsrouten rot markiert sind, erscheinen die Abfahrten in blauer Farbe; die Varianten sind jeweils gepunktet. Auch die Einkehren unterwegs sind besonders hervorgehoben. Trotz der aussagekräftigen Karten raten wir vor allem für die Touren abseits der Pisten die Anschaffung einer Tourenkarte an. Besonders zu empfehlen sind die Alpenvereinskarten, da dort neben den Wald-Wild-Schongebieten auch die Skitourenrouten eingezeichnet sind.

Europäische Gefahrenstufenskala

GEFAHREN-STUFE	SCHNEEDECKEN-STABILITÄT	LAWINEN-AUSLÖSE-WAHRSCHEINLICHKEIT	AUSWIRKUNGEN FÜR SKITOURISTEN
1 gering	Die Schneedecke ist allgemein gut verfestigt und stabil.	Auslösung ist allgemein nur bei großer **) Zusatzbelastung an sehr wenigen, extremen Steilhängen möglich. Spontan sind nur kleine Lawinen (sogenannte Rutsche) möglich.	Allgemein sichere Tourenverhältnisse.
2 mäßig	Die Schneedecke ist an einigen *) Steilhängen nur mäßig verfestigt, ansonsten allgemein gut verfestigt.	Auslösung ist insbesondere bei großer **) Zusatzbelastung vor allem an den angegebenen Steilhängen möglich. Größere spontane Lawinen sind nicht zu erwarten.	Unter Berücksichtigung lokaler Gefahrenstellen günstige Tourenverhältnisse.
3 erheblich	Die Schneedecke ist an vielen *) Steilhängen nur mässig bis schwach verfestigt	Auslösung ist bereits bei geringer **) Zusatzbelastung vor allem an den angegebenen Steilhängen möglich. Fallweise sind spontan einige mittlere, vereinzelt aber auch große Lawinen möglich.	Skitouren erfordern Erfahrung in der Lawinenbeurteilung; Tourenmöglichkeiten stark eingeschränkt.
4 groß	Die Schneedecke ist an den meisten *) Steilhängen schwach verfestigt.	Auslösung ist bereits bei geringer **) Zusatzbelastung an zahlreichen Steilhängen wahrscheinlich. Fallweise sind spontan viele mittlere, mehrfach auch große Lawinen zu erwarten.	Skitouren erfordern viel Erfahrung in der Lawinenbeurteilung. Tourenmöglichkeiten stark eingeschränkt.
5 sehr groß	Die Schneedecke ist allgemein schwach verfestigt und weitgehend instabil.	Spontan sind zahlreiche große Lawinen, auch in mäßig steilem Gelände, zu erwarten.	Skitouren und Variantenfahren sind allgemein nicht möglich.

*) im Lawinenlagebericht im Allgemeinen näher beschrieben (z. B. Höhenlage, Exposition, Geländeform, etc.)
**) große Zusatzbelastung z. B. durch Skifahrergruppe ohne Abstände oder Pistenfahrzeug; geringe Zusatzbelastung z. B. durch einzelnen Skifahrer oder Schneeschuhgeher
Steilhänge: Hänge, die steiler als 30 Grad abfallen
Extreme Steilhänge: bezüglich Neigung, Geländeform, Kammnähe, Bodenrauigkeit besonders ungünstig Spontan: ohne menschliches Dazutun

INTERVIEW

Manfred Scheuermann arbeitet im Ressort Naturschutz und Kartografie für den DAV. Schwerpunkt seines Schaffens ist das Projekt Skibergsteigen umweltfreundlich, naturverträgliche Ausübung und nachhaltige Sicherung des Bergsports im Winter.

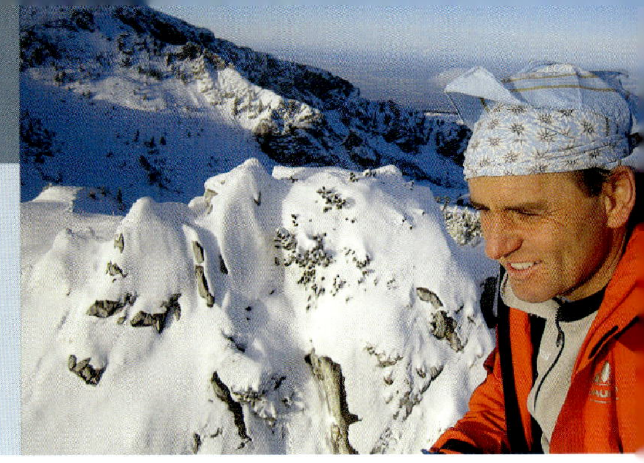

Seit über 15 Jahren wird das Thema Skitouren auf Pisten diskutiert. Wie bewertet der DAV die Diskussion, die erzielten Ergebnisse und wie positioniert er sich dazu?
Die öffentliche Diskussion begann 2003, als es am Jenner Konflikte gab und daraufhin ein vom DAV initiierter Expertenkreis die 10 Regeln für Pistengeher formulierte. Anschließend wurden im Pistengelände entsprechende Schilder aufgestellt. Andere Skigebiete der bayerischen Alpen folgten. Wichtig ist die Vermittler- und Moderationsrolle des DAV zwischen den betroffenen Gemeinden, den Bergbahn- und Liftbetreibern, den DAV-Sektionen, den Skitourengehern selbst und anderen Beteiligten. Dabei muss jedes Skigebiet aufgrund seiner örtlichen Voraussetzungen isoliert betrachtet werden. Vor einigen Jahren gab es Probleme, weil ganze Skigebiete pauschal gesperrt wurden. Als Grundlage dafür wurde ein Gutachten des Verbandes Deutscher Seilbahnen und Schlepplifte (VDS) herangezogen. Mittlerweile gibt es eine Einigung, die Betroffenen erarbeiten Lösungen, die alle Seiten mittragen können. Der DAV tritt dabei wieder als Moderator auf. Übrigens ist der Trend zum Skitourengehen nicht zu stoppen, weshalb ein Angebot für Tourengeher in Skigebieten und damit eine Bündelung der Aktivitäten auch aus Naturschutzsicht dank der Entlastung ökologisch sensibler Bereiche im Tourengelände durchaus Sinn ergibt.

Haben die Unfälle aufgrund der Pistengeher in den Skigebieten zugenommen?
Mir sind zum Glück keine schweren Unfälle während des Skibetriebs bekannt, die auf Pistengeher zurückzuführen sind. Ich habe bei meinen Pistentouren in all den Jahren keine wirklich kritischen Situationen erlebt.

Ist das Veto einiger Liftbetreiber für Sie nachvollziehbar?
Ja selbstverständlich, wenn Probleme zum Beispiel in Stoßzeiten während der Ferien oder an schönen Wochenenden überhand nehmen. Vor allem Pisten mit engen Schneisen oder das Mitführen von Hunden können dann Gefahren heraufbeschwören. Deshalb muss für jedes Skigebiet eine individuelle Lösung gefunden werden. Leider halten sich knapp fünf Prozent der Pistengeher nicht an die Regeln, was die Liftbetreiber und Vermittler gleichermaßen ärgert.

Sieht der DAV beim Thema „Recht und Sicherheit" noch Handlungsbedarf?
Vieles ist inzwischen geklärt. Gut wäre, wenn das Angebot für Tourenabende noch optimiert würde. Die klare Botschaft lautet: Ein Miteinander statt Konfrontation ist überall möglich, wenn sich alle Beteiligten konstruktiv einbringen. Aber mittlerweile gibt es in allen oberbayerischen Skigebieten Aufstiegsmöglichkeiten.

Welche Gebiete sind aus Sicht des DAV besonders vorbildlich, und wo liegen die Problemzonen?
Hervorzuheben sind die Skigebiete am Jenner, am Unternberg bei Ruhpolding, in Garmisch-Partenkirchen, am Hörnle bei Bad Kohlgrub, am Kolben bei Oberammergau, am Tegelberg, in Nesselwang, am Söllereck, am Grünten und am Oberstaufener Hochgrat. Dort

gibt es meist gute Angebote für Tourengeher, wie ausgewiesene Aufstiegsrouten oder Tourenabende. Auch in den ehemaligen Problemgebieten Sudelfeld, Spitzingsee oder Brauneck wurden gute Kompromisse gefunden.

Wie bewerten Sie den folgenden Satz: „Pistengehen ist in der Regel auch bei ungünstigen Lawinenverhältnissen durchführbar."
Sobald die Pisten offiziell geöffnet sind, trifft dieser Satz zu. Gefahr droht, wenn zum Beispiel nach nächtlichen Schneefällen Lawinensprengungen stattfinden! Zu beachten ist, dass eine Piste nach der Sperrung nicht von unten, sondern von oben wieder geöffnet wird. Im Zweifel muss sich jeder Pistengeher selbst über die Lage vor Ort informieren.

Was sollte man bei einer After-Work-Tour beachten?
Zunächst sollte man sich vorher im Internet und vor Ort mit den nötigen Informationen über die örtlichen Regelungen versorgen – etwa welche Pisten an welchen Wochentagen wie lange abends freigegeben sind. Bei Dunkelheit müssen Stirnlampe auch im Aufstieg angeschaltet und Reflektoren mitgeführt werden. Und bei der Abfahrt ist mangels Sicht die nötige Aufmerksamkeit geboten. Keinesfalls dürfen gesperrte Pisten begangen oder befahren werden, das kann lebensgefährlich sein!

Wie werden die Skitouren-Lehrpfade angenommen? Und sind weitere geplant?
Die Lehrpfade kommen sehr gut an. Dort lässt sich das Tourenerlebnis mit Wissensvermittlung z. B. über Lawinengefahr, Führungstechnik oder Naturschutz ideal kombinieren. Voraussetzung ist, dass zur Finanzierung der Tafeln Sponsoren gefunden werden.

Sind aufgelassene Pisten das ideale Bindeglied zwischen Pistengehen und leichten Skitouren?
Aufgelassene Pisten sind für Skitouren meist gut geeignet. Dort können auch Touren-Neulinge wertvolle Erfahrungen im freien Gelände sammeln. Allerdings müssen Lawinengefahr und andere alpine Gefahren beachtet werden.

Welche Kriterien muss in Ihren Augen eine leichte Skitour erfüllen?
Das Gelände darf nicht zu steil sein, keine Engstellen aufweisen, möglichst breite Hänge zum Abfahren sollten zur Verfügung stehen und die Lawinenlage sollte gut einschätzbar sein.

Das Projekt „Skibergsteigen umweltfreundlich" zielt auf naturverträgliches Verhalten im Gelände ab. Wie werden die Routenempfehlungen von den Tourengehern angenommen?
Vorbildlich ist das Verhalten der Tourengeher z. B. im Kleinwalsertal – hier erfahren wir eine Akzeptanz von nahezu 100 Prozent, was mit guter Beschilderung und hervorragender Gebietsbetreuung zusammenhängt. In anderen Regionen liegt das Fehlverhalten teils noch bei fünf bis zehn Prozent. Im bayerischen Alpenraum wurden an etwa 180 Bergen rund 250 Schilder und 150 Infotafeln aufgestellt. Im Winter 2014/15 hat der Alpenverein mit der Kampagne „Natürlich auf Tour" begonnen, um die Ergebnisse des Projekts „Skibergsteigen umweltfreundlich" noch deutlicher zu vermitteln (siehe www.alpenverein.de/natuerlich-auf-tour).

Für welche Umweltfaktoren sensibilisiert der Alpenverein mit seiner Kampagne „Natürlich auf Tour"?
Leider gibt es immer noch Wintersportler, die die auf Freiwilligkeit basierenden Wald-Wild-Schongebiete missachten, indem sie sensible Bereiche durchqueren und störempfindliche Wildtiere in arge Bedrängnis bringen. Die Birkhuhn-Bestände im bayerischen Alpenraum sind massiv bedroht; auch Auerhühner, Schneehühner, Gams, Hirsch und Reh brauchen vor allem im Winter dringend ungestörte Rückzugsräume. Mit der Kampagne „Natürlich auf Tour" macht der Deutsche Alpenverein

auf dieses Problem aufmerksam. Das Ziel ist, die Tourengeherinnen und Tourengeher zu informieren und zu sensibilisieren. Denn wer Bescheid weiß, hält sich freiwillig an die Regeln. Wissen z. B. über Wildtiere im Winter empfinden viele sogar als Bereicherung des Tourenerlebnisses. Gelingt es, die meisten zu erreichen, lassen sich Ski- und Schneeschuhtouren weiterhin unbeschwert genießen und es braucht nur in Ausnahmefällen behördliche Verbote. Der DAV appelliert mit aller Dringlichkeit, die Empfehlungen für naturverträgliche Touren und die Regelungen in Naturschutzgebieten, Wildschutz- und Wald-Wild-Schongebieten konsequent zu beachten! Alle dazu nötigen Informationen können den jeweils neuesten Ausgaben der AV-Karten BY Bayerische Alpen entnommen werden. Auch das Tourenportal www.alpenvereinaktiv.com bildet den aktuellen Stand aller Schutz- und Schongebiete ab. Für die Planung von Skitouren in den Bayerischen Alpen empfehlen wir, sich die jeweils neuesten Ausgaben der BY-Alpenvereinskarten zu besorgen.

Welche Bitte, welchen Appell möchten Sie abschließend an die Tourengeher*innen richten?

Gerade in Zeiten des Klimawandels ist es wichtig, dass sich jede und jeder Gedanken über den eigenen ökologischen Fußabdruck macht. Der DAV wirbt intensiv für die Nutzung des ÖPNV, und wer nicht öffentlich anreist, sollte im Auto zumindest Fahrgemeinschaften bilden. In diesem Zusammenhang werbe ich auch um Verständnis für die Erhebung von örtlich teilweise relativ hohen Parkplatzgebühren, denn Tourengeher*innen nutzen bei Pistentouren Infrastruktur, die von den Bergbahnbetrieben bereitgestellt wird. Und mit einer Hütten-Einkehr macht man der Gastronomie vor Ort eine Freude.

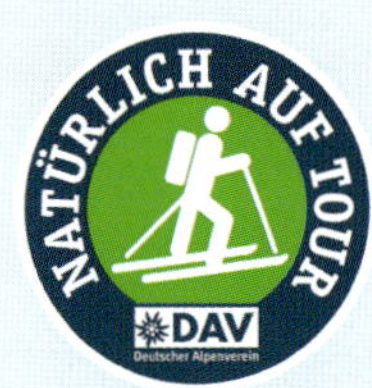

DAV-Gütesiegel „Natürlich auf Tour“

Das Buch „Pistengehen und leichte Skitouren“ von Michael Reimer und Klaus Stierhof aus dem Verlag frischluft-edition erhält das Gütesiegel „Natürlich auf Tour“ des Deutschen Alpenvereins (DAV). Folgende, für die Auszeichnung erforderliche Kriterien sind erfüllt:

- **Auswahl und Beschreibung der Skitouren berücksichtigen die Routenempfehlungen des DAV-Projektes „Skibergsteigen umweltfreundlich“, das der DAV in Kooperation mit dem Bayerischen Umweltministerium und dem Bayerischen Landesamt für Umwelt für das Gesamtgebiet der Bayerischen Alpen durchführt.**
- **Hinweise zu örtlichen Besonderheiten (Schon- und Schutzgebiete, gekennzeichnete Routenabschnitte etc.) werden bei der Darstellung der Touren gegeben.**
- **Anreisemöglichkeiten mit Bahn und Bus sind, sofern vorhanden, aufgeführt.**
- **Allgemeine Informationen und Tipps für naturverträgliches Tourengehen sind enthalten.**
- **Die Österreich betreffenden Skitouren sind hinsichtlich ihrer Naturverträglichkeit mit der Fachabteilung Raumplanung-Naturschutz des Österreichischen Alpenvereins abgestimmt.**

Damit empfiehlt der DAV das Buch naturverbundenen Skitourengeher*innen, gratuliert Autoren und Verlag und dankt für die gute Zusammenarbeit!
Deutscher Alpenverein, Ressort Naturschutz und Kartografie, Manfred Scheuermann

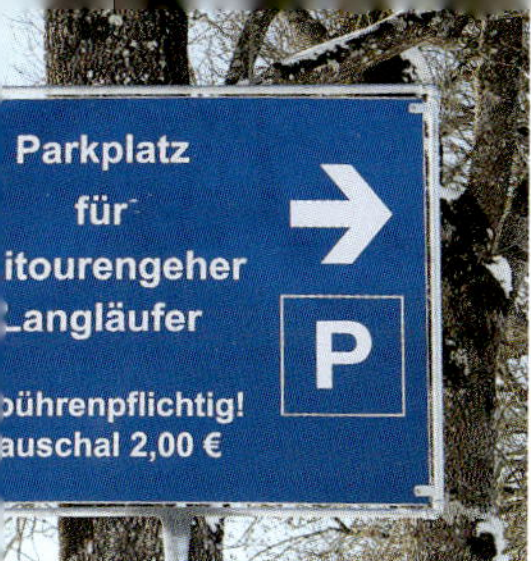

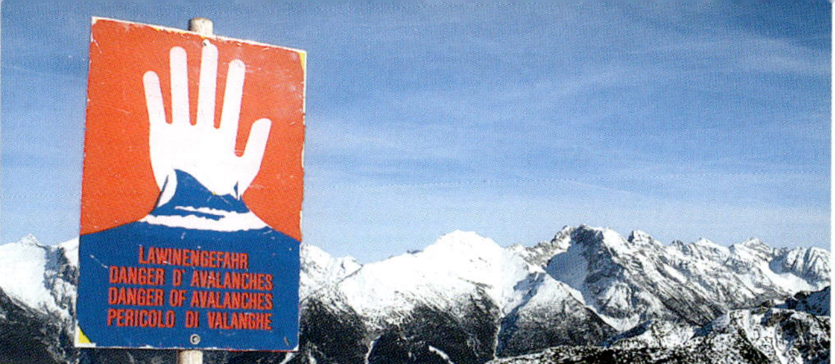

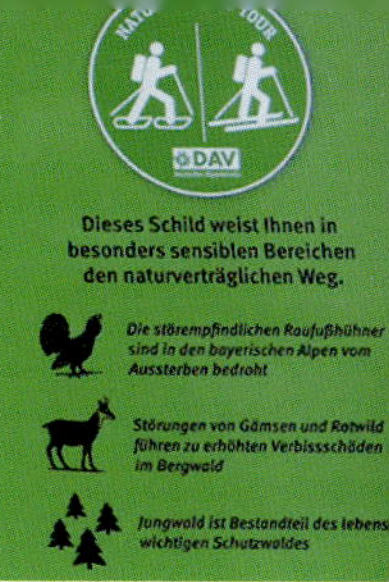

DAV-REGELN FÜR SKITOUREN AUF PISTEN

Skipisten stehen in erster Linie den Nutzern der Seilbahnen und Lifte zur Verfügung!

1. Aufstiege und Abfahrten erfolgen auf eigenes Risiko und eigene Verantwortung.
2. Nur am Pistenrand aufsteigen (FIS-Regel Nr. 7). Dabei hintereinander, nicht nebeneinander gehen. Auf den Skibetrieb achten.
3. Besondere Vorsicht vor Kuppen, in Engpassagen, Steilhängen und bei Vereisung der Pisten. Bei Pistenquerungen möglichst einzeln gehen bzw. Abstände zueinander halten. Keine Querungen in unübersichtlichen Bereichen.
4. Pistensperrungen, Warnhinweise und lokale Regelungen immer beachten.
5. Bei Pistenarbeiten sind die Pisten aus Sicherheitsgründen gesperrt. Insbesondere bei Einsatz von Seilwinden besteht Lebensgefahr.
6. Frisch präparierte Skipisten nur in den Randbereichen befahren. Bei Dunkelheit stets mit eingeschalteter Stirnlampe gehen, reflektierende Kleidung tragen.
7. Auf alpine Gefahren, insbesondere Lawinengefahr, achten. Keine Skitouren durchführen, wenn Lawinensprengungen zu erwarten sind. Nur geöffnete Pisten sind vor Lawinen gesichert.
8. Skitouren nur bei genügend Schnee unternehmen. Schäden an der Pflanzen- und Bodendecke vermeiden.
9. Rücksicht auf Wildtiere nehmen. Bei Dämmerung und Dunkelheit werden Tiere empfindlich gestört. Hunde nicht auf Skipisten mitnehmen.
10. Regelungen an den Parkplätzen beachten, Parkgebühren bezahlen, umweltfreundlich anreisen.

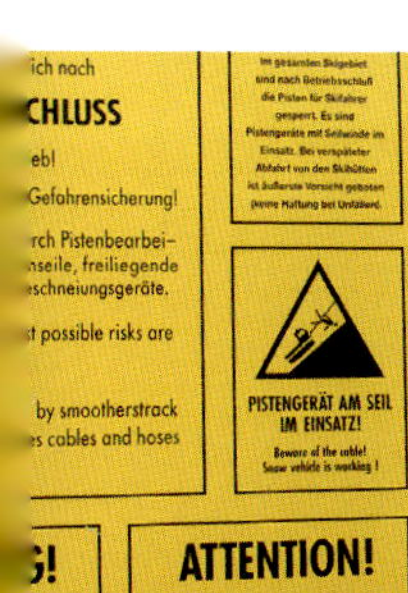

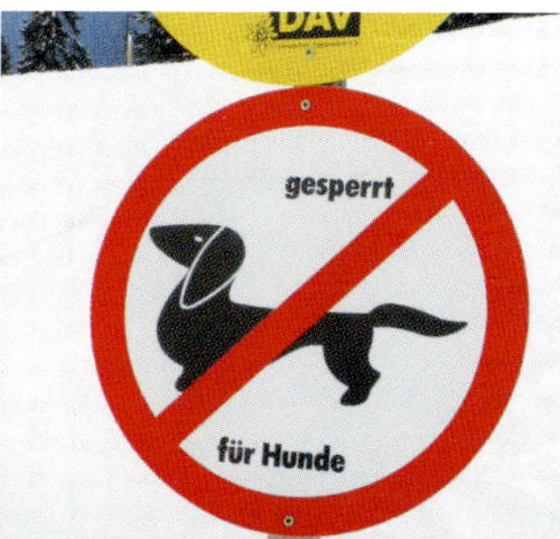

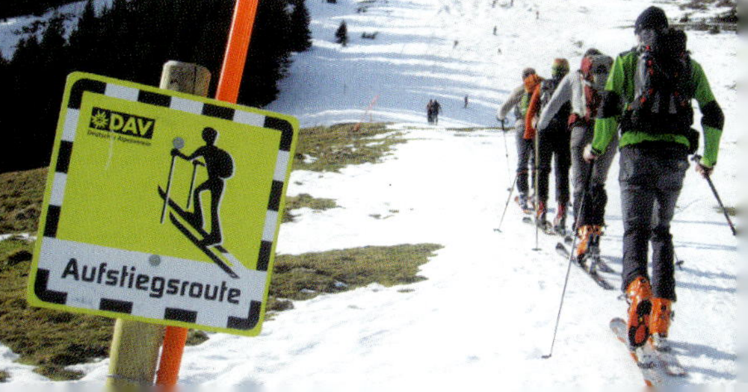

Skitouren-park

Erste Schritte unter professioneller Anleitung

Skitouren sind mittlerweile für viele eine reizvolle Alternative oder Ergänzung zum bekannten Pistenfahren – noch dazu mit einem Sportgerät, das man, mehr oder weniger gut, schon beherrscht. Beste Voraussetzungen also für einen unbeschwerten Tag in freier Natur, würden da nicht Lawinen, Tiefschnee, Steigfelle, spezielles Wissen, spezielle Technik und Ausrüstung so viel Unsicherheit hervorrufen …

Um sich mit den wichtigen Teilaspekten des Skitourensports vertraut zu machen, bietet sich ein Training im Skitourenpark Obersalzberg an. Bei den mehrstündigen Kursen, die von etwa Dezember bis März stattfinden, erhalten die Teilnehmer – nicht nur Einsteiger sind willkommen! – von der Ausrüstung über die Verschütteten-Suche, Aufstiegs- und Abfahrtstechnik bis hin zu wichtigen Umweltaspekten einen ersten Überblick (jeweils Fr. und Sa./ab 5 Personen auch an anderen Tagen). Die Teilnehmergruppe besteht aus etwa sechs Personen, Voraussetzung ist das sichere Fahren auf mittelschweren Pisten. Nach Abschluss des Kurses erhalten die Teilnehmer ein LVS-Trainingszertifikat mit den wichtigsten Informationen zum Thema Verschüttetensuche.

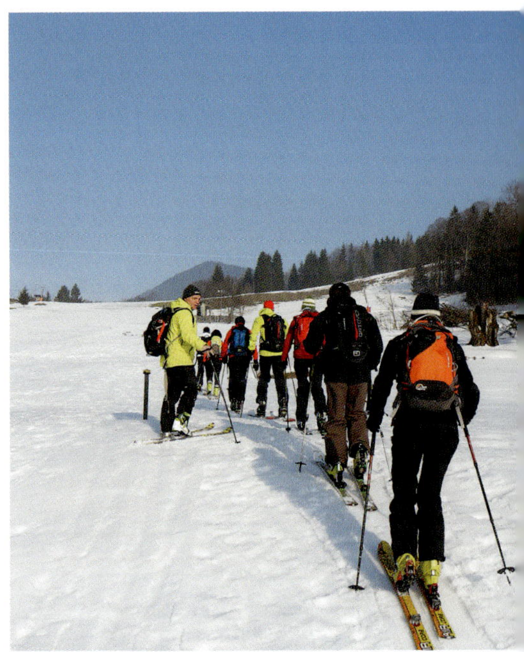

Anleitung und Tipps zur Gehtechnik

Zum Ablauf des Kurses

Zunächst verteilt unser Kursleiter Hans mit Unterstützung seiner Kollegen das Material an die Teilnehmer: Tourenskier, Felle, Schuhe, LVS-Gerät, Sonde und Schaufel können für den Kurs geliehen werden. Die Sicherheitsausrüstung ist im Kurspreis enthalten. Dann beginnt er mit der Einweisung in das Material und die Sicherheitsausrüstung. Anhand von Plakaten werden die Funktionsweise des LVS-Geräts und die Suche theoretisch erläutert. Nach der theoretischen Einführung folgt die praxisnahe Anwendung im Gelände. Das kleine Familienskigebiet hinter dem Gutshof Obersalzberg beherbergt verschiedene Stationen, die im Rahmen des Kurses passiert werden. Da es sich um ein Skigebiet handelt, weist uns Hans auch gleich auf die Pistenregeln hin, die jeder Tourengeher beherzigen sollte. Wir starten mit dem LVS-Geräte-Check und gehen anschließend über leicht welliges Gelände zu einem Verschütteten-Suchfeld. Unterwegs erläutert Hans die Funktion der Bindung und gibt Tipps zum kräftesparenden Gehen. Das Suchfeld ist gespickt mit mehreren auf Senden gestellten LVS-Geräten, welche wir unter Anleitung von Hans suchen und natürlich auch finden. Mehrere Verschüttete stellen allerdings auch für vermeintlich Geübte eine Herausforderung dar.

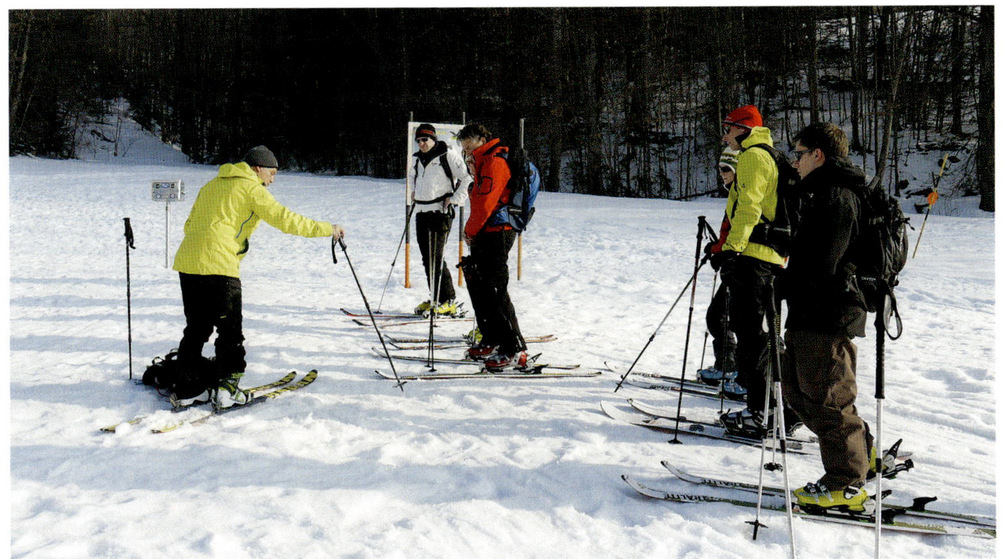

Hans erläutert die Funktionsweise der LVS-Geräte am Suchfeld

Weiter geht es einen steileren Hang hinauf. Hans erläutert das Anlegen der Aufstiegsspur und das Kurvengehen. Wir gehen weg von der Piste, hoch zu einer eingerichteten Sondierungsstelle. Der Kursleiter erklärt die Handhabung von Schaufel und Sonde und lässt die Teilnehmer nach dem „verschütteten" Dummy sondieren. Als Mitglied der Bergwacht kann er den Teilnehmern diese Thematik sehr sachlich und mit guten Beispielen näherbringen. Mit einer kurzen Abfahrt und letzten Techniktipps kehren wir zurück und nehmen im warmen Schulungsraum unser Trainingszertifikat in Empfang. Der erste Schritt auf dem Weg zum Skitourengeher ist getan.

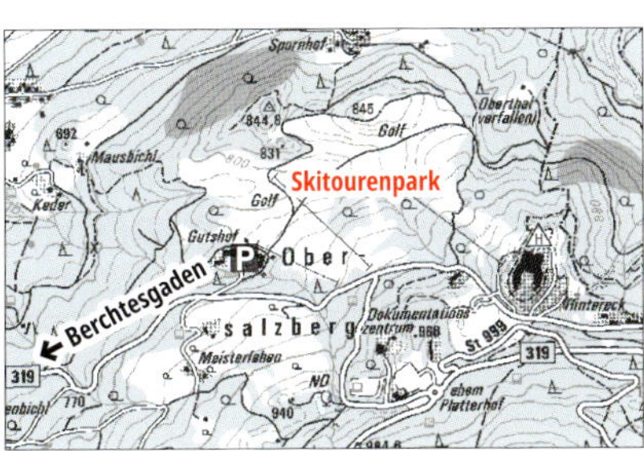

Charakter Skitouren-Training unter Anleitung eines staatlich geprüften Berg- und Skiführers (3 – 4 Std.)

Gelände Familienskigebiet Obersalzberg

Anfahrt

Auto A 8 Richtung Salzburg, Ausfahrt Bad Reichenhall, B 20 nach Berchtesgaden, im Ort Beschilderung zum Obersalzberg hinauf folgen

ÖPNV Bus Nr. 838 ab Berchtesgaden Hbf / ZOB bis Staatlicher Gutshof

Ausgangspunkt Alpincenter Obersalzberg, Parkplatz im Ski- und Golfressort Gutshof Obersalzberg

Navigation N 47.634208°, E 13.034141°

Karte AV-Karte Nationalpark Berchtesgaden 1:50.000

Info Alpincenter Wintersportschule Berchtesgaden-Obersalzberg, Tel. +49 86 52 / 94 87 87 oder +49 171 / 822 77 51, www.skischule-berchtesgaden.eu/skitourenpark

2 CARL-VON-STAHL-HAUS | 1736 m | Berchtesgadener Alpen

AW Hüttenziel über dem Königsee

Auf der Tour zum Carl-von-Stahl-Haus – meist nur kurz Stahlhaus genannt – bewegt man sich in einer einmaligen alpinen Szenerie. Nicht zuletzt, weil man durchwegs gegenüber dem Watzmann hoch über dem Königssee unterwegs ist. Der Name des Stahlhauses geht nicht auf einen berühmten Bergsteiger oder Alpinisten zurück. Carl von Stahl, Mitglied der Sektion Salzburg, hat als Förderer maßgeblich den Bau der Hütte finanziert. Das Stahlhaus liegt direkt hinter der deutsch-österreichischen Grenze auf Salzburger Seite und ist idealer Ausgangpunkt für die Skitourenklassiker Kleine und Große Reib'n.

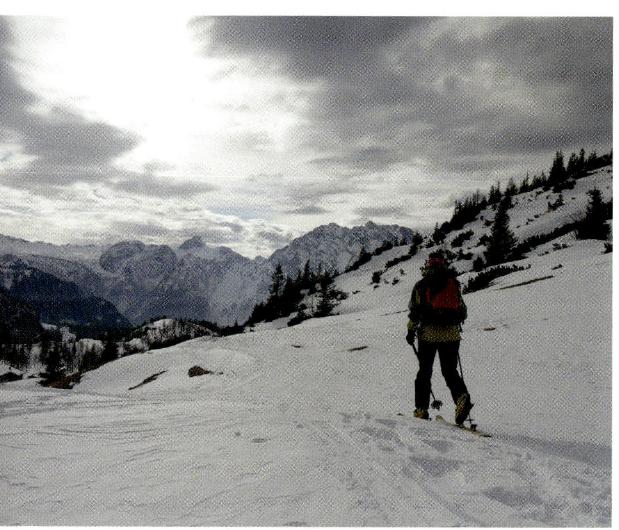

Unterhalb des Stahlhauses mit Blick zum Watzmann, links unten das Schneibsteinhaus

Aufstiegsweg

Von Hinterbrand dem Wanderweg Richtung Jenner folgen. Kurz nach Querung der Forststraße erreicht man das Jenner Skigebiet. Hier bieten sich zwei Aufstiegsvarianten an: Entweder über den für Tourengeher markierten Pistenaufstieg (Dynafit Skitourenpark), welcher sich hauptsächlich für den Skitourenabend auf dem Carl-von-Stahl-Haus am Donnerstag eignet, oder der landschaftlich reizvollere Aufstieg über die Königsbergalm, wobei man den Jenner umrundet. Wer es sportlicher mag, kann den markierten Skitourenaufstieg an der Talstation der Jennerbahn starten.

Alternative 1, Pistenaufstieg

Nach der Mittelstation auf der rechten Pistenseite aufsteigen. In einem weiten Bogen gelangt man an den Beginn des Spinnergrabens. An dieser Engstelle unbedingt am linken Pistenrand hintereinander aufsteigen. Der Hohlweg führt in den weiten Mitterkaserkessel. Der Lift am Mitterkaser bleibt dabei links liegen. An der nun folgenden „Pistenkreuzung", dem sogenannten Stachus, wird die von rechts kommende Abfahrt gequert und nach links zum Jennersattel aufgestiegen. Am Jennersattel wenige Meter nach links dem Ziehweg folgen. Kurz darauf das Pistengebiet nach rechts verlassen und dem Wanderweg hinüber zum Carl-von-Stahl-Haus folgen.

Alternative 2, Jenner-Umrundung

Am Skigebiet quert man die Pisten oberhalb der Mittelstation und geht eben weiter, dem Königsweg folgend, Richtung Königsbachalm in den Wald hinein. An der Wasserfallalm durchwandert man wieder Almgelände. Vorbei an der Strubalm, den Königsbach querend und nun nach links steiler ansteigend durch den Wald Richtung Königsbergalm. Hinter dem Waldstück geht es über die freien Almflächen der Königsbergalm gemütlich hinauf zum Schneibsteinhaus und weiter zum Carl-von-Stahl-Haus.

2

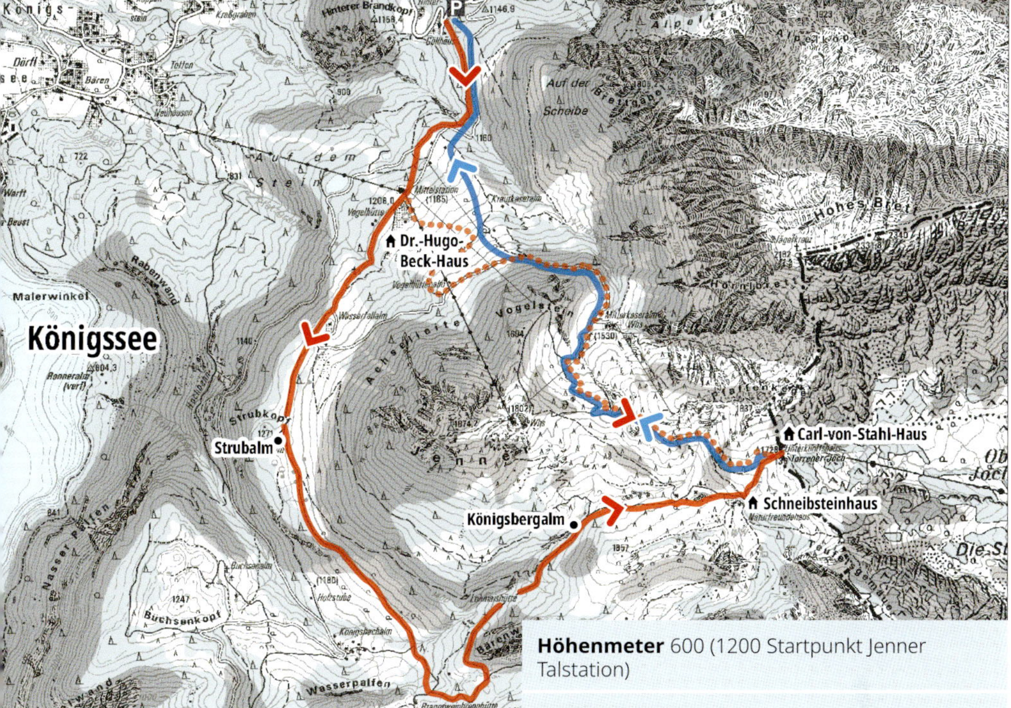

Abfahrt

Die Abfahrt erfolgt über die Skipiste entlang der Aufstiegsalternative 1: vom Stahlhaus hin über zum Skigebiet am Jennersattel und die Piste hinunter Richtung Mitterkaser. Kurz vor dem Mitterkaserlift folgt man dem Ziehweg (Mitterkaser-Weg) zum vorderen Pistenbereich, der Mitterkaserlift bleibt dabei rechts unterhalb des Ziehweges liegen. Am vorderen Pistenbereich angekommen, schwingt man zum Wanderweg rechts der Mittelstation hinunter, welcher uns wieder zurück zum Parkplatz führt.

AFTER WORK I

Hütte Dr.-Hugo-Beck-Haus (1260 m, privat)
Aufstieg ½ Std. (160 Hm) von Hinterbrand
Tourenabend Do. bis 21.30 Uhr
Telefon +49 8652/2727
Web www.hugobeckhaus.de

AFTER WORK II

Hütte Carl-von-Stahl-Haus (1736 m, AV-Hütte)
Aufstieg 2 Std. (600 Hm) bzw. 4 ½ Std. (1200 Hm)
Tourenabend Do. bis 21 Uhr
Telefon +49 8652/6559922
Web www.stahlhaus.at

Höhenmeter 600 (1200 Startpunkt Jenner Talstation)

Gehzeit 2 Std. (4 ½ Std.)

Tourencharakter Sehr beliebte Tour auf das Stahlhaus am Torrener Joch. Sowohl Aufstieg als auch Abfahrt können über die Skipiste erfolgen. Die Querung vom Stahlhaus zur Piste kann je nach Verhältnissen etwas vereist sein.

Tourengelände Forst- und Almwege beim Aufstieg, einfache bis mittelschwere Pisten in der Abfahrt

Anfahrt

Auto A 8 Richtung Salzburg, Ausfahrt Bad Reichenhall, B 20 nach Berchtesgaden, im Ort Beschilderung zum Obersalzberg folgen, nach dem Dokumentationszentrum am Kreisel rechts in die Scharitzkehlstraße Richtung Dürreck nach Brand

ÖPNV Bus Nr. 838 ab Berchtesgaden Hbf/ZOB bis Hinterbrand, Schönau am Königssee (bei winterlichen Verhältnissen ggf. Einschränkungen)

Ausgangspunkt Gebührenpflichtiger Parkplatz in Hinterbrand

Navigation N 47.59474°, E 13.020376°

Einkehr
- Dr.-Hugo-Beck-Haus (siehe After Work)
- Schneibsteinhaus (1668 m), Tel. +49 8652/2596, www.schneibsteinhaus.de

Übernachtung
- Carl-von-Stahl-Haus (siehe After Work)
- Schneibsteinhaus (s.o.)

Karte AV-Karte BY 22, Berchtesgaden, 1:25.000

3 ROSSFELD | 1537 m | Berchtesgadener Alpen

AW Entspannter Ausflug zwischen Panoramastraße und Skilift

Von Lindau am Bodensee bis nach Berchtesgaden erstreckt sich auf 450 Kilometer Länge die Deutsche Alpenstraße. Die Rossfeld-Panoramastraße, eine ringförmig angelegte Höhenstraße, bildet mit einer groß angelegten Wendeschleife um den Obersalzberg den östlichen und gleichzeitig krönenden Abschluss dieser Trasse. Sie erschließt nicht nur dem Autotouristen das großartige Panorama der Berchtesgadener Alpen, sondern bringt auch jede Menge Aktivurlauber zu den gewünschten Ausgangspunkten. Ende der 1920er Jahre geplant und 1940 fertiggestellt, ist sie ein geschichtsträchtiges Zeugnis unter vielen in dieser Zeit am Obersalzberg entstandenen Bauwerken.

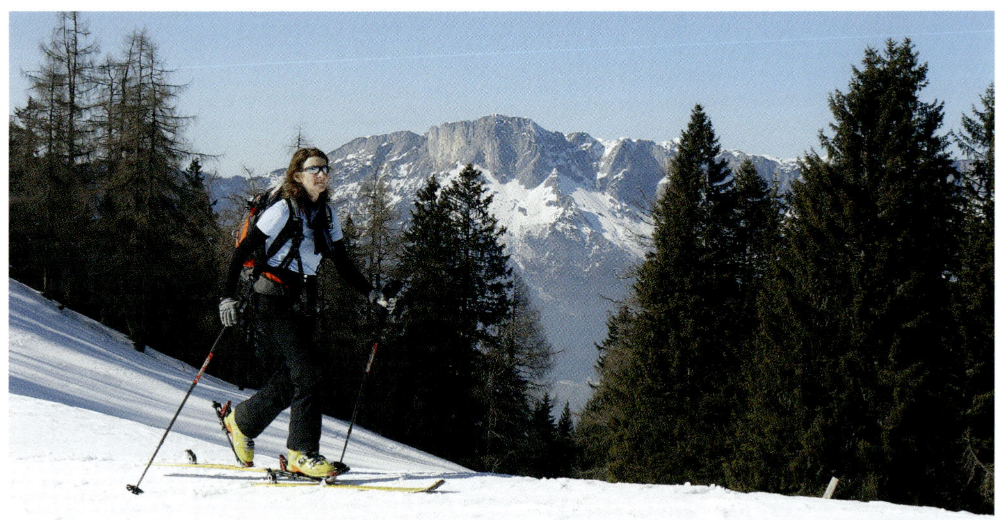

Unterhalb der Rossfeldhütte, Blick zum Berchtesgadener Hochthron

Aufstiegsweg

Kurz unterhalb der Mautstelle Nord touchiert die Skiabfahrt die Rossfeldstraße. Hier beginnt am Wanderparkplatz (ÖPNV- und Skibus-Haltestelle) der Aufstieg. Etwa 200 Meter entlang der Piste nach Osten, dann dem Hinweisschild „Tourenaufstieg" rechts in den Wald folgen. Der sanft ansteigende Waldweg führt an einer Senke unter der Prielgrabenbrücke, dem höchsten Brückenbauwerk der Ringstraße, hindurch. Man folgt weiter dem breiten Waldweg bis zu einer Höhe von 1350 Metern. Hier zweigt die Route rechts Richtung Waldgipfellift ab.

Alternativ bietet sich auch die etwas steilere östliche Aufstiegsvariante Richtung Gratlift an. Ohne Pistenberührung folgt man der Aufstiegsspur rechts des Waldgipfellifts bis zur Rossfeldalm (1410 m). Von hier über ein kurzes steileres Stück Richtung Rossfeld Skihütte (1455 m), vorbei am Lifthäusl und weiter entlang der markierten Skiroute rechts des Schleppliftes bis

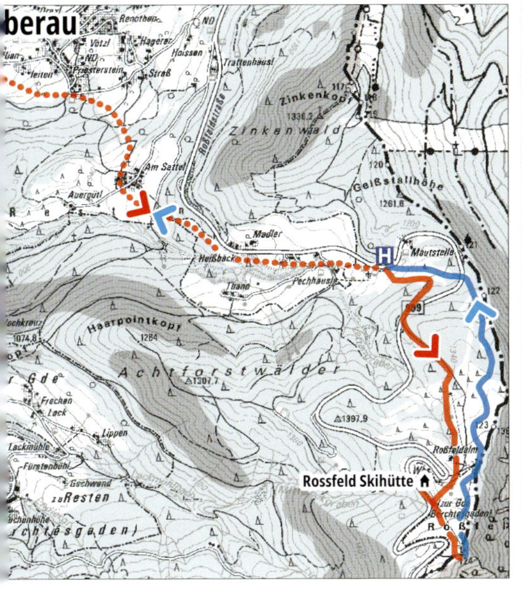

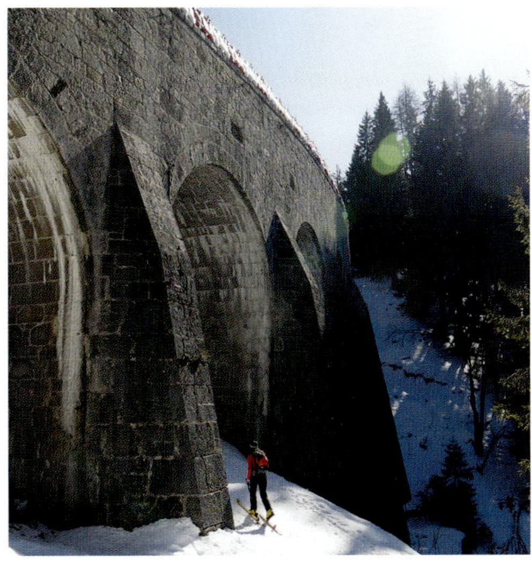
Aufstiegsweg unter der Prielgrabenbrücke

zum Gipfel. Am Gipfelplateau treffen die „Skibergsteiger" dann wenige Höhenmeter oberhalb des Liftausstieges auf die Autotouristen, die den kurzen Anstieg vom Parkplatz herüberwandern. Der Gipfel: Ein fast schon skurril zu nennender Aussichtspunkt inmitten eines entspannten Freizeitgetümmels von Skifahren, Skitouren- und Schneeschuhgehern, Rodlern und Winterwanderern.

Abfahrt

Entlang der Piste zurück zum Ausgangspunkt. Wer für die Anfahrt den Bus benutzt hat, kann die Abfahrt mehr als verdoppeln und bis nach Oberau hinunterschwingen.

AFTER WORK

Hütte Berggasthof Rossfeld Skihütte (1455 m)
Aufstieg ¾ Std. (310 Hm) bzw. 1 ¾ Std. (710 Hm)
Tourenabende Mi. + Sa. bis 22 Uhr
Telefon +49 8652/948720
Mobil +49 175/2020692
Web www.rossfeld-skihuette.de und www.rossfeld.info/skigebiet/tourenskiregelung

Höhenmeter 400 (800 bei Start in Oberau)

Gehzeit 1 Std. (2 Std.)

Tourencharakter Sehr beliebte und einfache Tour im Skigebiet Rossfeld mit ausgewiesener Aufstiegsroute. Trotz geringer Höhe sehr schneesicher

Tourengelände Forstwege und Pistenrand im Aufstieg, leichte Pisten in der Abfahrt

Anfahrt

Auto A 8 Richtung Salzburg, Ausfahrt Bad Reichenhall, B 20 nach Berchtesgaden, im Ort B 305 Richtung Salzburg, bei der Beschilderung „Rossfeld Höhenstraße" rechts nach Oberau hinauf

ÖPNV Bus Nr. 848 ab Berchtesgaden Hbf/ZOB bis Mautstelle Nord, RVO-Pendel-Skibus von Oberau

Ausgangspunkt Parkplatz zwischen Pechhäusl und Mautstelle Nord oder Parkplatz in Oberau am Ende der Skipiste

Navigation N 47.641372°, E 13.091047°

Einkehr Berggasthof Rossfeld Skihütte (siehe After Work)

Info www.rossfeld.info

Karte AV-Karte BY22, Berchtesgaden, 1:25.000

AW

Lehrpfad

Skitouren-Lehrpfad im Heutal

Das Heutal ist ein ideales Hochtal im Salzburger Land, an der Grenze zu Bayern. Wer Ruhe sucht, wird hier sicher fündig. Da es in diesem Tal keinen Durchgangsverkehr gibt, gelangt man nur auf präparierten Loipen oder per Tourenski und Schneeschuh aus dem österreichischen Talschluss weiter nach Bayern auf die Winklmoosalm. Die Region ist bei Langläufern und Tourengehern sehr beliebt. Neben dem Aufstieg zur Steinplatte (Tour 5) kommen für den Tourengeher auch das Dürrnbachhorn (Tour 27), das Peitingköpfl oder Chiemgaus höchster Gipfel, das Sonntagshorn, in Betracht.

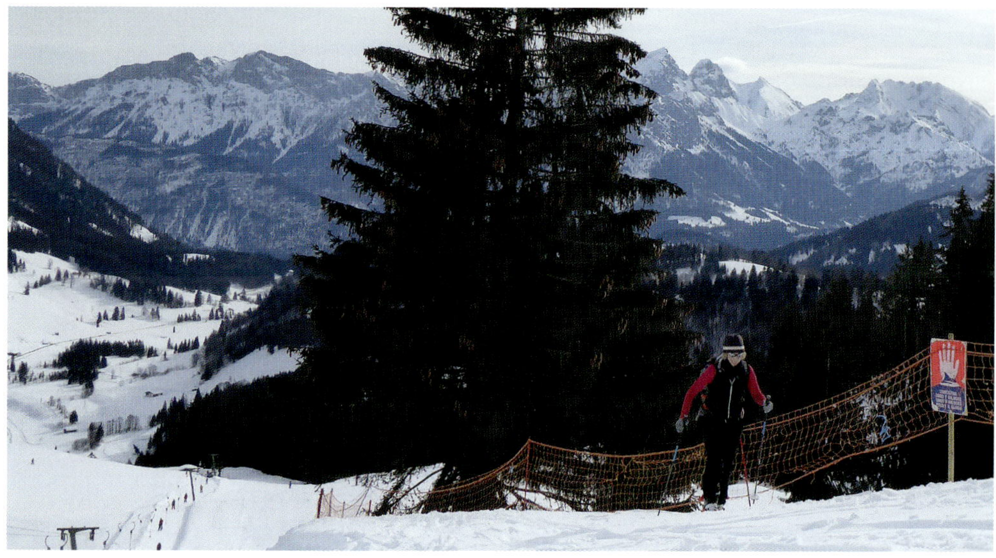

Grandioser Ausblick oberhalb der Wildalm

Das kleine Skigebiet unterhalb des Dürrnbachhorns am Ende des Tals eignet sich bestens für Familien. Seit der Saison 2018/2019 gibt es unmittelbar im Skigebiet nun auch einen – sofern es geöffnet ist – vor Lawinen gesicherten Skitourenlehrpfad. Das Anwerben der Tourengeher führt zu einer Umkehr in Richtung nachhaltiger Tourismus und weg von den seit den siebziger Jahren bestehenden Überlegungen, eine Lift-Verbindung des Skigebiets mit der benachbarten Winklmoosalm/Steinplatte herzustellen. Das attraktive Angebot des Tourengehertickets beinhaltet neben dem Parken am Lift-Parkplatz P 4 auch eine Liftfahrt. Damit kann man flexibel seine Höhenmeter verkürzen oder nach erfolgter Abfahrt noch einmal auf die Wildalm hochliften und die Abfahrt nach einer Einkehr gestärkt ein zweites Mal angehen.

Aufstiegsweg

Der Tourenlehrpfad mit seinen sieben Stationen beginnt am Ende der Piste neben der Kasse bzw. dem Tante-Emma-Laden. Dort sind der LVS-Check und die erste der sieben Lehrtafeln angebracht. Von hier geht es am linken Rand der Piste (im Aufstiegssinne) hinauf. Nach den ersten Metern steigen wir links auf einem separaten Aufstiegsweg neben der äußersten linken Piste aufwärts. Erst nahe der Wildalm muss man direkt auf der Piste aufsteigen. Es folgt ein etwas engerer Abschnitt, der nur hintereinander begangen werden sollte. Ab Mitte des parallel verlaufenden Kurvenliftes wird die Piste für den Endspurt wieder breiter. Das Ende des Tourenlehrpfades befindet sich an der Bergstation auf dem Gimplingsattel (1540 m).

Wer bereits ausreichend Erfahrung hat, kann sich auf den weiteren Anstieg zum Dürrnbachhorn machen. Hierfür sind zunächst ca. 100 Hm im lichten Wald und anschließend der Nordrücken im freien Gelände zu bewältigen.

Abfahrt

Die Abfahrt erfolgt auf den blauen und roten Pisten zur Talstation hinab. Wer statt auf der Wildalm auf der Herbstalm einkehren möchte, fährt auf den Pisten ganz rechts (im Abfahrtssinne; folgt also dem Aufstiegsweg), hält sich an der Station 4 rechts und erreicht die Einkehr zuletzt in einem kleinen Bogen (direkte Abfahrt zur Talstation möglich).

AFTER WORK

Hütte Wildalm (1260 m)
Aufstieg 1 Std. (300 Hm)
Tourengeherstammtisch Do. ab 18 Uhr
Telefon +43 681/20655682
Web www.wildalm-heutal.at

Höhenmeter 580

Gehzeit 2 Std.

Höhenlage 960 – 1540 m

Tourencharakter Einfache Tour im Skigebiet Heutal; Aufstieg am Pistenrand teilweise auf einer gesonderten Aufstiegstrasse

Tourengelände Leichte bis mittelschwere Pisten

Anfahrt
Auto A 8 Richtung Salzburg, Ausfahrt Traunstein/Siegsdorf, B 178 und B 311 (Deutsche Alpenstraße) über den Grenzübergang Steinpass nach Unken, L 251 durch den Ort und den Schildern Richtung Heutal folgen.

Ausgangspunkt Gebührenpflichtiger Parkplatz (P4) an der Talstation der Heutallifte

Navigation N 47.661413°, E 12.650810°

Einkehr
- Tante-Emma, Laden und Einkehr direkt neben der Talstation, Tel. +43 660/5417011
- Herbstalm (1060 m), Tel. +43 6589/8220 www.heutal.at
- Wildalm (siehe After Work)

Übernachtung Alpengasthof Almrose, Tel. +43 6589/20130, www.almrose-heutal.at/de

Info
- www.skiheutal.com
- www.skiheutal.com/skigebiet-unken/tourenski-heutal

Karte AV-Karte BY 18, Chiemgauer Alpen Mitte, 1:25.000

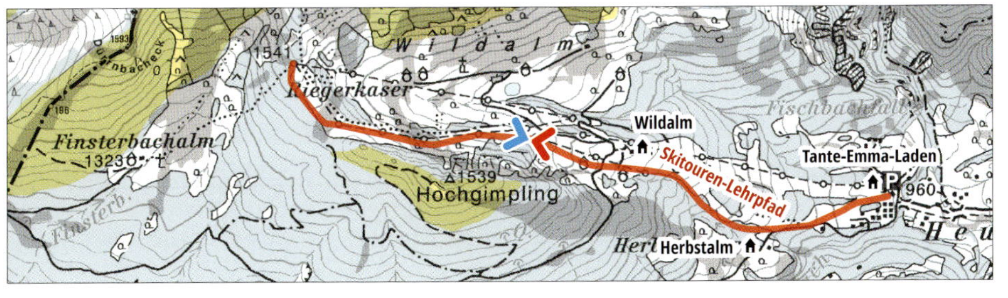

5 STEINPLATTE | 1869 m | Chiemgauer Alpen

Flach, flacher, Winklmoos!

Erst wurde die Strecke für Autos gesperrt, dann der Bus-Shuttle-Service eingestellt: Seit zehn Jahren bereits gelangen die Wintersportler vom Seegatterl nur noch mit der modernen Winklmoosalmbahn oder mit eigener Muskelkraft in das herrliche Hochplateau der Winklmoosalm. Vor den Almen breitet sich die vielleicht flachste Piste aus, die Oberbayerns Skigebiete zu bieten haben. Erst mit dem Grenzübergang nach Österreich wird das Gelände an der Steinplatte etwas alpiner.

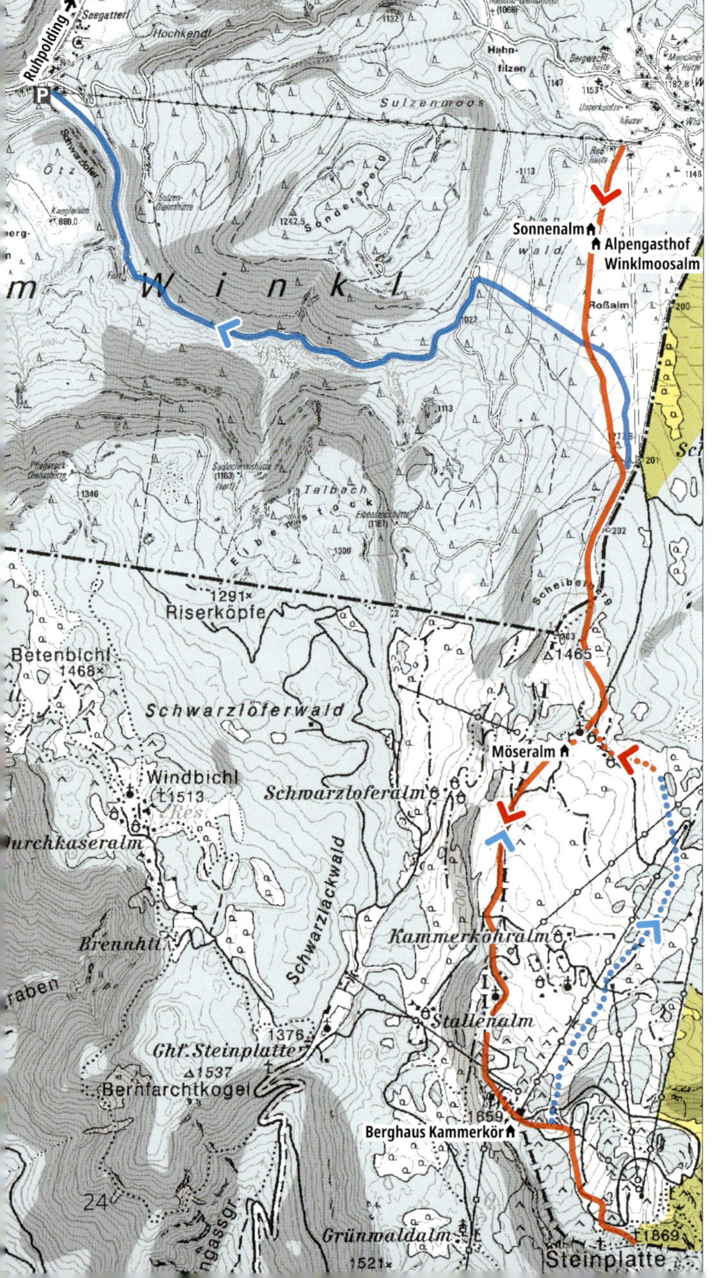

Aufstiegsweg

Am großen Seegatterl-Parkplatz entweder auf der alpinen Loipe Richtung Dürrnbachhorn (siehe Tour 26) und weiter zu den Winklmoos-Almen empor (ca. 1 ¼ Std.) oder mit der neuen Winklmoosalmbahn in das Skigebiet.

Von der Talstation des Rossalmliftes geht es in Sichtweite der Winklmoosalmbahn-Bergstation, an der extrem weitläufigen und flachen Piste entlang zur Rosslift-Bergstation. Knapp unterhalb queren wir nach links flach durch den Wald zur Möseralm hinüber (Ww. Kammerköhr, Steinplatte). Bei viel Skibetrieb sollte man etwas rechts haltend in den Wald ausweichen, ohne der Scheibelberg-Abfahrt zu nahe zu kommen.

An der Möseralm ist der langgezogene Geländerücken, der direkt zur Steinplatte führt, gut einsehbar. Wir bleiben, von einigen Abkürzern abgesehen, auf dem Fahrweg. Von der Bergstation der Gondelbahn Waidring geht es auf dem Sommerweg flach nach Osten, dann folgt der Aufstieg über den breiten Gipfelhang zur Bergstation der Plattenkogel-Sesselbahn. Am Steinplatten-Sattel hat man die Wahl zwischen dem oft verblasenen Sommerweg zum Hauptgipfel oder westlich zum Vorgipfel, der

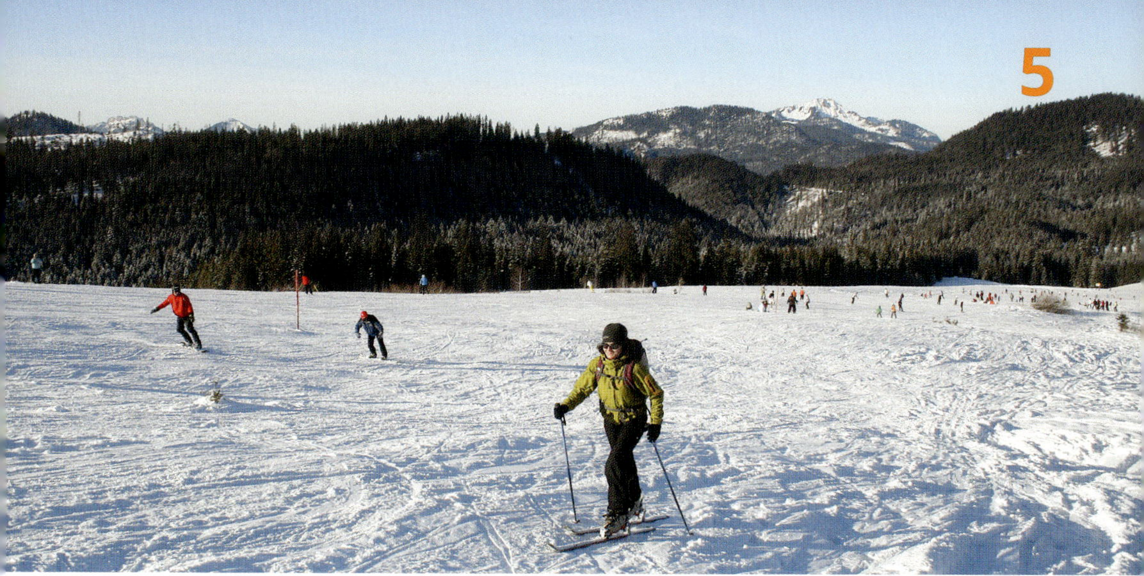

Auf dieser breiten Piste kommen sich Abfahrer und Tourengeher bestimmt nicht in die Quere.

ebenfalls mit einem Kreuz geschmückt ist. Überragend ist von hier der Blick in die Loferer Steinberge.

Höhenmeter 720 (1100 ab Seegatterl)

Gehzeit 3 Std. (4 ¼ Std.)

Tourencharakter Sehr einfache Tour im Skigebiet Winklmoosalm mit weitläufigen Pisten. Im Wald wird die Piste verlassen, an der Möseralm und auf den Ziehwegen unterhalb des Gipfels Engstellen beachten. Während der Hauptsaison nicht zu empfehlen

Tourengelände Über die sehr flache Piste oberhalb der Winklmoos-Almen führt die Route vorübergehend durch Wald zur Möseralm und auf dem ausgeprägten Geländerücken zum mäßig steilen Gipfelhang.

Anfahrt

Auto A 8 Richtung Salzburg, Ausfahrt Bernau, B 305 Reit im Winkl, nach Ortseingang links auf der Entfeldener Straße zur B 305 Richtung Ruhpolding, nach 5 km rechts Parkplatz Seegatterl.

ÖPNV Bus-Shuttle von Ruhpolding und Reit im Winkl zum Seegatterl und mit der Winklmoosalmbahn in das Skigebiet

Ausgangspunkt Großer Parkplatz am Seegatterl

Navigation N 47.657468°, E 12.540979°

Abfahrt

Im Wesentlichen entlang der Aufstiegsroute. Schöner zum Fahren ist jedoch ab der Bergstation Plattenkogel der steilere Nordhang zur Talstation des Steinplatten-Sessellifts, wofür jedoch aus dem Kessel heraus ein Gegenanstieg zur Möseralm in Kauf genommen werden muss (ca. ¼ Std.). Von der Alm geht es rechts am Scheibelberg vorbei auf dem flachen Waldweg zur breiten Piste zurück, von der an der gelben Tafel links der finale Abzweig zum Seegatterl erfolgt.

Einkehr

- Alpengasthof Winklmoosalm (1160 m), Tel. +49 8640/97440, www.winklmoosalm.com
- Sonnenalm (1160 m), Tel. +49 8640/79720, www.sonnenalm.de
- Möseralm (1385 m), Tel. +43 5353/52473, www.moeseralm.at
- Berghaus Kammerkör (1775 m), Tel. +43 5353/6316, www.kammerkoeralm.at

Info

- Skigebiet: www.winklmoosalm.de
- Tourist Information Reit im Winkl, Tel. +49 8640/80020, www.reitimwinkl.de

Karte AV-Karte BY 18, Chiemgauer Alpen Mitte, 1:25.000

6 STEINLINGALM | 1467 m | Chiemgauer Alpen

AW Separate Aufstiegsroute

Das Skigebiet an der Kampenwand ist ein Musterbeispiel für friedliche Koexistenz zwischen Liftbetreibern, „Pistlern" und Pistengehern. Die gut beschilderte Aufstiegsroute führt teils abseits der Piste empor, und donnerstags öffnen mit Gori- und Steinlingalm gleich zwei Einkehren ihre Pforten für die Feierabend-Sportler. An diesem Tag streben die Pistengeher nach Schließung der Lifte dann meist direkt an der Piste nach oben. Erwähnenswert ist, dass die Pisten nicht beschneit werden und somit von Frau Holles Launen abhängig sind.

Aufstiegsweg

Bei wenig Betrieb kann man an der ausgeschilderten Kampenwandbahn parken, ansonsten überquert man vom Festhallen-Parkplatz die Straße und erreicht die Bahn in wenigen Minuten. Von der Bahn anfangs entlang der flachen Piste empor. Mit Eintauchen in den Wald folgen wir den Wegweisern für den separaten Tourengeher-Aufstieg. Nach zwei Querungen verlässt die Route linkerhand die Piste in den Wald. Hier geht es erst in nordöstliche Richtung, dann den Hang zweimal querend in einer weit ausholenden Serpentine teils sehr flach zu einem Forstweg. Hier rechts halten und mäßig steil empor. Auf einem Geländeabsatz treffen wir auf die Piste und folgen dem Ziehweg durch den Wald zum Goriloch und in wenigen Kehren zur Gorialm (1258 m). Oberhalb der Alm steigen wir auf dem flachen Weg zügig auf die Kampenwand zu; eine Variante zweigt nach rechts zu Kampenhöhe und Seilbahn-Bergstation ab. Am oberen Ende der Hangquerung lehnt sich das Gelände zurück und die Steinlingalm (1467 m) taucht nebst einer Kapelle auf. Bei den hier oft vorherrschenden windigschattigen Verhältnissen kommt die urige Alm für die verdiente Einkehr gerade recht.

Abfahrt

Bis zur Gorialm entlang der Aufstiegsroute auf der leichten Piste mit kleineren Tiefschneevarianten hinab, dann auf dem Ziehweg durch den Wald und auf der mittelschweren Piste zur Talstation.

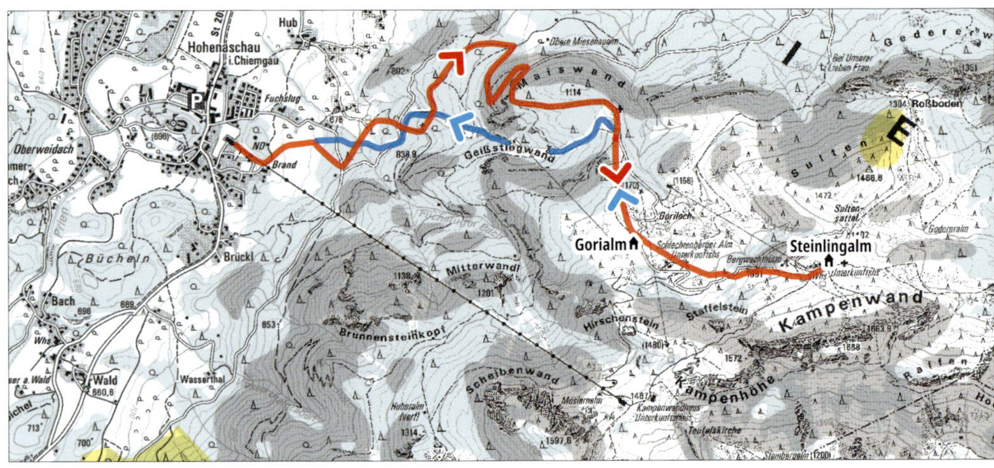

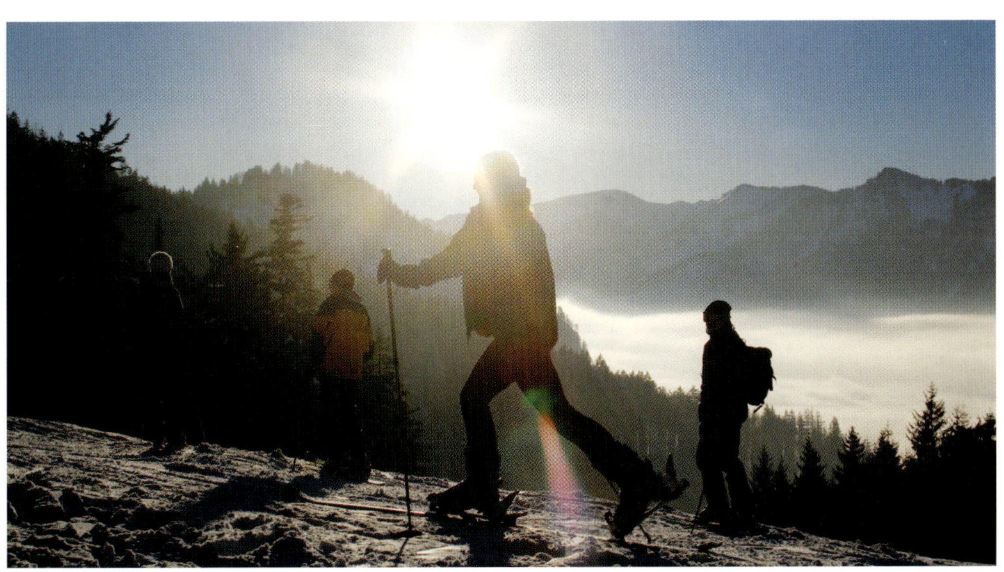

An dieser aussichtsreichen Stelle mündet die separate Aufstiegsspur in das Pistengelände.

Höhenmeter 880

Gehzeit 3 Std.

Tourencharakter Geruhsamer Aufstieg durch Wald in das Pistengebiet unterhalb der Kampenwand, das im Hochwinter äußerst schattig ist.

Tourengelände Wechselweise auf leichten Pisten und beschilderten Wald-Varianten für Tourengeher zur Gorialm (Wanderweg 20), oberhalb freie Hänge mit klar einsehbarer Wegtrasse

Anfahrt

Auto A8 Richtung Salzburg, Ausfahrt Frasdorf, St 2093 über Aschau nach Hohenaschau, rechts in die Straße An der Festhalle und an geeigneter Stelle parken (bei viel Betrieb ist das Parken an der Kampenwandseilbahn untersagt).

ÖPNV Deutsche Bahn nach Prien, Chiemgau-Bahn nach Aschau, per Bus oder zu Fuß (1,5 km) zur Kampenwandseilbahn

Ausgangspunkt Parkplatz an der Festhalle

Navigation N 47.766799°, E 12.323602°

Einkehr
- Gorialm (siehe After Work)
- Steinlingalm (siehe After Work)

Info
- Skigebiet: www.kampenwandbahn.de
- Tourist Information Aschau, Kampenwandstr. 38, Tel. +49 8052/904937, www.aschau.de

Karte AV Karte BY 17, Chiemgauer Alpen West, 1:25.000

AFTER WORK I

Hütte Gorialm (1258 m)
Aufstieg 1 ½ Std. (Piste)
Tourenabend Do. 18 – 22 Uhr (ab 26. Dez.)
Mobil +49 151/72113792
Web www.gorialm.de

AFTER WORK II

Hütte Steinlingalm (1467 m)
Aufstieg 2 Std. (Piste)
Tourenabend Do. 18 – 23.30 Uhr (ab 26. Dez.)
Telefon +49 8052/2962
Web www.steinlingalm.de

7 OBERES SUDELFELD | 1412 m | Mangfallgebirge

AW

Drei Routen, fünf Einkehrschwünge

„Willkommen in einem der größten zusammenhängenden Skigebiete Deutschlands", ist auf der Sudelfeld-Homepage zu lesen. Das „Skiparadies" schafft es aufgrund der umstrittenen Speichersee-Errichtung – O-Ton Alpenverein im November 2014: „Bock des Jahres (für Umweltsünden) geht an die Liftbetriebe Sudelfeld" – mittlerweile, rund zwei Drittel der insgesamt 32 Kilometer Pisten mit modernen Schneekanonen zu beschneien. Der Tourengeher aber profitiert davon, da er im weitläufigen Pistengebiet auf den drei freigegebenen Routen mehr Schneesicherheit vorfindet.

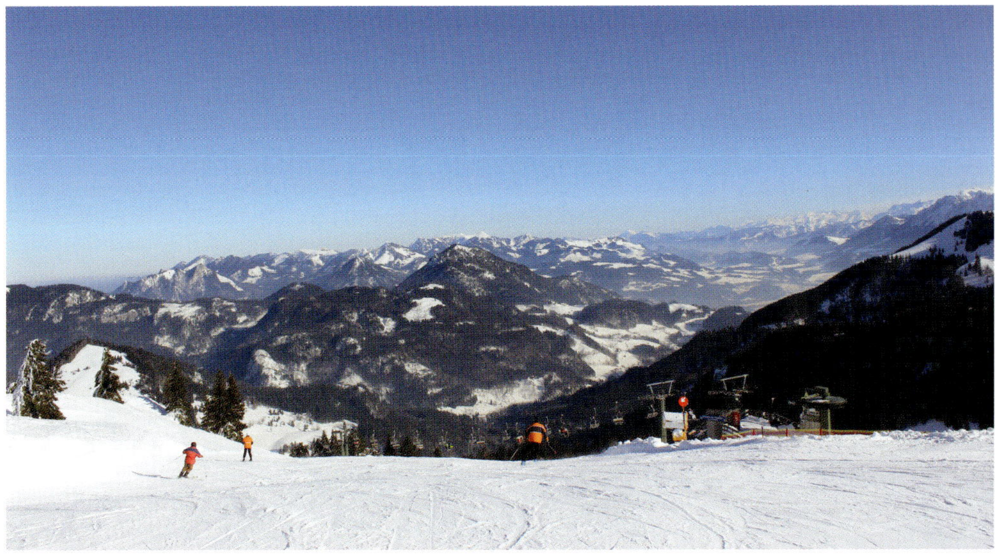

Abfahrtsgenuss von der Sudelfeldkopfbahn

Jeden Mittwoch findet im Sudelfeld ein Tourenabend statt, die benachbarten Waller- und Speck-Alm haben dann wie die Sonnenalm bis 22 Uhr geöffnet und die Pisten werden erst entsprechend spät präpariert. Der Anstieg von Bayrischzell ist zwar etwa um eine halbe Stunde (und 250 Hm) länger als der von Grafenherberg, doch dafür verringert sich die Anfahrt deutlich; man spart sich die bei Schneefall möglicherweise Probleme bereitende Passstraße. Wer tagsüber zum Oberen Sudelfeld hochsteigen will, muss ohnehin nach Grafenherberg fahren und die grün markierte Route über die etwas steileren Osthänge nehmen.

Aufstiegsweg

Skitourenabend: Von der Talstation des Sessellifts in Bayrischzell teils entlang der Piste, teils auf dem Waldweg zum Mittleren Sudelfeld ansteigen; etwas oberhalb der Sessellift-Bergstation trifft die Route auf die kürzere Grafenherberg-Variante, die am Oswald-Lift beginnt. Nun die breite Piste in weitem Bogen auf dem Ziehweg queren und zu den After-Work-Almen am Oberen Sudelfeld empor.

Tagesroute: Vom Parkplatz Grafenherberg am Oswald-Lift in südliche Richtung, die Schöngrat-3er-Sesselbahn passieren und über mäßig steiles Gelände nun westwärts zu den Almen empor.

Abfahrt

Die Abfahrt ist abends nur auf den Anstiegspisten über das Mittlere Sudelfeld erlaubt, tagsüber kann auch die Rosengasse-Piste benutzt werden.

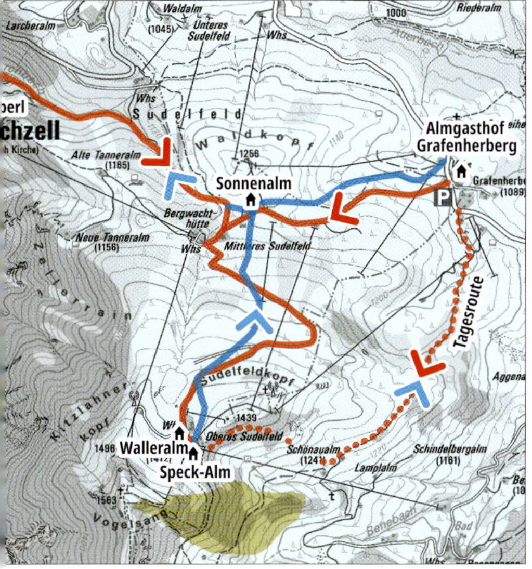

Höhenmeter 600 (350)

Gehzeit 1 ½ – 2 Std.

Tourencharakter Die beiden Routen für die Tourenabende verlaufen in gleichmäßiger Steigung auf mittelsteilem Pistengelände; oberhalb von Bayrischzell geht es durch eine enge Waldschneise empor. Etwas steiler ist das Gelände der Tagesroute unterhalb des Oberen Sudelfelds.

Tourengelände Im unteren Abschnitt Anstieg auf einem schattigen Forstweg, mit Einmündung in das breite Skigebiet geht es auf nordwärts ausgerichteten Pisten empor; von Grafenherberg ist man stets im weitläufigen Pistengelände unterwegs; der Anstieg tagsüber erfolgt über zuletzt steileres ostwärts ausgerichtetes Pistengelände.

Anfahrt

Auto A 8 Richtung Salzburg, Ausfahrt Weyarn, B 307 über Schliersee nach Bayrischzell. Für die Varianten Alpenstraße in das Sudelfeld-Skigebiet, beschilderter Abzweig nach Grafenherberg

ÖPNV Bayerische Regiobahn (BRB) nach Bayrischzell, direkter Skibus-Anschluss in das Skigebiet

Ausgangspunkt Parkplatz Talstation Sessellift

Navigation N 47.67670°, E 12.02260°

Einkehr
- Andreasstüberl, Talstation Sessellift, Tel. +49 80 23 / 750, www.schialm.de
- Almgasthof Grafenherberg (1130 m), Tel. +49 80 23 / 819 43 62, www.almgasthof-grafenherberg.com
- Sonnenalm (siehe After Work)
- Speck-Alm (siehe After Work)
- Walleralm (siehe After Work)

Info
- Skigebiet Sudelfeld: www.sudelfeld.de
- Tourist-Info Bayrischzell, www.bayrischzell.de

Karte AV-Karte BY 16, Mangfallgebirge Ost, Wendelstein, 1:25.000

AFTER WORK I

Hütte Walleralm (1412 m)
Aufstieg 1 ½ – 2 Std.
Tourenabend Mi. 18 – 22 Uhr
Telefon +49 80 23 / 722
Web www.walleralm.de

AFTER WORK II

Hütte Speck-Alm (1408 m)
Aufstieg 1 ½ – 2 Std.
Tourenabend Mi. 18 – 22 Uhr
Telefon +49 80 23 / 14 42
Web www.speck-alm.de

AFTER WORK III

Hütte Sonnenalm (1250 m)
Aufstieg 1 ¼ Std.
Tourenabend Mi. 18 – 22 Uhr
Telefon +49 80 23 / 906 60

8 WENDELSTEINHAUS | 1724 m | Mangfallgebirge

Sonnenbad am „Krematorium"

Die Leitzachtaler waren bereits mit Fellen am Wendelstein unterwegs, als es noch keine Lifte gab und das Thema Pistengehen noch keines war. Man verabredete sich spontan und stieg über die Wendelsteinalm zum „Krematorium" hinauf, jener Felswand, die aufgrund der prallen Südseite bestens zum Sonnenbaden und Bräunen taugt und aufgrund des „Leichen-Verbrenn"-Effekts ihren makabren Namen erhielt. Den Schlussanstieg über den etwas heiklen „Hotelhang" bis zu den Gipfelstationen der Bergbahnen hat man sich an Schönwettertagen oftmals gespart.

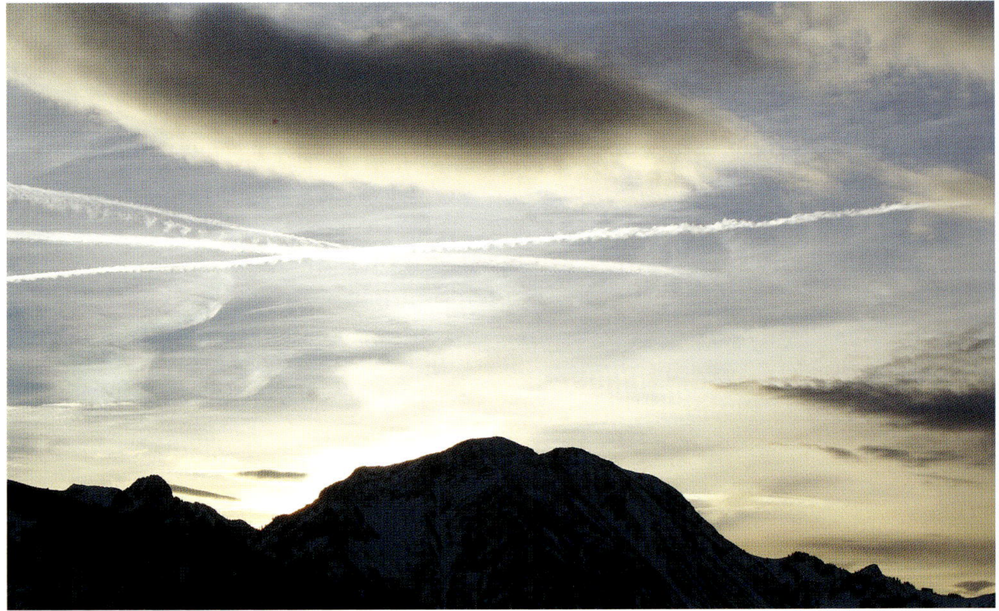

Abendstimmung über dem Leitzachtal

Während des Rechtsstreits mit einem Almbauern, der den Skibetrieb zwischen 1995 und 1997 zum Erliegen brachte, waren die Tourengeher gar unter sich. Heute reagiert der Bahnbetreiber zwar leicht irritiert, wenn man sich nach den Tourenbedingungen vor Ort erkundigt.

Aufstiegsweg

Vom Parkplatz der Wendelsteinbahn ostwärts zur Bahnunterführung am Mühlbach und über flache Wiesen zur Talabfahrt 2b queren. Stets entlang der Piste, im Wald eine unüberschaubare Engstelle beachtend, empor. Über welliges Terrain erreichen wir einen breiten Hang, über den wir nordwärts aufsteigen. Nach kurzer Flachpassage (von rechts quert der Sommerweg) ist der Steilhang zur Siglalm (1334 m) zu bewältigen: Bei viel Betrieb muss ggf. links in das Gelände ausgewichen werden (Verlauf Sommerweg). Am oberen Ende des Hangs Querung einer Steilrinne (Lawinengefahr beachten), dann über einen Geländeaufschwung zur Wendelsteinalm (1420 m) am Lacherlift. Vom kleinen Hochplateau über die

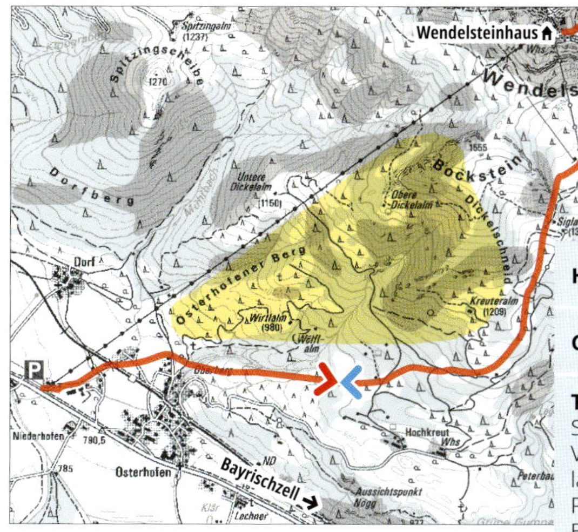

Höhenmeter	940
Gehzeit	3 Std.

Tourencharakter Anspruchsvolle Tour auf der Skipiste mit einigen Engstellen, die besondere Vorsicht erfordern (Unfallgefahr). Durch die Südlage apern die Hänge relativ schnell aus. Falls Piste nicht in Betrieb, Lawinenlage checken! Bei Bedarf Lawinensprengungen (Infos an der Talstation beachten)!

Tourengelände Anstieg entlang der meist südwestlich ausgerichteten Pisten. Nach Querung unterhalb der Kesselwand folgt der Schlussanstieg über den sehr steilen Osthang zum Wendelsteinhaus.

Skibergsteigen umweltfreundlich Wald-Wild-Schongebiet am Lacherspitz und unter dem Bockstein
Für die Präparierung der Pisten werden keine Schneekanonen verwendet. Bei zu wenig Schnee wird der Pistenskibetrieb eingestellt.

Anfahrt

Auto A 8 Richtung Salzburg, Ausfahrt Weyarn, B 307 über Schliersee Richtung Bayrischzell, vor Osterhofen links ab zum sichtbaren Parkplatz an der Wendelsteinbahn

ÖPNV Bayerische Regiobahn (BRB) nach Osterhofen

Ausgangspunkt Parkplatz an der Wendelsteinbahn

Navigation N 47.687623°, E 11.981277°

Einkehr Wendelsteinhaus (1724 m), Tel. +49 80 23/404, www.wendelsteinbahn.de/wendelsteinhaus

Info
- Skigebiet: www.wendelsteinbahn.de
- Kurverwaltung Bayrischzell, Kirchplatz 2, Tel. +49 80 23/648, www.bayrischzell.de

Karte AV-Karte BY 16, Mangfallgebirge Ost, Wendelstein, 1:25.000

ideal geneigten Südwesthänge an der Bergwachthütte vorbei in Richtung Lacherspitz und Kesselwand alias „Krematorium" empor – hier ist für „Pistler" und Tourengeher ausreichend Platz. Die imposante Felswand wird relativ flach in Richtung Zeller Scharte gequert; bei Tauwetter Steinschlag- und Schneerutschgefahr. Zuletzt über den sehr steilen Osthang – ein echtes Nadelöhr! – zum Wendelsteinhaus empor.

Abfahrt

Auf der Piste 2b zurück zur Talstation.

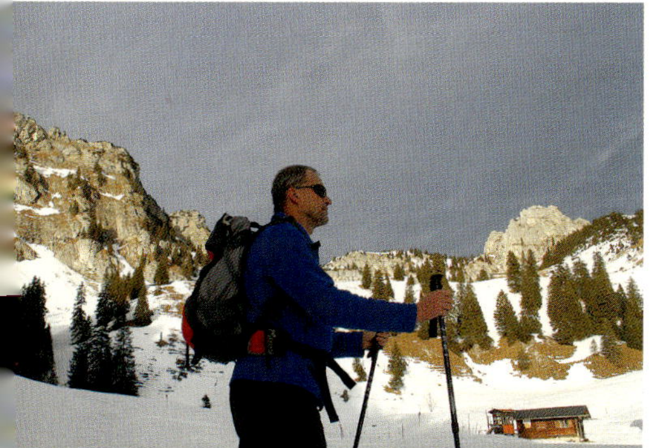

Blickrichtung Wendelstein und „Krematorium" vom Lacherlift an der Wendelsteinalm

9 AUERALM | 1260 m | Mangfallgebirge

AW Skiwanderung über dem Slalomhang

Von der Tegernseer Promenade erhebt sich der Fockenstein, einer der formschönsten Gipfel im Tegernseer Tal, als fotogene Pyramide über dem Waldgürtel. Auf dem angrenzenden Höhenrücken liegt die Aueralm in bester Lage mit großartigem Blick über das Karwendel- und Mangfallgebirge bis zum Großvenediger. Der Tourengeher erlebt den Ausflug eher als Skiwanderung, da das flache Terrain oberhalb der Piste kaum Ansprüche an Technik und Kondition stellt.

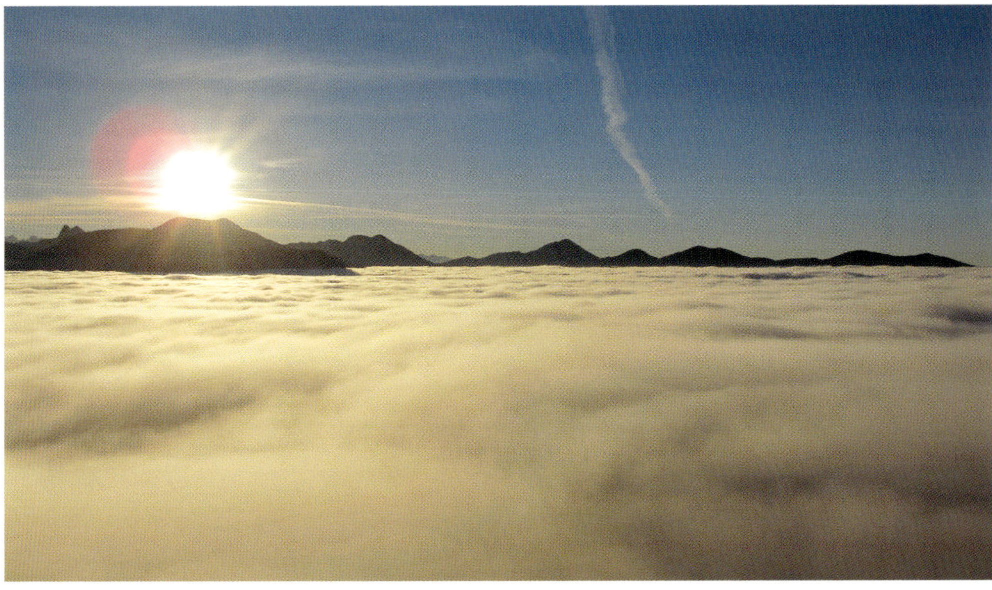

Abendstimmung am Riederstein: Die Aueralm liegt gerade noch über dem Nebelmeer zwischen Hirschberg (Sonne) und Kondensstreifen ...

In der Aueralm-Stube treffen sich die Tourengeher Mittwochabend, um sich am Kachelofen aufzuwärmen und für die Abfahrt mit einer Speckknödel-, Linsen- oder Erbsensuppe zu stärken. Wer an einem anderen Tag in die Dunkelheit kommt und die blinkende Pistenraupe erblickt, sollte sich zu seiner eigenen Sicherheit mit dem Raupenfahrer in Verbindung setzen oder auf die Abfahrt verzichten. Die Pisten werden in der Regel nur zu Trainingszwecken, für Skirennen oder Firmen-Events präpariert und stehen dem öffentlichen Skilauf somit nicht zur Verfügung. Sie sind täglich bis auf Sonntag zwischen 18.30 und 21.30 Uhr beleuchtet. Am bekannten Weltcup-Slalomhang werden zuweilen mehrere parallele Kurse gesteckt.

Aufstiegsweg

Den Söllbach überqueren und in Sichtweite der Skipiste eine Serpentine durch den Wald empor (Ww. Fockenstein). Nach Einmündung in die Piste am Pistenrand steil zur Bergstation des unteren Schlepplifts und in einer Kehre zur Bergstation des oberen Schlepplifts hinauf. Weiter geht es in angenehmer Steigung auf eine bewaldete Anhöhe (Zwergel-

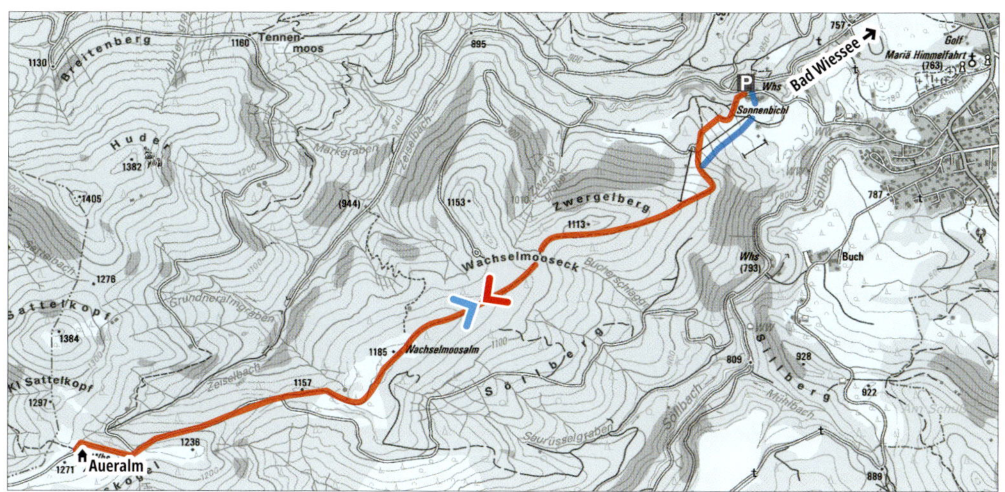

berg). An der Waxlmoosalm müssen wir ein kurzes Stück hinab, dann münden wir in einen Forstweg, der uns in westlicher Richtung zu Aueralm leitet.

Abfahrt

Entlang der Aufstiegsroute mit kurzem Gegenanstieg an der Waxlmoosalm. Nach flacher Waldabfahrt Einmündung in den steilen Slalomhang

AFTER WORK

Hütte Aueralm (1260 m)
Aufstieg 1 ½ Std.
Tourenabend Mi. bis 22 Uhr (Saisonbeginn 26.12.)
Telefon +49 8022/836 00
Web www.aueralm.de

Höhenmeter 450

Gehzeit 1 ½ Std.

Tourencharakter Zunächst steil am Pistenrand empor, dann zunehmend flach durch Wald und später über teils freies Gelände zur Auerlalm

Tourengelände Da das bewaldete Gelände oberhalb vom steilen Slalomhang (Ausrichtung: Nordost) stark abflacht, ist der Zustieg zur Hütte als relativ lawinensicher einzustufen.

Anfahrt

Auto B 318 über Gmund nach Bad Wiessee, im Ortsteil Abwinkl rechts in die Söllbachtalstraße und nach 300 m rechts zum Sonnenbichl

ÖPNV Bayerische Regiobahn (BRB) nach Gmund, RVO-Bus nach Bad Wiessee (Lindenplatz) und zu Fuß über die Wanderwege W8 und W9 zum Sonnenbichl

Ausgangspunkt Gebührenpflichtiger Parkplatz am Sonnenbichl

Navigation N 47.704506°, E 11.713604°

Einkehr Aueralm (siehe After Work)

Info
- Skigebiet: www.audi-skizentrum-sonnenbichl.de
- Tourist-Information Bad Wiessee, Tel. +49 8022/8603, www.bad-wiessee.de

Karte AV-Karte BY 13 Mangfallgebirge West, 1:25.000

10 BRAUNECK | 1555 m | Tölzer Berge

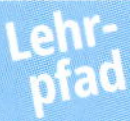

Friedliche Koexistenz

Das Brauneck war neben dem Sudelfeld und Spitzingsee das umstrittenste oberbayerische Skigebiet hinsichtlich der Tourengeher-Toleranz: Hier hatte das von den örtlichen Liftbetreibern verkündete offizielle Betretungsverbot ausgewiesener Pisten zu Beginn der Wintersaison 2010/11 für reichlich Zündstoff gesorgt. Nach vermittelnden Gesprächen mit dem Deutschen Alpenverein wurden jedoch die Weichen für eine langfristig friedvolle Regelung an Münchens populärem Hausberg gestellt – in Form einer meist abseits der Pisten verlaufenden Aufstiegstrasse mit kleineren baulichen Lösungen an den neuralgischen Pisten-Kreuzungspunkten.

Dem Pistenverbot für Tourengeher zum Trotz konnte man selbst in der „Krisen-Saison" sein Fahrzeug wenige hundert Meter vor den Draxlliften auf einem offiziell ausgewiesenen Tourengeher-Parkplatz für eine Gebühr von fünf Euro abstellen. Und auch auf der Webseite des Brauneckhauses werden die Tourengeher willkommen geheißen.

Aufstiegsweg

Südlich der Zufahrtsstraße geht es entlang der Loipe flach in Richtung Westen und links an der Skischule vorbei parallel zum Draxlhang in Richtung Waldrand hinauf. Kurz vor Erreichen der Waldgrenze überqueren wir links die kleine Bachbrücke und steigen stets mit etwas Abstand zur Piste hinauf. Oberhalb der Lenzenbauern-Alm (1000 m) wird der Blaikenberg in Nähe der Piste rechts umgangen. An einer ebenen Fläche wendet man sich in südwestlicher Richtung endgültig von der Familienabfahrt ab. Es folgt eine längere, relativ flache Wiesen- und Waldquerung bis zum oberen Rand eines aussichtsreichen Steilhangs. Von hier erreicht man rechts haltend zuletzt in einigen Kehren die populäre Florianshütte (1290 m).

Nach kurzem Pistenaufstieg stößt man an der Bergstation des oberen Flori-Schlepplifts an eine neuralgische Pistenkreuzung, die durch kleinere bauliche Maßnahmen entschärft wurde. Von hier geht es auf dem schmalen Sommerweg wieder abseits der Piste in nördliche Richtung durch den Wald empor, bevor die Piste – Vorsicht vor abfahrenden Skifahrern! – abermals gekreuzt wird! Danach nach links ausholend über den oberen Ziehweg zur Bergstation der Brauneckbahn (1500 m) hinauf. Den finalen Südhang zum Brauneck-Gipfel (1555 m) meistert man entweder in direkt hinaufziehenden Kehren oder flacher in weitem Bogen Richtung Westen auf dem gewalzten Winterwanderweg.

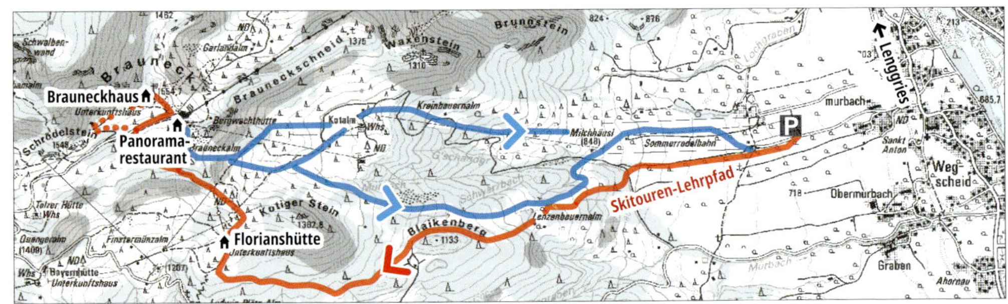

10

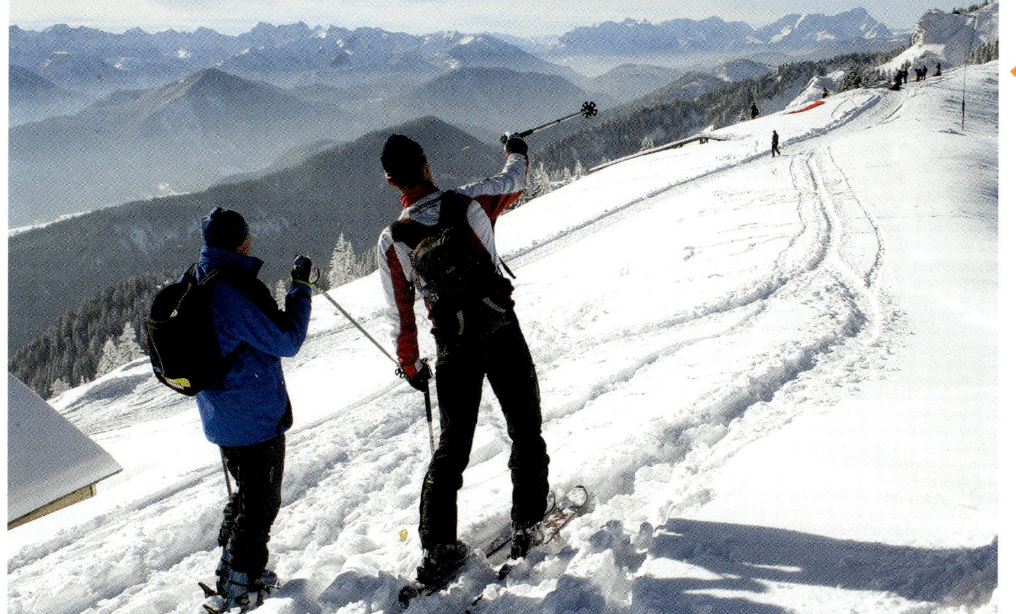

Ausblick auf das Karwendel-Wetterstein-Panorama und einen roten Gleitschirm kurz vor dem Start

Höhenmeter 850

Gehzeit 2 ½ Std.

Tourencharakter Eine sehr beliebte, untypische Pisten-Skitour: Während die Abfahrt von der Bergstation auf den Pisten des Brauneck-Skigebiets erfolgt, verläuft der Anstieg überwiegend abseits des Pistenrummels (LVS-Gerät nicht vergessen).

Tourengelände Abwechslungsreiches, anfangs ost-, später südseitiges Wald- und Wiesengelände. Ab Florianshütte von Süden über den bewaldeten Bergrücken zur Bergstation und den überwiegend baumfreien Südhang hinauf zum Gipfel

Anfahrt

Auto A 8 Richtung Salzburg, Ausfahrt Holzkirchen, B 13 über Bad Tölz nach Lenggries, St2072 Richtung Jachenau bis Wegscheid und nach rechts den Beschilderungen in das Skigebiet folgen

ÖPNV Bayerische Regiobahn (BRB) nach Lenggries und RVO-Bus 9595 nach Wegscheid

Ausgangspunkt Ausgewiesener Skitouren-Parkplatz einige hundert Meter vor der Liftstation am Draxlhang

Navigation N 47.661919°, E 11.566243°

Einkehr
- Florianshütte (1290 m), Tel. +49 8042/8900, www.florianshuette.com
- Panoramarestaurant Bergstation (1500 m), Tel. +49 8042/501250, www.panoramarestaurant-brauneck.de
- Brauneckhaus (1540 m, DAV), Tel. +49 8042/8786, www.brauneckgipfelhaus.de

Übernachtung
- Florianshütte (s.o.)
- Brauneckhaus (nur mit Reservierung, s.o.)

Info
- www.brauneck-bergbahn.de (Skigebiet)
- Gäste-Information Lenggries, Rathausplatz 1, Tel. +49 8042/50080, www.lenggries.de

Karte AV-Karte BY 11, Isarwinkel Benediktenwand, 1:25.000

Abfahrt

Vom aussichtsreichen Gipfel wählt man entweder die Direttissima des Südhangs oder im Bogen nach Westen ausholend den Ziehweg bis zu Bergstation. Ab hier sind wir im Pistengelände, wo man in der Regel auf der Familienabfahrt zur Talstation des Daxllifts hinabfährt. Direkter und steiler ist die Waxenstein-Abfahrt über die Kotalm. Die Pisten sind ab 18 Uhr gesperrt.

11 ERFURTER HÜTTE | 1831 m | Rofangebirge

AW

Lehrpfad

Aussichtskanzel über dem Achensee

Die Erfurter Hütte liegt an der Abbruchkante der Steilhänge Richtung Achensee, und würden nicht einzelne Bäume ein wenig die Sicht versperren, könnte man das komplette Panorama des nahen Karwendelgebirges direkt von der Terrasse aus genießen. Noch besser, allerdings aus Umweltschutzgründen höchst fragwürdig, ist die Aussicht nur in den Fängen des AIRROFAN Skyglider, einem Fluggerät in Gestalt eines Adlers, das mit rund 80 km/h vom nahen Gschöllkopf in die Tiefe rauscht.

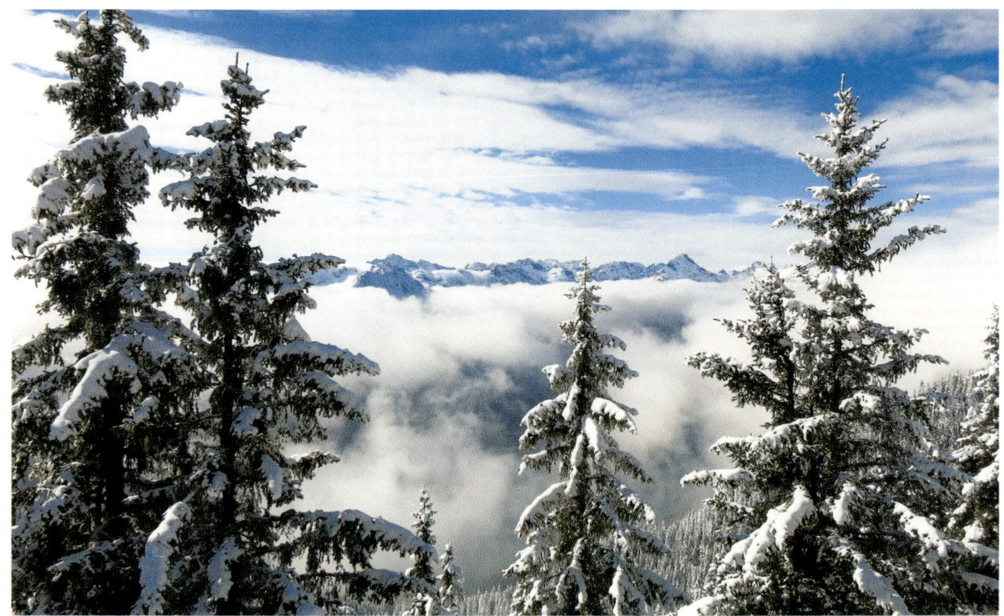

Karwendelpanorama von der Erfurter Hütte: Hochnisslspitze (links im Hintergrund) bis Sonnjoch (markantes Dreieck)

Die Aufstiegsroute im Skigebiet ist sehr beliebt, und wenn ausreichend Schnee liegt, wird auf dem teils abgelegenen Sommerweg hochgespurt. Alternativ ziehen die Tourengeher am Pistenrand nach oben, ohne dass sich der hier noch entspannte Pistenbetrieb daran stört. An manchen Tagen sind die Tourengeher gegenüber den Alpin-Fahrern gar in der Überzahl. Und am Tourenabend Mittwoch strömen zwischen 100 bis 200 Feierabend-Sportler herbei, weshalb in unmittelbarer Nachbarschaft der Erfurter Hütte auch der Berggasthof Rofan länger geöffnet hat.

Aufstiegsweg

Von der Talstation der Rofanbahn parallel zur Lifttrasse am Rand der Piste aufsteigen (Ww. Erfurter Hütte). An der Bachbrücke haben wir zwei Möglichkeiten: Bei ausreichend Schnee und entsprechender Spur steigen wir auf dem schmalen Sommerweg empor, alternativ folgen wir rechts dem breiten Forstweg bis zur Buchauer Alm. Oberhalb der Alm teilen sich die Wege am Mauritz-Sessellift für die Überwindung der Geländestufe bis zur Bergstation in drei Varianten auf: den Sommerweg, die

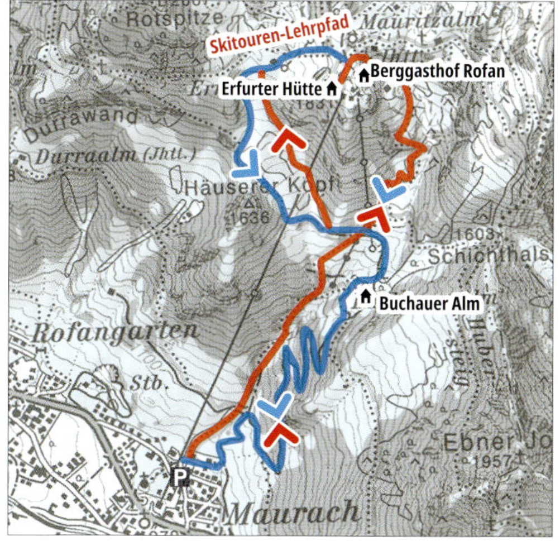

flachere linke und die steilere rechte Pistenvariante. Letztere wird bei Lawinengefahr gesperrt.

Abfahrt

Die Abfahrt erfolgt wahlweise auf der mittelschweren westlichen bzw. schweren östlichen Piste. Ab der Buchauer Alm gibt es zum Forstweg keine Alternative.

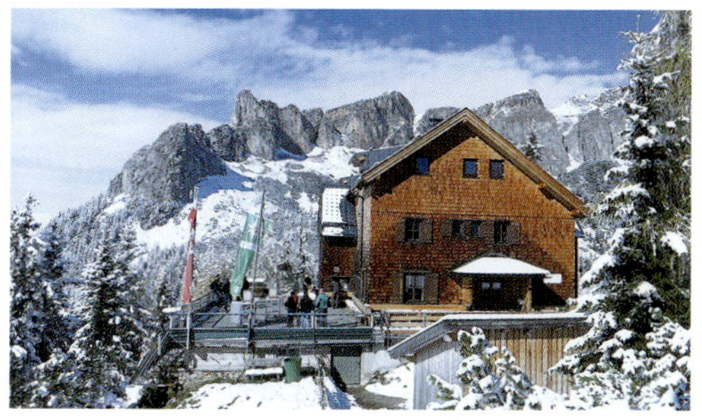

Höhenmeter 860

Gehzeit 2 ¼ Std.

Tourencharakter Einfacher Hüttenzustieg zur aussichtsreichen Erfurter Hütte. Bei guter Schneelage steigt man auf dem meist abseits der Piste verlaufenden Sommerweg auf. Vorsicht ist vor allem im engen unteren Pistenbereich geboten.

Tourengelände Von den Pistenschneisen abgesehen ist das Gelände durchwegs bewaldet, bei etwaiger Lawinengefahr im etwas freieren oberen Bereich wird die Piste automatisch gesperrt. Durch die Südlage direkte Sonneneinstrahlung

Anfahrt

Auto Von Bad Tölz B 13 und B 308 über Sylvensteinspeicher Richtung Achensee bzw. von Tegernsee B 308 und L 181; Inntalautobahn Ausfahrt Achensee, L 181 nach Maurach; Abzweig zur Rofanbahn oberhalb der Straße

ÖPNV Mit der Bahn über das Inntal nach Jenbach, RVO-Bus bis Maurach am Achensee

Ausgangspunkt Oberer Parkplatz der Rofanbahn

Navigation N 47.42562°, E 11.75240°

Einkehr
- Buchauer Alm (1385 m), Tel. +43 676/7237433
- Erfurter Hütte (siehe After Work)
- Berggasthof Rofan (siehe After Work)

Übernachtung
- Erfurter Hütte (siehe After Work)
- Berggasthof Rofan (siehe After Work)

Info
- Skigebiet: www.rofanseilbahn.at
- Tourismus Informationsbüro Maurach, Tel. +43 5243/53550, www.achensee.com/tirol/maurach

Karte Kompass-Wanderkarte Nr. 027 Achensee, 1:35.000

AFTER WORK I

Hütte Erfurter Hütte (1831 m)
Aufstieg 2 ¼ Std.
Tourenabend Mi. 17 – 22 Uhr
Telefon +43 5243/5517
Web www.erfurterhuette.at

AFTER WORK II

Hütte Berggasthof Rofan (1850 m)
Aufstieg 2 ¼ Std.
Tourenabend Mi. 17 – 22 Uhr
Telefon +43 5243/5058
Web www.berggasthof-rofan.com

AW

Lehr-pfad

Lehrpfad am Nostalgielift

Das „Skiparadies Kranzberg" hat auch nach über 45 Jahren seit der Gründung nichts von seinem familiären Charme verloren. Noch immer befördert der alte Sessellift, der einst den mühsamen Transport mit der Pistenraupe ablöste und bis kurz vor Weihnachten aus Revisionsgründen geschlossen bleibt, die Passagiere in gemächlichem Tempo die 240 Höhenmeter bis zur Mittelstation. Die Skitourengeher folgen von der Talstation jedoch dem 3,7 Kilometer langen Kranzberg-Lehrpfad.

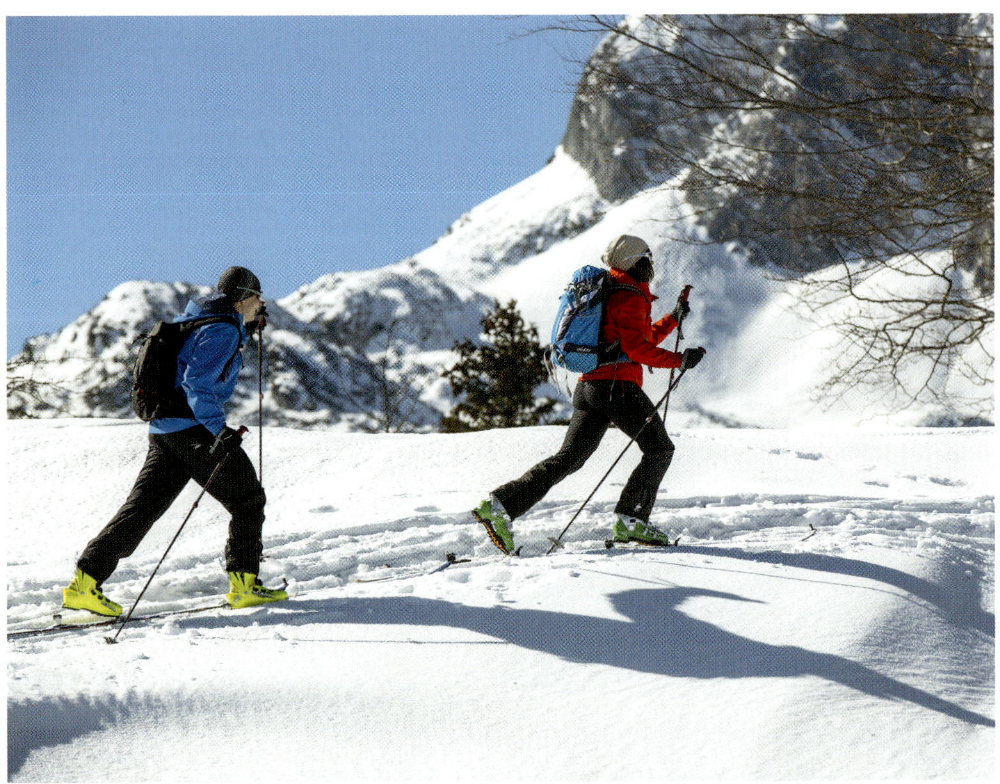

Forschen Schrittes dem Kranzberg entgegen

Wo im Sommer ein Barfuß-Parcours mit 22 Stationen für Unterhaltung sorgt, führt im Winter der Kranzberg-Lehrpfad mit 12 Hinweisschildern zum Kranzberg empor. Unterwegs bekommt man zahlreiche Tipps zum elementaren Skitouren-ABC, darunter Technikerläuterungen zum „Spitzkehren-Gehen", die man an den etwas steileren Hängen gleich üben kann.

Aufstiegsweg

Der bestens markierte K2 Skitourenlehrpfad beginnt rechts von der Talstation des Kranzberg-Sessellifts an einem schönen Waldweg. Falls zu wenig Schnee liegt, erfolgt der Einstieg an der Talstation des Luttenseelifts (Parkplatz Luttensee). Beide Routen treffen sich im

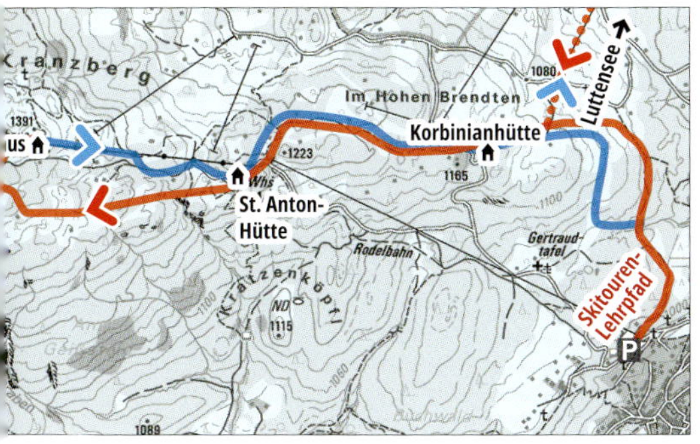

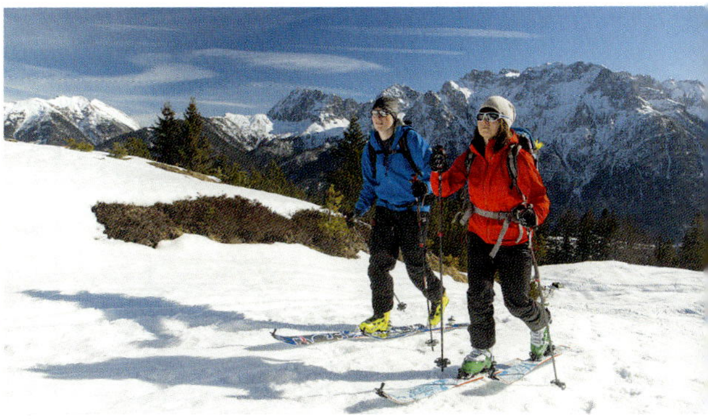

Blick auf die Mittenwalder Karwendelkette; links die Soiernspitze

oberen Luttensee-Skihang, von dem man in wenigen Minuten die Korbinianhütte erreicht. Nun teils am Rand der Skipiste zum Wirtshaus St. Anton-Hütte, das bereits etwas oberhalb der Sessellift-Bergstation liegt. Nach Passieren des Wildenseelifts durch lichten Wald zum Kranzberg empor; das Kranzberghaus, das wegen Umbau in der Saison 2022/23 geschlossen hat, liegt etwas unterhalb.

Abfahrt

Speziell ausgewiesene Abfahrtsroute, die auch außerhalb des Skibetriebes eine sichere Abfahrt zurück ins Tal ermöglicht. Nach Passieren der Wildenseelifte geht es an der Korbinianhütte vorbei zur Talstation

AFTER WORK I

Hütte Korbinianhütte (1200 m)
Aufstieg ¾ Std.
Tourenabend Mi. 17 – 22 Uhr
Telefon +49 8823/8406
Mobil +49 151/1527 0785
Web www.korbinianhuette.com

AFTER WORK II

Hütte Kranzberghaus (1350 m)
Aufstieg 1 ½ Std.
Tourenabend Mi. 17 – 22 Uhr
Telefon +49 8823/1591

Höhenmeter 420

Gehzeit 1 ½ Std.

Tourencharakter Mit „K 2 Skitourenlehrpfad" bestens ausgeschilderte Route zum Kranzberg, der einen wunderschönen Blick auf das Karwendel bietet.

Tourengelände Im unteren Abschnitt meist bewaldetes, im oberen Abschnitt teils freies südostseitiges Gelände mit nur wenigen steileren Passagen

Anfahrt
Auto A95 und B2 über Garmisch nach Mittenwald, 1. Abzweig in den Ort, vor dem Ortseingang scharf rechts in Richtung Klais, auf der Anhöhe links den Wegweisern zur Talstation des Kranzberg-Sessellifts folgen
ÖPNV Deutsche Bahn (DB) nach Mittenwald

Ausgangspunkt Gebührenpflichtiger Parkplatz am Kranzberg Sessellift

Navigation N 47.44467°, E 11.25638°

Einkehr
- Wirtshaus St. Anton-Hütte, Tel. +49 8823/8001, Di. Ruhetag
- Korbinianhütte (siehe After-Work)
- Kranzberghaus (siehe After-Work)

Info
- Skigebiet: www.skiparadies-kranzberg.de
- www.alpenwelt-karwendel.de/mittenwald

Karte AV-Karte BY 10, Karwendelgebirge Nordwest, Soierngruppe, 1:25.000

13 DREHMÖSER 9 | 1310 m | Wettersteingebirge

AW Partystimmung im Skigebiet

Hütten im Skigebiet mit Stammtischen an bestimmten Abenden für Tourengeher gibt es mittlerweile einige, doch kaum eine Einkehr schafft eine derartige Partylaune wie das Drehmöser 9 an der Hausberg-Bergstation. Mit Einbruch der Dunkelheit setzt sich dienstags und donnerstags am Parkplatz eine Stirnlampen-Karawane in Bewegung, die das Fassungsvermögen der Hütte zu sprengen droht. Deutlich ruhiger geht es auf der Kreuzalm zu, die wie die benachbarte Kreuzeckhütte ebenfalls abends geöffnet hat. Nachts darf nur die Horn-Abfahrt benutzt werden.

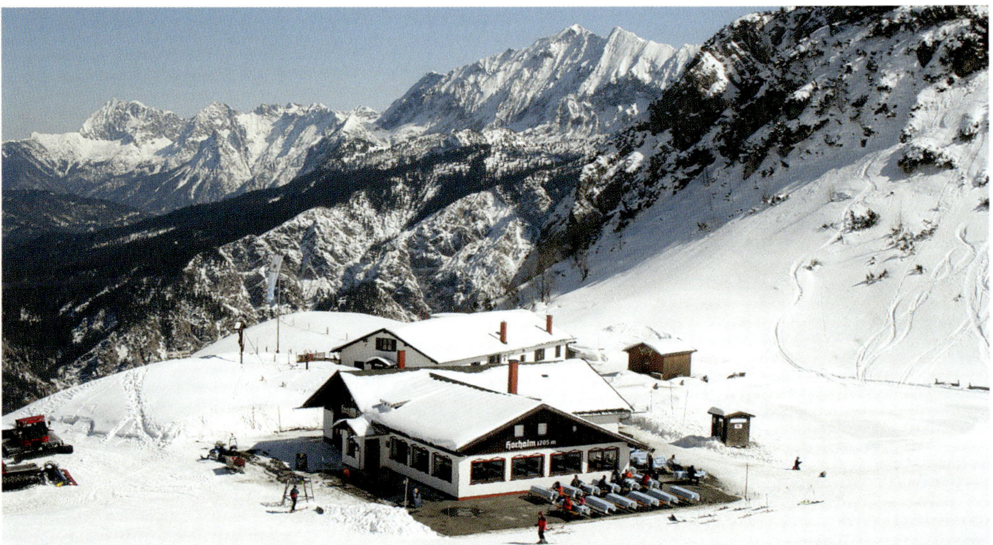

Tagsüber ist die Hochalm (1705 m) ein lohnendes Tourenziel, die man auf dem Winterwanderweg vom Kreuzeck erreicht.

Wer tagsüber unterwegs ist, kann auch über das Kreuzeck zur Hochalm aufsteigen. Die Route ist sehr gut beschildert. Im Gegenzug wurden benachbarte Abfahrten, darunter die berühmte Kandahar, für Tourengeher gesperrt.

Aufstiegsweg

Von der Talstation der Hausbergbahn folgen wir der Piste auf der rechten Seite. Wir ignorieren die links abzweigende Kochelbergabfahrt und bleiben rechts auf der Horn-Abfahrt (Abfahrt 2). Weiter bis zu einer breiten Wiese empor. Am oberen Ende geht es rechts auf schmaler Piste unter der Hausbergbahn hindurch in den Wald und zuletzt steil zur Tonihütte (1092 m, Abfahrt 3). Die Einkehr, die in Karten auch als Rießerkopfhütte bezeichnet wird, liegt etwas versteckt in einer kleinen Senke hinter benachbarten Hütten. Weiter auf der engen Tonihüttenabfahrt bergauf zu einer breiteren Piste am Tröglift, der wir nach links folgen. Am Kreuzwankl-Ski-Express-Hochplateau halten wir uns links und steuern direkt auf den Drehmöser 9 zu.

Wer die Tour in höhere Gefilde fortsetzen will, hält sich am Plateau nicht links, sondern rechts

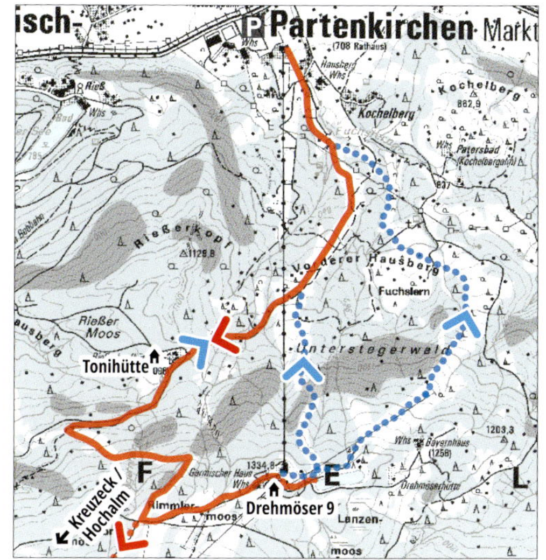

am Pistenrand, den Schildern folgend, durch den Wald. An einer Pistenkreuzung am Tröglhang benutzt man einen kleinen Fußgängertunnel und folgt der Aufstiegsspur rechts des Hexenkessel-Lifts zur Kreuzalm (1620 m). Von hier geht es mit herrlichem Panoramablick unter dem Längenfeldlift hinauf und links entlang der Piste leicht abfallend zur Hochalm (1703 m) hinüber. Alternativ kann man außerhalb der Ferien bis zehn Uhr auch am Rand der Olympiapiste aufsteigen.

Abfahrt

Die Abfahrt erfolgt ab Hausberg entweder auf der mittelschweren Standard-Tonihütten-Abfahrt (siehe Aufstieg) oder direkt auf der mittelschweren Kochelberg- bzw. auf der schweren Horn-Abfahrt.

Höhenmeter 570

Gehzeit 1 ½ Std.

Tourencharakter Sehr populäre After-Work-Tour im Classic-Skigebiet! Abfahrt wahlweise auf mittelschwerer oder schwerer Piste. Die freigegebene Piste wird am Berg angezeigt.

Tourengelände Abschnittsweise recht steile Aufstiegsspur am Pistenrand. Beim Schlenker über die Tonihütte ist man teilweise auf etwas engerer Piste unterwegs.

Anfahrt

Auto A95 und B2 nach Garmisch, im Zentrum der Beschilderung zum Hausberglift folgen

ÖPNV Deutsche Bahn (DB) nach Garmisch-Partenkirchen und Zahnradbahn zum Hausberg

Ausgangspunkt Großer, gebührenfreier Parkplatz am Hausberglift; vor allem während des Skibetriebs werden Tourengeher gebeten, am Eisstadion zu parken.

Navigation N 47.482264°, E 11.092758°

Einkehr

- Drehmöser 9 (siehe After Work)
- Kreuzalm (1620 m), Tel. +49 8821/3045, bis 19 Uhr, www.kreuzalm-garmisch.de
- Hochalm (1705 m), Tel. -2907, www.hochalm.de

Info

- Skigebiet: www.zugspitze.de/de/Garmisch-Classic/Winter/Pistenplan
- GaPa Tourismus, Rathausplatz 1, Tel. +49 8821/9100, www.gapa.de

Karte AV-Karte BY 8, Wettersteingebirge, 1:25.000

AFTER WORK

Hütte Drehmöser 9 (1310 m)

Aufstieg 1 ½ Std.

Tourenabende Di. + Do. 17 – 22 Uhr (ab Mitte Januar, sofern die Horn-Abfahrt befahrbar ist)

Telefon +49 8821/7972431

Web www.drehmoeser9.de

AW

Lehrpfad

Pilotprojekt am Kolben

In kaum einem Skigebiet wird der Pistengeher so hofiert wie am Kolben: Die separate Aufstiegstrasse führt durch einen eigens angelegten Tunnel und wird sogar abseits der Piste künstlich beschneit. Seit der Eröffnung im Winter 2010/2011 herrscht somit innerhalb der Ammergauer Pistengemeinde ein friedvolles Miteinander, das Projekt hat sich bewährt. Und spätestens auf dem Weg zum Zahn sind die Tourengeher abseits des Pistenbetriebs ohnehin wieder unter sich.

Aufstiegsweg

Vom Parkplatz an der unteren Liftstation vorbei und auf der beschilderten Aufstiegstrasse links der Piste parallel zum Kolbenbach empor. Oberhalb des unteren Schlepplifts wird die Hauptpiste per Skitunnel unterquert. Nach kurzem Anstieg links auf der Nebenpiste wenige Meter bergab und rechts in den Wald, wo man auf eine Aufstiegsvariante trifft. Es folgt ein meditativ-ruhiger Abschnitt abseits der Piste, bis der angenehme Waldweg wieder zurück zur Piste führt. Hier am linken Rand die entgegenkommenden „Varianten-Abfahrer" beachtend und zuletzt nach rechts querend zur Kolbensattelhütte empor.

Oberhalb der beliebten Einkehr bietet sich bei guten Bedingungen die Zugabe zum Zahn an. Hierfür wandert man durch die breite Waldschneise zu den zunehmend baumfreien Nordhängen unterhalb des Bergkammes hinauf. Das letzte Stück ist relativ steil, hier sind einige Spitzkehren angesagt. Der eigent-

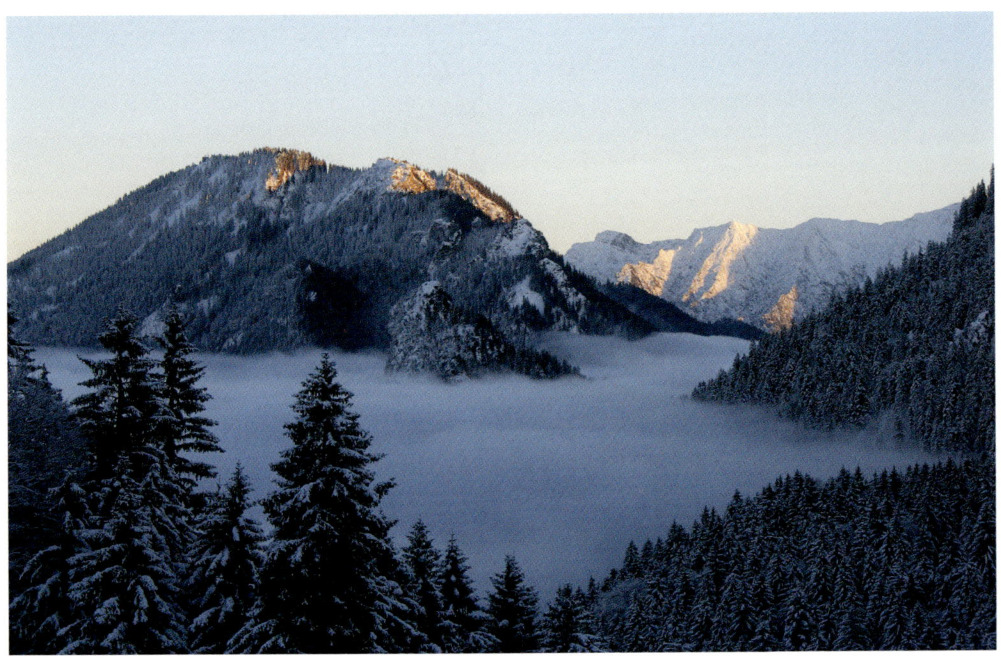

Abendstimmung an der Kolbensattelhütte

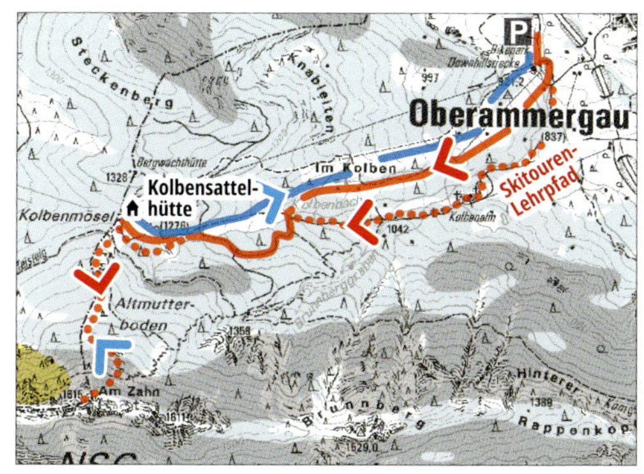

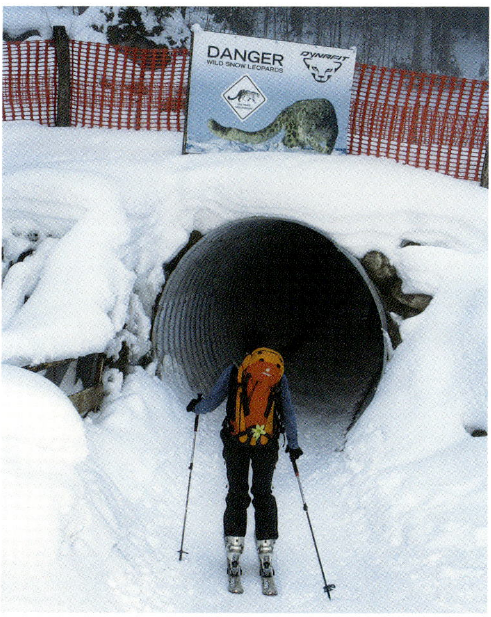

Die separate Aufstiegsspur führt durch diesen Tunnel unter der Piste hindurch.

liche Zahn-Gipfel (1615 m) bleibt den alpinen Könnern vorbehalten, die Mehrzahl gibt sich mit dem Kamm zwischen den Felsnasen etwa 30 Meter tiefer zufrieden. Im oberen Abschnitt ist die potentielle Lawinengefahr zu beachten.

Abfahrt

Entlang der Aufstiegsspur und auf den leichten Pisten des Kolben-Skigebiets.

Höhenmeter 420 (Am Zahn: 750)

Gehzeit 1 ¼ Std. (Am Zahn: 2 ¼ Std.)

Tourencharakter Beschilderte und beschneite separate Touren-Aufstiegstrasse im Skigebiet der Kolbenlifte. Die mittelschwere Zugabe auf den Zahn erfordert lawinenkundliche Kenntnisse und eine entsprechende Ausrüstung.

Tourengelände Bis zur Kolbensattelhütte entlang der Piste oder etwas abseits durch Wald empor. Der Anstieg zum Zahn verläuft durch eine markante Waldschneise und über teils > 30° steile Nordhänge bis zum Kamm.

Skibergsteigen umweltfreundlich Wald-Wild-Schongebiet westlich des Gipfelhangs Am Zahn

Anfahrt

Auto A 95 und B 2 Richtung Garmisch-Partenkirchen, ab Oberau B 23 über Ettal nach Oberammergau, nach dem Tunnel rechts der Ausschilderung zu den Kolbenliften folgen

ÖPNV Deutsche Bahn (DB) nach Murnau und Regionalbahn nach Oberammergau

Ausgangspunkt Parkplatz an der Talstation der Kolbensesselbahn

Navigation N 47.598321°, E 11.048727°

Einkehr Kolbensattelhütte (siehe After Work)

Info
- Skigebiet: www.kolbensattel.de
- Oberammergau Tourismus, Eugen-Papst-Str. 9 a, Tel. +49 88 22 / 92 27 40, www.ammergauer-alpen.de

Karte AV-Karte BY 7, Ammergebirge Ost, Pürschling Hörnle, 1:25.000

AFTER WORK

Hütte Kolbensattelhütte (1276 m)

Aufstieg 1 ¼ Std.

Tourenabende Di. / Mi. / Do. 19 – 23 Uhr (ab Ende Dez.)

Telefon +49 88 22 / 12 22

Web www.kolbensattel.de

AW

Entspanntes Miteinander

Am Hörnle begegnen sich Skifahrer, Snowboarder, Winterwanderer, Rodler und Pistengeher schon seit Jahren, ohne sich aneinander zu stören. Man grüßt sich freundlich und genießt den Tag fernab jeglicher Hektik. Selbst ein freilaufender Hund kann hier der heiteren Stimmung am Berg kaum einen Abbruch tun. Vielleicht liegt das entspannte Miteinander an der Weitläufigkeit der Familienabfahrt und dem seltenen Phänomen, dass der Müßiggang hier wichtiger scheint als Tempobolzen auf der Piste.

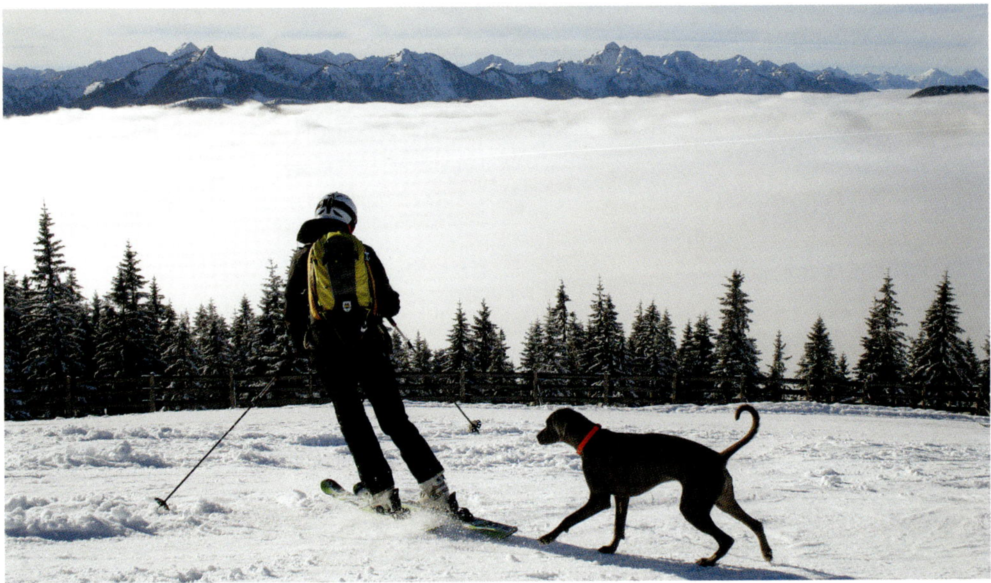

Hunde sind auf Pisten nicht erwünscht, denn so vorbildlich wie dieser verhält sich kaum ein anderer.

Die beliebte Hörnlehütte braucht somit keinen speziellen Tourengeher-Abend, sie öffnet täglich ihre warme Stube. Die einzige Beschränkung besteht darin, sich nach Betriebsschluss der Lifte aus Naturschutzgründen auf die Familienpiste zu beschränken. Auch die umliegenden Gipfel sind dann, mit Ausnahme des Vorderen Hörnles, tabu.

Aufstiegsweg

Am oberen Parkplatz quert man vom Tannenbankerlift durch die kleine Bachsenke westwärts in den Wald zur Familienabfahrt. Während des Aufstiegs entlang der im unteren Abschnitt sehr breiten Piste kann man die „Zwergerl" bei ihren Skikursen und -rennen beobachten. Nach dem gemütlichen Auftakt steigt man an der Piste erst in südwestliche, dann südöstliche Richtung gleichmäßig durch den Wald. Nach Passieren der Bergwachthütte (1291 m) folgt der finale Schlusshang, der oben etwas steiler ist und bei Vereisung unter Umständen Harscheisen erfordert. Zuletzt steuert man entweder auf das Gipfelkreuz oder direkt auf die wenige Meter tiefer gelegene Hörnlehütte (1390 m) zu. Der Blick in Richtung Alpenvorland sowie zu Wetterstein- und Ammergaugebirge

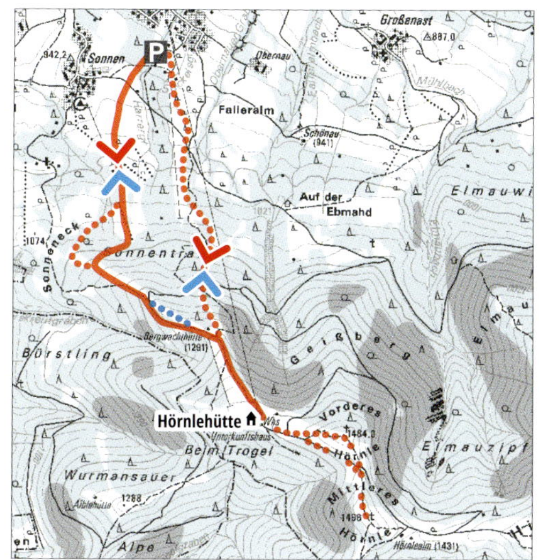

lohnt alle Aufstiegsmühen. Bei guten Verhältnissen kann man noch das zum Greifen nahe Vordere Hörnle (1454 m) oder Hintere Hörnle (1496 m) – hier allerdings in ungesichertem Gelände! – anvisieren.

Abfahrt

Die Abfahrt folgt in der Regel der Familienpiste. Während der Lift-Betriebszeiten kann man jedoch auch jene direkte und steilere Abfahrt nutzen, die die sportlich Ambitionierten zuvor bereits im Aufstieg hochgestiegen sind.

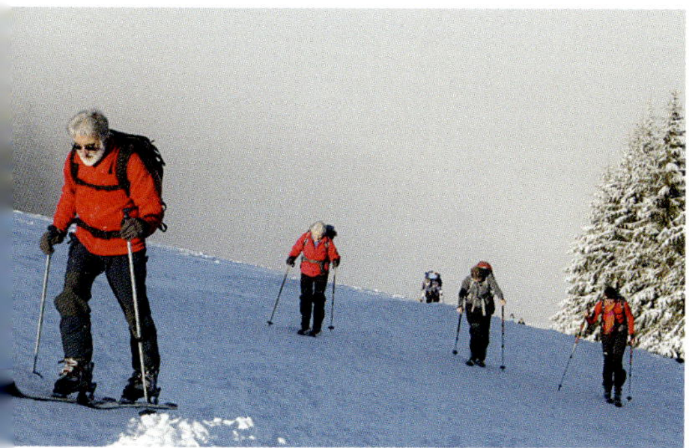

Endlich Sonne nach Durchstoß durch das Nebelmeer wenige Meter unterhalb der Hörnlehütte

AFTER WORK

Hütte Hörnlehütte (1390 m)
Aufstieg 1 ½ Std.
Tourenabende Täglich bis 22 Uhr geöffnet
Telefon +49 88 45 / 229
Web www.hoernle-huette.de

Höhenmeter 510

Gehzeit 1 ¼ Std.

Tourencharakter Bei winterlichen Bedingungen ein überaus beliebtes Tourenziel sowohl tagsüber als auch am Abend. Nach Betriebsschluss der Bahn darf dem Naturschutz zuliebe nur noch die Familienabfahrt genutzt werden.

Tourengelände Einfaches und übersichtliches Waldgelände auf der Familienabfahrt, nur der Schlussanstieg ist etwas steiler. Die direkte Abfahrt ist mittelschwer.

Anfahrt

Auto A 95 Richtung Garmisch, Ausfahrt Sindelsdorf, B 472, St 2038 und B 2 nach Murnau, St 2062 nach Bad Kohlgrub, im oberen Ortsteil links der Beschilderung zur Hörnlebahn folgen (Badstraße)

ÖPNV Regionalbahn (RB) über Murnau nach Bad Kohlgrub

Ausgangspunkt Ausgewiesener Skitouren-Parkplatz etwas oberhalb der Talstation der Hörnlebahn (gebührenpflichtig)

Navigation N 47.659347°, E 11.048942°

Einkehr Hörnlehütte (siehe After Work)

Übernachtung Hörnlehütte (siehe After Work)

Info
- Skigebiet: www.hoernlebahn.de
- Tourist-Information, Haus des Gastes, Tel. +49 88 45 / 742 20, www.ammergauer-alpen.de

Karte AV-Karte BY 7, Ammergebirge Ost, Pürschling Hörnle, 1:25.000

16 TEGELBERGHAUS | 1707 m | Allgäuer Alpen

AW

Lehrpfad

Skigebiet im Wandel

Da die Tegelbergbahn selbst in den letzten schneereichen Wintern häufig geschlossen war, will man, um das traditionelle Skigebiet nicht aufgeben zu müssen, künftig die Skitourengeher mit einer Freeride-Abfahrt im oberen Bereich ködern. Der bei Familien beliebte untere Pistenabschnitt wird sogar weiterhin künstlich beschneit, und bei Betrieb sind die Pisten vor Lawinen gesichert. An den Kosten für die Beschneiung beteiligen sich auch die Wirte von Rohrkopfhütte und Tegelberghaus, die weiterhin donnerstags für den beliebten Tourengeherabend länger geöffnet haben.

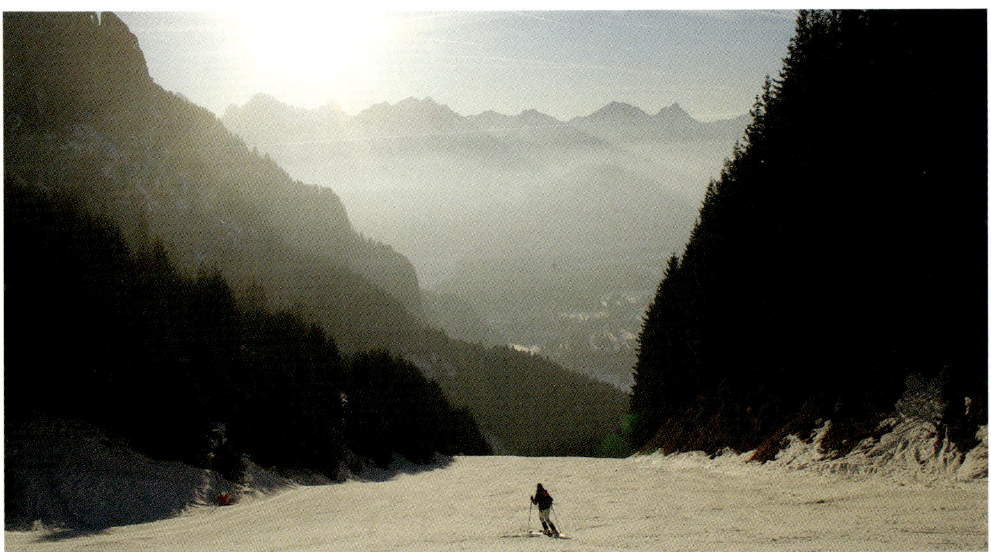

Allgäuer Abfahrtsvergnügen vor der Kulisse der Tannheimer Berge

Die meisten Tourengeher wählen für den Aufstieg die Direttissima entlang der relativ steilen Piste. Bei ausreichend Schnee führt die empfohlene Aufstiegsroute jedoch abseits des etwaigen Skibetriebs an jener Wegtrasse zielgerecht nach oben, an der in der Saison 2010/11 der erste Allgäuer Skitouren-Lehrpfad mit elf Infotafeln ins Leben gerufen wurde. Der separate Aufstieg abseits der Pisten erfordert die Mitnahme eines LVS-Geräts, das man am Orthovox-Checkpoint beim Adlerlift gleich auf die Probe stellen kann. Abgesehen von den Infos zum Lawinenthema sollte der Anfänger auch die Tafel zur Gehtechnik genau studieren, denn sie wird später im steilen Pistenhang, der ja bei Betrieb nicht gequert werden darf, über sein Wohlbefinden entscheiden.

Aufstiegsweg

Vom Adlerlift-Parkplatz geht es auf der flachen Piste südöstlich empor. Am Raubach können wir die Piste nach rechts verlassen. Etwas oberhalb mündet der schattige Weg wieder in die Piste: Während der Tagesausflügler hier den Trubel nordwärts auf der ausgeschilderten empfohlenen Aufstiegsroute verlässt, steigt der Fitness orientierte After-Work-Aspirant direkt an der Piste empor.

Die separate Aufstiegsspur, die mit dem sommerlichen Schutzengelweg identisch ist, führt direkt zu einem Geländerücken und dort in einigen Kehren durch teils dichten Wald zur Rohrkopfhütte (1320 m) hinauf. Von der Hütte kann man den weiteren Verlauf gut einsehen: Man steigt nicht direkt entlang der Piste hoch, sondern wählt links den Umweg durch den Wald. Unterhalb der Latschenschrofen-Felsen geht es dann auf die Piste und dort in südwestliche Richtung über eine letzte Steilstufe empor. Die letzten Meter zum Tegelberghaus (1707 m) überwindet man auf einem flachen Hohlweg. Hier muss man auf entgegenkommende Skifahrer achten. Vom ehemaligen königlichen Jagdhaus ergibt sich ein überwältigender Blick in die Allgäuer Alpen und das Füssener Becken.

Abfahrt

Die Tegelberg-Abfahrt bietet auf knapp 900 Höhenmeter gut vier Kilometer Strecke und ist in Passagen recht steil. Im unteren flachen Abschnitt fällt die Orientierung leicht, da die Piste rund um den Adlerlift abends beleuchtet ist.

Höhenmeter 920 (Rohrkopfhütte: 530)

Gehzeit 2 ½ Std. (Rohrkopfhütte: 1 ¼ Std.)

Tourencharakter Sehr beliebte, sportliche Tour mit technisch anspruchsvollen Passagen im oberen Pistenbereich. Während des Pistenbetriebs muss die empfohlene Aufstiegsspur entlang des Skitouren-Lehrpfads verwendet werden.

Tourengelände Separate Touren-Aufstiegsspur durch Wald zur Rohrkopfhütte; die steilen Südwesthänge apern in schneearmen Wintern rasch aus! Anstieg zum Tegelberg zunächst abseits der Piste durch Wald, dann teilweise steil entlang der nordseitig ausgerichteten Piste

Anfahrt

Auto A 96 Richtung Lindau, Ausfahrt Landsberg West, B 17 Richtung Füssen, vor Schwangau links der Beschilderung zur Tegelbergbahn folgen

ÖPNV Regionalbahn (RB) über Buchloe nach Füssen, RVO-Bus zur Tegelbergbahn

Ausgangspunkt Parkplatz am Adler-Schlepplift etwas unterhalb der Tegelbergbahn (bis 16.30 Uhr gebührenpflichtig)

Navigation N 47.569975°, E 10.75642°

Einkehr / Übernachtung Tegelberghaus (im Winter nur nach Vereinbarung, siehe After Work)

Info
- Skigebiet: www.tegelbergbahn.de
- Tourist-Information Schwangau, Münchener Str. 2, Tel. +49 83 62 / 819 80, www.schwangau.de

Karte AV-Karte BY 6, Ammergebirge West, Hochplatte Kreuzspitze, 1:25.000

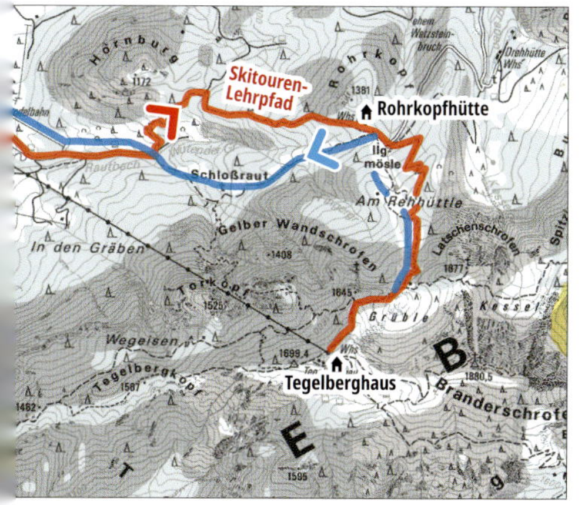

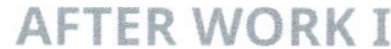

AFTER WORK I

Hütte Rohrkopfhütte (1320 m)
Aufstieg 1 Std.
Tourenabende Mo. / Do. 17.30 – 21.30 Uhr
Telefon +49 83 62 / 83 09
Web www.rohrkopfhuette.com

AFTER WORK II

Hütte Tegelberghaus (1707 m)
Aufstieg 2 Std.
Tourenabend Do. 17.30 – 22 Uhr
Telefon +49 83 62 / 89 80
Web www.tegelberghaus.de

17 SPORTHEIM BÖCK | 1451 m | Allgäuer Alpen

AW Wohlfühl-Einkehr mit Gipfeloption

Für eine Einkehr im Pistengebiet ist das Sportheim Böck ziemlich nobel – zumindest was die moderne Ausstattung mit heimischem Zirbenholz anbelangt. Wer sich gar in einer der vier Luxus-Suiten einquartiert, kommt in den Genuss eines offenen Kamins und einer eigenen Sauna. Der Tagesgast gibt sich mit der hellen Panoramastube zufrieden und freut sich auf die finale Abfahrt, die im unteren Abschnitt abends sogar beleuchtet ist. Zuvor lohnt die reizvolle Zugabe auf den Alpspitz oder den südlich gelegenen Edelsberg, auch weil man dadurch den Pistenrummel in wenigen Minuten hinter sich lässt.

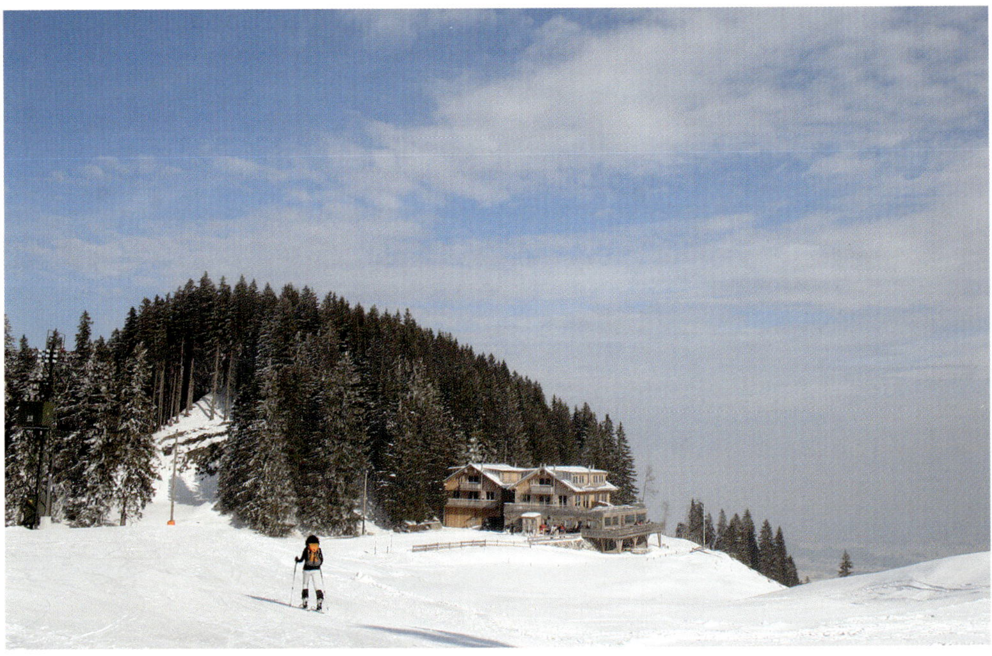

Das Sportheim Böck in privilegierter Sonnenlage

Aufstiegsweg

Die Tour beginnt am Parkplatz der Alpspitzbahn direkt an den Hinweisschildern des DAV (900 m). Man steigt auf der rechten Piste flach an und erreicht oberhalb des Funparks, der einige Sprungrampen bietet, die Mittelstation. Weiter geht es am linken Pistenrand durch eine Geländesenke in Richtung der sichtbaren Waldschneise und hier in einer weit ausholenden Kehre zu der breiten Einsattelung am Sportheim Böck (1451 m) empor, von der man einen freien Blick nach Süden genießt.

Mit entsprechender Tourenausrüstung lohnt die kleine Gipfelzugabe zum westlich gelegenen Alpspitz, der sich hinter dem abweisenden Steilhang versteckt. Nach kurzer Flachpassage zum Pistenausläufer folgen wir dem um die Südosthänge herumführenden Weg moderat ansteigend zu einem von Weitem sichtbaren Wegweiser, an dem wir uns leicht

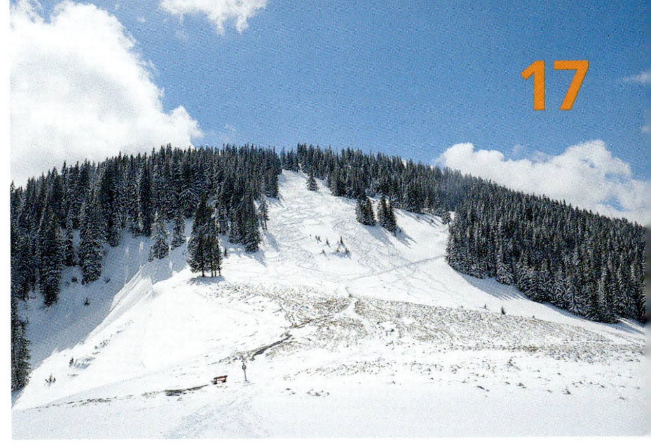

Am Edelsberg hält sich der (Pulver-)Schnee deutlich länger als am Alpspitz.

AFTER WORK

Hütte Sportheim Böck (1500 m)
Aufstieg 1 ½ Std.
Tourenabend Mi. 17 – 22 Uhr
Telefon +49 83 61 / 31 11
Web www.sportheim-boeck.de

rechts haltend über eine Geländekuppe flache Wiesen erreichen. Hier in nordwestlicher Richtung bis zum Fuß des Gipfelaufbaus (Skidepot), wenige Meter durch den bewaldeten Südhang hinauf und am Grat nach links zum Gipfelkreuz (1575 m). Meist besseren Schnee hat der benachbarte Edelsberg (1630 m) an seinen nordschattigen Hängen zu bieten (+ 1/2 Std.)

Abfahrt

Abfahrt entlang der Aufstiegsspur zum Sportheim Böck und auf mittelschwerer Waldpiste zur Mittelstation hinab. Die einfache Hauptabfahrt zum Parkplatz ist täglich bis 21 Uhr beleuchtet. Nach Bahnschluss darf man nur noch am Pistenrand abfahren.

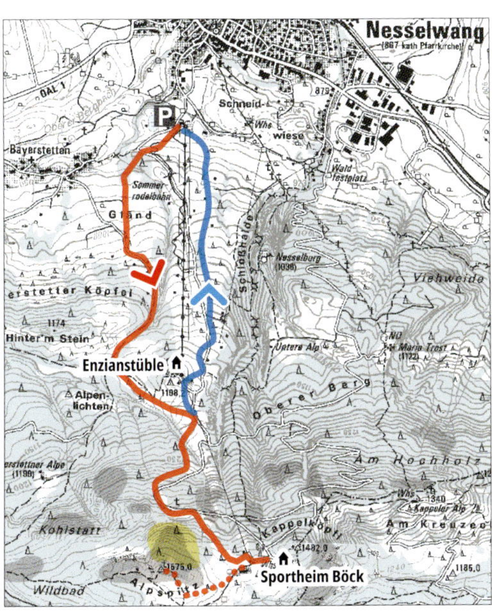

Höhenmeter 550 (Alpspitz: 690)

Gehzeit 1 ½ Std. (Alpspitz: 2 Std.)

Tourencharakter Leichte und überschaubare Tour mit einer lohnenden Gipfeloption als Zugabe. Talabfahrt ab Mittelstation beleuchtet (18 – 21 Uhr)

Tourengelände Bis zur Mittelstation breite und einfache Pisten, oberhalb im Nordschatten etwas steiler durch den Wald. Für den Alpspitz quert man einen Südosthang und steigt über flache Wiesen (Skidepot) und ein kurzes bewaldetes Steilstück (> 30° steil) von Süden zum Gipfel.

Skibergsteigen umweltfreundlich Wald-Wild-Schongebiete am Alpspitz-Nordhang und am Edelsberg-Osthang

Anfahrt

Auto A 96 Richtung Lindau, Ausfahrt Buchloe, B 12 Richtung Kempten, A 7 Richtung Füssen, Ausfahrt Nesselwang, in der Ortsmitte der Beschilderung zur Alpspitzbahn folgen.

ÖPNV Regionalbahn (RB) über Buchloe nach Kempten, RVO-Bus nach Nesselwang

Ausgangspunkt Parkplatz an der Alpspitzbahn

Navigation N 47.618198°, E 10.496728°

Einkehr Enzianstüble an der Mittelstation (1194 m), Tel. +49 83 61 / 92 29 90

Übernachtung Sportheim Böck (siehe After Work)

Info
- Skigebiet: www.alpspitzbahn.de / skigebiet.html
- Tourist-Information Nesselwang, Hauptstr. 20, Tel. +49 83 61 / 92 30 40, www.nesselwang.de

Karte Kompass-Wk Füssen Außerfern, 1:50.000

18 SONNENALM | 1821 m | Tannheimer Berge

AW Das Sonnen-Panorama

„Die wohl schönste Sonnenterrasse im Hochtal" hat die Sonnenalm nach eigener Einschätzung zu bieten. Tatsache ist, dass sich von der am Füssener Jöchl gelegenen Einkehr ein Top-Panorama mit mehr als 100 Gipfeln öffnet. Prominente Tannheimer Berge wie Köllenspitze oder Große Schlicke sind ebenso auszumachen wie Gipfel der Hornbacher- oder Nagelfluhkette. Und mit scharfem Auge sind sogar die Wieskirche und Hohenpeißenberg im Alpenvorland zu erkennen. Da liegt es nahe, sich einen der Gratis-Liegestühle an der Hütte zu schnappen und vor sich hin sinnierend die Seele baumeln zu lassen.

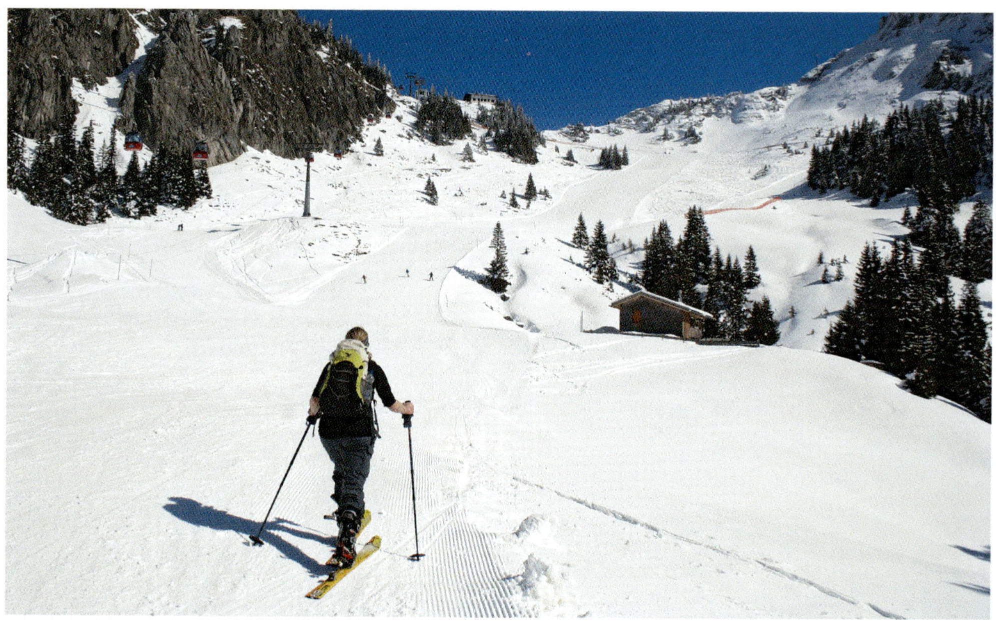

Finale Hänge unterhalb von Sonnenalm und Füssener Jöchl

Aufstiegsweg

Von der Seilbahnstation anfangs flach entlang des Logbaches auf der Piste durch Wald. Nach knapp einem Kilometer Wegstrecke mündet von rechts ein Waldweg in die Piste. Wer bis zu dieser Wegkreuzung eine reizvolle Variante wandern will, parkt sein Auto nicht an der Seilbahn, sondern bereits 500 Meter zuvor am Schlepplift, steigt auf der breiten Schachenpiste zum oberen Lifthäusel hinauf. Am angrenzenden Hochplateau ist etwas Pioniergeist angesagt: Man hält sich links Richtung Taleinschnitt und erreicht nach kurzem Abstieg jenen erwähnten Waldweg, der nur flach ansteigend etwa 600 Meter zur Piste hinüberquert (an Weggabelungen sind Wegweiser vorhanden).

Mit dem Wechsel der Bachseite wird das Gelände deutlich steiler, in Stufen gewinnt man rasch an Höhe. Am Füssener Älpele folgt vor dem finalen Anstieg nochmals eine Flachpassage. Wie eine Autobahn breitet sich die Piste,

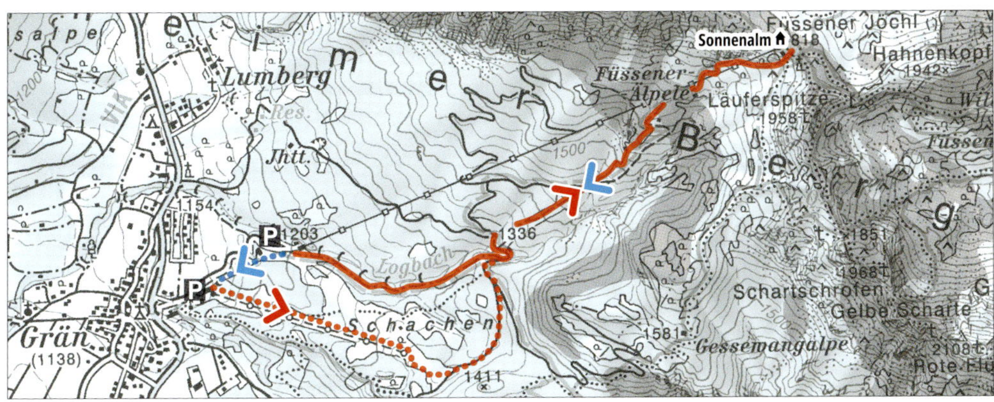

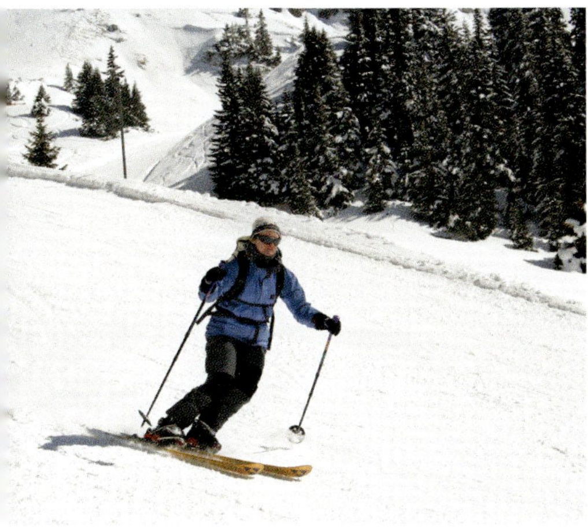

Gekonnter Abfahrtsschwung

flankiert von den Felsen der Sefen- und Läuferspitze, vor uns aus. Auch unser Tagesziel ist bereits klar erkennbar. Statt entlang der Piste können wir auch etwas links haltend der meist vorhandenen Aufstiegsspur durch den Tiefschnee folgen. Nach einigen Kehren erreichen wir die Bergstation und die benachbarte Sonnenalm (1821 m) wenige Meter oberhalb des Füssener Jöchls.

Abfahrt

Nach der Einkehr geht es auf der beschneiten, mittelschweren Hauptabfahrt in Richtung Tal.

Höhenmeter 680

Gehzeit 1 ¾ Std.

Tourencharakter Mittelsteiler Anstieg im Gräner Skigebiet mit großartigem Jochblick

Tourengelände Im unteren Bereich eher enge Waldpisten, später öffnet sich das Gelände und man steigt durch freies Gelände empor.

Anfahrt

Auto A 96 Richtung Lindau, Ausfahrt Buchloe, B 12 Richtung Kempten, A 7 Richtung Füssen, Ausfahrt Oy-Mittelberg, B 310 nach Oberjoch, B 308 bzw. B 199 in das Tannheimer Tal, nach Tannheim links L261 nach Grän, im Ort rechts der Beschilderung in das Skigebiet folgen

Ausgangspunkt Parkplatz an der Alpspitzbahn

Navigation N 47.618198°, E 10.496728°

Einkehr Sonnenalm (siehe After Work)

Info

- Skigebiet: www.alpspitzbahn.de/skigebiet.html
- Tourist-Information Nesselwang, Hauptstr. 20, Tel. +49 8361/923040, www.nesselwang.de

Karte Kompass-Wk Füssen Außerfern, 1:50.000

AFTER WORK

Hütte Sonnenalm (1821 m)
Aufstieg 1 ¾ Std.
Tourenabend Fr. 16.30 – 22 Uhr
Telefon +43 5675/5129
Web www.sonnenalm-tirol.at

19 KRINNENALPE | 1530 m | Tannheimer Berge

AW Gaudi auf Naturschnee

Bereits seit 2002 treffen sich am ersten Märzsonntag Tourengeher, Rodler und Wanderer an der Talstation der Nesselwängler Bahn zum heiteren Gaudi-Touren-Lauf. Dabei werden die Teilnehmer nach Entrichten eines Startgeldes von 8 Euro willkürlich in Paare zusammengelost, und es gewinnt nicht die schnellste, sondern die durchschnittlichste Zeit. 2015 etwa stand das Team Sabine und Rosi mit knapp 42 Minuten und einer Zeitabweichung von nur 27,32 Sekunden ganz oben auf dem Siegertreppchen. Doch nicht nur zur Preisverleihung und an den Skitourenabenden herrscht auf der Krinnenalpe eine entspannte Stimmung.

Aufstiegsweg

Von der Talstation geht es westlich der Bahn am Rand der mittelschweren Piste teilweise steil bergauf. Nach der Waldstufe lichtet sich das deutlich abflachende Gelände (1470 m). Hier halten wir uns nicht ostwärts in Richtung Bergstation, sondern entlang der rechts verlaufenden Piste. Am freien Wiesenhang geht es schließlich mit Blick auf die imposante Krinnenspitze links hoch zur Krinnenalpe (1530 m). Wer mag, kann vor der Einkehr als kleine Zugabe noch geradeaus auf der Piste zur sichtbaren Liftstation (1600 m) hochgehen.

Da die Piste vor allem im unteren Abschnitt auch seitwärts abfällt, ist eine solide Gehtechnik gefragt. Touren-Neulinge sollten deshalb vor allem bei Vereisung die 3,8 Kilometer lange Rodelbahn wählen, die westlich der Skipiste beginnt. Diese deutlich flachere, mehr als doppelt so lange Variante darf allerdings erst ab 17 Uhr an den beiden After-Work-Abenden genutzt werden.

Die Krinnenalpe ist dank der sympathischen Bewirtung und gemütlichen Kachelofen-und-Kerzenlicht-Stimmung in der urigen Stube eine der besten Après-Ski-Adressen des Tann-

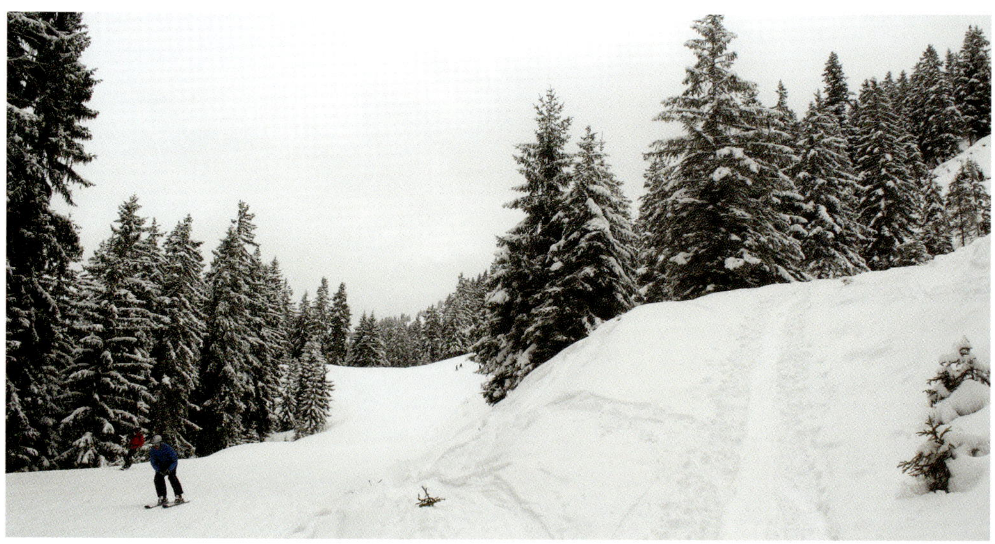

Da die Pisten im Nesselwängler Skigebiet nicht künstlich beschneit werden, sind winterliche Grüße von Frau Holle stets willkommen.

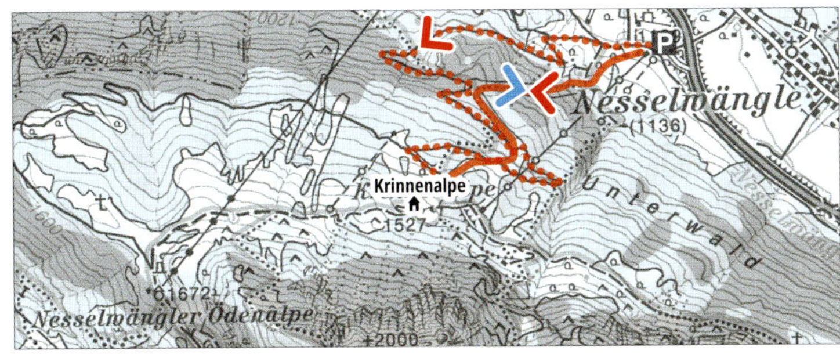

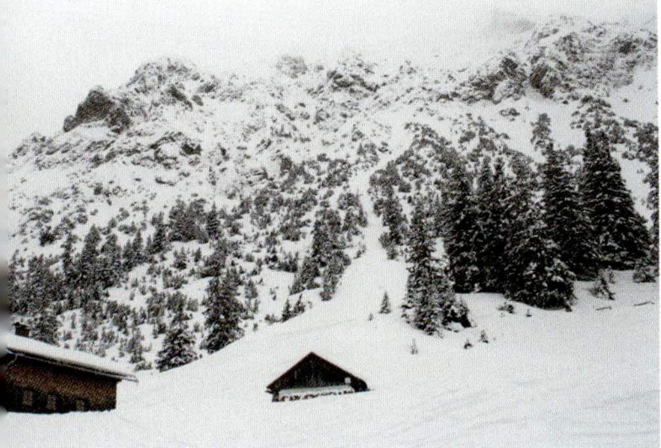
Die Krinnenalpe liegt am Fuß der Krinnenspitze

heimer Tals. Die Tourenabende werden von den Tourengehern, Rodlern und im Sommer gar Bikern gleichermaßen genutzt. Auch das Essen – z. B. Tannheimertaler Spinat- und Eierspatzen mit Pilzen, Speck und Salat oder Kassler Selchfleisch mit hausgemachten Rösti – ist zu empfehlen.

Abfahrt

Die mittelschwere Hauptabfahrt des Nesselwängler Skigebiets wird nicht beschneit.

AFTER WORK

Hütte Krinnenalpe (1530 m)
Aufstieg 1 Std.
Tourenabend Do. 16.30 – 22 Uhr
Telefon +43 5675/8189
Web www.krinnenalpe-tirol.at

Höhenmeter 415

Gehzeit 1 Std.

Tourencharakter Wahlweise im unteren Abschnitt teils steiler oder auf der Rodelbahn (nur ab 17 Uhr) flacher Anstieg zur Krinnenalpe. Die Abfahrt ist mittelschwer.

Tourengelände Im unteren Abschnitt relativ dichter Wald, am Fuß der Krinnenspitze lichtet sich das nun flachere Gelände deutlich.

Anfahrt

Auto A 96 Richtung Lindau, Ausfahrt Landsberg West, B 17 nach Füssen, B 179 nach Reutte, B 198 nach Weißenbach am Lech, B 199 nach Nesselwängle im Tannheimer Tal

Ausgangspunkt Gebührenpflichtiger Parkplatz (1 Euro für 4 Std.) an der Talstation des Skigebiets Nesselwängle in Sichtweite der B 199

Navigation N 47.4857°, E 10.601699°

Einkehr / Übernachtung Krinnenalpe (siehe After Work)

Info
- Skigebiet: www.lifte-nesselwaengle.com
- Tourismusverband Tannheimer Tal, Oberhöfen 110, Tannheim, Tel. +43 5675/62200, www.tannheimertal.com

Karte Kompass-Wk 04 Tannheimer Tal, 1:35.000

20 EHRWALDER ALM | 1502 m | Mieminger Berge

AW

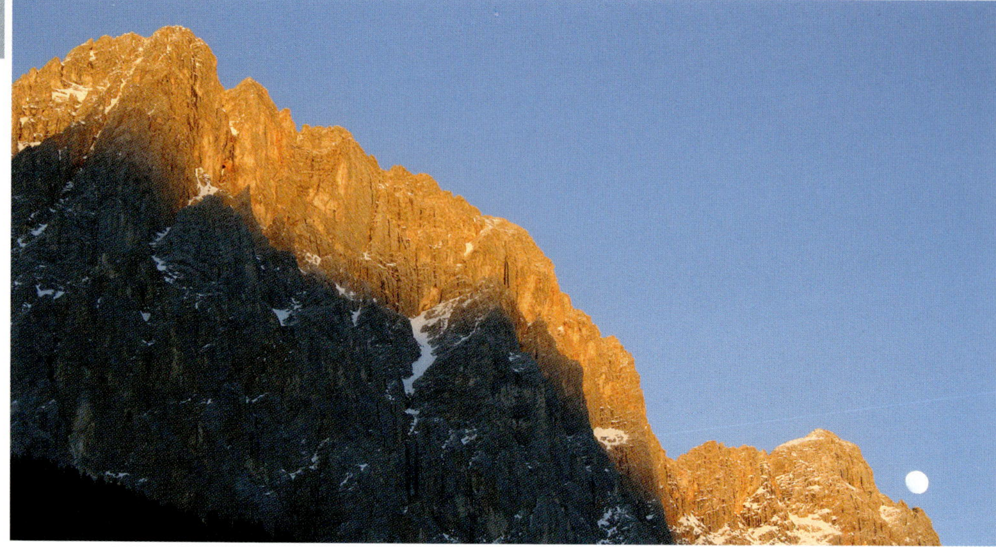

Sonnenuntergang bei Mondaufgang am Wettersteinfels

Fels und Piste in orange

Die Skipisten an der Ehrwalder Alm sind so flach, dass wir sie einst mit Langlaufskiern gemeistert haben. Und was noch auffällt: Man spricht Holländisch! Folgerichtig leuchtet die Piste tagsüber fast so „oranje" wie die südwestliche Felsbastion der Zugspitze im Sonnenuntergang! Letzteres ist ein absolutes Landschafts-Highlight, für das allein sich der abendliche Aufstieg zur Ehrwalder Alm lohnt. Und auch den Anfängern bei ihren ersten Abfahrtsschwüngen zuzuschauen, sorgt für Kurzweil.

„Zweimal pro Woche gehört die beleuchtete Talabfahrt am Abend den Rodlern – das ist eine Riesengaudi! Ob mit Minibob, Holzrodeln, Rennschlitten, Snowfox oder Skibob – alle stürzen sich mutig und vor allem mit Vollgas die Piste runter." Mit diesen Worten wirbt die Ehrwalder Almbahn auf ihrer Webseite um Gäste. Aber auch Tourengeher sind willkommen, obwohl die Einkehren noch nicht als offizielle After-Work-Adressen registriert sind. Die örtliche Skischule Total organisiert an diesen Abenden eigens „Skitouren mit Hüttenzauber". Sogar die Seilbahn ist dann noch in Betrieb, wenngleich nur für die Rodler. Neben der

AFTER WORK I

Hütte Ehrwalder Alm (1502 m)
Aufstieg 1 ¼ Std.
Tourenabend Fr. 18.30 – 23 Uhr
Telefon +43 5673/21255
Web www.ehrwalder-alm.com

AFTER WORK II

Hütte Tirolerhaus (1500 m)
Aufstieg 1 Std.
Tourenabende Di + Fr. 18.30 – 23 Uhr
Telefon +43 5673/2468-180

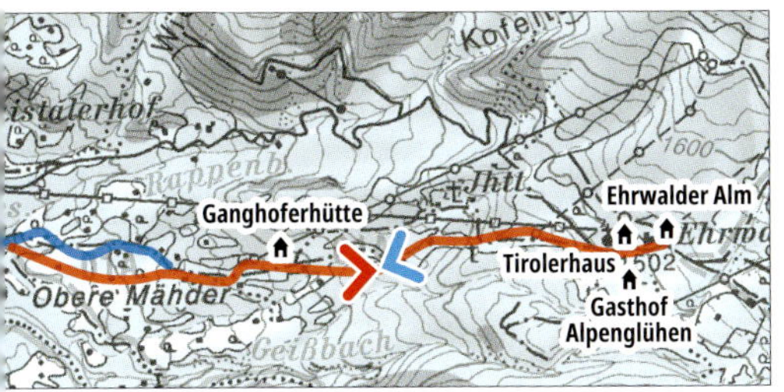

AFTER WORK III

Hütte Ganghoferhütte (1289 m)
Aufstieg ½ Std.
Tourenabende Di. + Fr. 18.30 – 23 Uhr
Telefon +43 664/1431357
Web www.ganghoferhuette.at

AFTER WORK IV

Hütte Brent-Alm (1100 m)
Aufstieg Talstation (Ausgangsort)
Tourenabende Di + Fr. 18.30 – 23 Uhr
Telefon +43 5673/20116
Web www.brentalm.at

Ehrwalder Alm (Fr.) haben auch die Ganghofer Hütte (1289 m, Livemusik; Party), das Tirolerhaus (Fondue-Abend) und die Brent-Alm an der Talstation länger geöffnet (jeweils Di./Fr.).

Aufstiegsweg

Vom großen Parkplatz geht es südlich der Seilbahn zunächst sehr flach in westliche Richtung an der Piste entlang in den Wald. Am ersten Hangaufschwung kann man die Piste nach rechts verlassen und etwas abseits durch leicht welliges Wiesenterrain ostwärts queren. An der Stelle, wo das Freigelände steiler und waldiger wird, quert man zu der Piste zurück.

Nächstes Ziel ist die Ganghoferhütte an der Talstation der Sesselbahn „Ganghofer Blitz", die nordwärts von der leichten Piste abzweigt. Dann stehen wir tatsächlich mal vor einem kurzen Steilhang, der alternativ aber auch links auf dem Fahrweg umgangen werden kann. Auf Höhe der Skischule Kinderland erreichen wir das großzügige Almgebiet. Etwas abseits des Haupttrubels der Ehrwalder Alm kann man tagsüber auch im wenige hundert Meter entfernten rustikalen Speisesaal des Gasthofs Alpenglühen einkehren.

Höhenmeter 410

Gehzeit 1 ¼ Std.

Tourencharakter Sehr leichter, tagsüber sonniger Anstieg mit großartigem Blick auf die Felskulisse von Wettersteingebirge und Mieminger Berge

Tourengelände Flache Pisten mit wenigen Engstellen, im Mittelteil kann teilweise auf freie Wiesen ausgewichen werden.

Anfahrt

Auto A 95 und B 2 nach Garmisch-Partenkirchen, B 23/B 187 nach Ehrwald, am Kirchplatz links der Beschilderung zu den Ehrwalder Almliften folgen (Doktor-Ludwig-Ganghofer-Straße)

ÖPNV Deutsche Bahn (DB) nach Garmisch-Partenkirchen, Regionalbahn nach Ehrwald, Bus in das Skigebiet

Ausgangspunkt Parkplatz an der Talstation der Ehrwalder Almbahn

Navigation N 47.388762°, E 10.936632°

Einkehr
- Gasthof Alpenglühen (1525 m), Tel. +43 5673/2349
- Ehrwalder Alm, Ganghoferhütte, Tirolerhaus, Brent-Alm (siehe After Work)

Info
- Skigebiet: www.almbahn.at
- Tourismusverband Ehrwald-Zugspitze, Kirchplatz 1, Tel. +43 5673/20000-208, www.zugspitzarena.com

Karte AV-Karte BY 8, Wettersteingebirge, 1:25.000

Abfahrt

Auf der leichten, 3,6 Kilometer langen Talabfahrt zur Talstation. Achtung: An den Tourenabenden sind die oft rasant hinabrauschenden Rodler zu beachten.

21 SUNNALM | 1620 m | Mieminger Berge

AW Grandiose Felskulisse

Die Sunnalm ist vor allem bei Sonne dank der großzügigen Terrasse einen Aufenthalt wert. Welch starker Kontrast zwischen lieblich-flacher Almwiese und felsig-schroffer Mieminger Gipfelprominenz aus Ehrwalder Sonnenspitze, Wamperter Schrofen, Grünstein, Handschuhspitze und Wannig! Im Norden dominiert das Zugspitz-Massiv über dem Ehrwalder Becken. Ohne Sonne begibt man sich in die warme Tiroler Stube und gönnt sich ein Wildgericht aus eigener Jagd mit einem der erlesenen Hüttenweine.

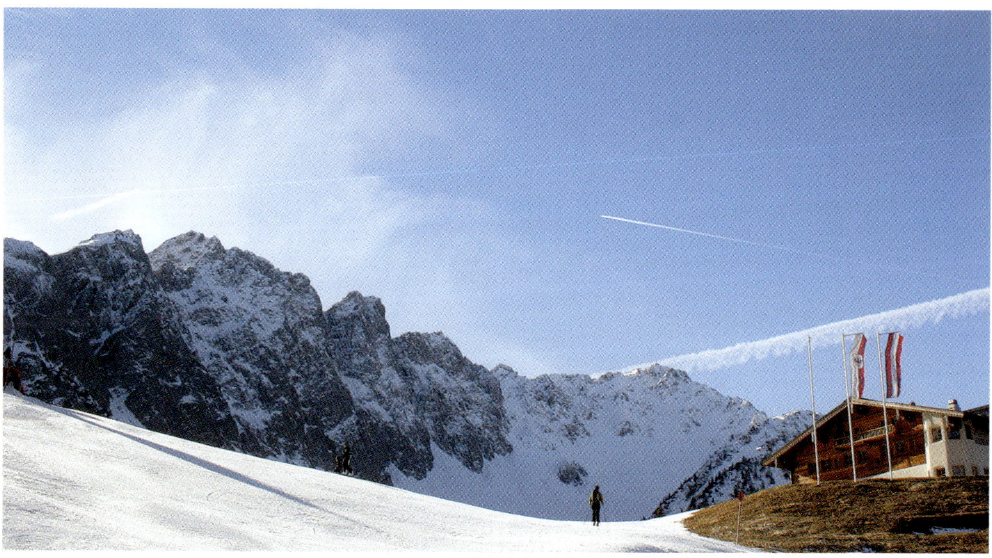

Ankunft Sunnalm mit Blick auf Handschuhspitze und Wannig

Aufstiegsweg

Vom Parkplatz oberhalb des Sessellifts geht es am rechten Rand der Piste gemütlich zum Waldhaus Talblick (1200 m) vis-à-vis der Mittelstation empor. Anschließend wird das Gelände steiler. Oberhalb des Schöner-Hang-Lifts teilt sich die Piste: Entweder wählt man die anspruchsvolle Direttissima oder die flachere Variante, die im Bogen den Hang hinaufführt. An der Schnittstelle beider Routen zweigt links eine Tourenspur zur Marienberg-Alm ab, die erst an der Bergstation des Schlepplifts (1820 m) wieder in Pistengebiet mündet; sie ist allerdings nur bei guten Schneeverhältnissen zu empfehlen. Entlang der Piste fehlt nur noch ein letzter Hangaufschwung bis zur herrlich auf einem Plateau gelegenen Sunnalm (1620 m). Auch von hier könnte man die Zugabe zur Marienberg-Alm in Sichtweite des Jochlifts noch problemlos meistern.

Abfahrt

Die Abfahrt erfolgt auf der im oberen Teil mittelschweren, ab der Mittelstation einfachen Piste. Könner kürzen im oberen Bereich auf der Hang-Direttissima ab (siehe Aufstieg).

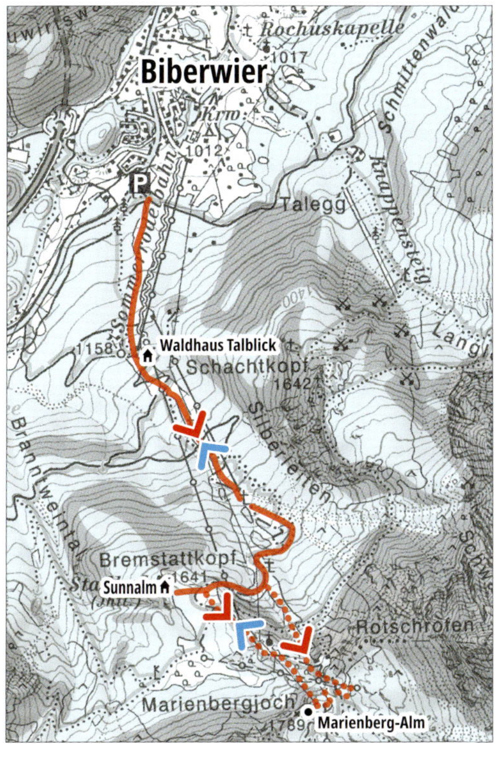

Höhenmeter 540

Gehzeit 1 ½ Std.

Tourencharakter Erst gemächlicher, später teils steiler Pistenaufstieg zu der auf einem Aussichtsbalkon gelegenen Sunnalm

Tourengelände Überwiegend breite Pisten im Waldbereich. Bei der Zugabe zur Marienberg-Alm bewegt man sich teils im freien Gelände.

Anfahrt

Auto A95 und B2 nach Garmisch-Partenkirchen, B23/B187 nach Ehrwald, L391 nach Biberwier, am Ortsende links den ersten Parkplatz in Nähe der Straße nach dem beschilderten Abzweig zu den Marienberg-Skiliften anpeilen

Ausgangspunkt Kostenloser Parkplatz oberhalb der Talstation des Sessellifts Marienberg

Navigation N 47.372605°, E 10.888395°

Einkehr
- Waldhaus Talblick (1200 m), Mobil +43 660/1434618, www.waldhaus-talblick.at
- Sunnalm (siehe After Work)
- Marienberg-Alm, Tel. +43 664/1204386

Info
- Skigebiet: www.bergbahnen-langes.at
- Tirol Zugspitz Arena, Fernpassstr. 15, Tel. +43 5673/20000-600, www.biberwier.at

Karte AV-Karte 4/2, Wetterstein- und Mieminger Gebirge Mitte, 1:25.000

AFTER WORK

Hütte Sunnalm (1620 m)

Aufstieg 1 ½ Std.

Tourenabend Do. 18 – 22 Uhr

Telefon +43 5673/22565220

Web www.segnal.at/restaurants/sunnalm

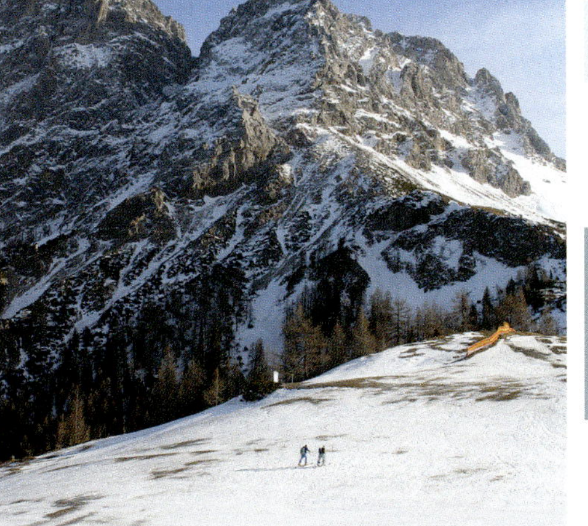

In östlicher Richtung beherrschen Grünstein und Wamperter Schrofen die Szenerie.

22 SEEFELDER JOCH | 2060 m | Karwendel

AW

Imponierendes Karwendel-Panorama vom Seefelder Joch mit Mittenwalder-, Haupt- und Inntalkette

Willkommen im Skigebiet

Durch die Höhenlage startet die Skisaison in Seefeld bei ausreichend Schnee bereits Anfang Dezember. Gute Gelegenheit für ein Saison-Warmup für die Tourengeher, die von den Rosshütten-Bergbahnen-Betreibern mit der Initiative „Pistentouren – sicher und fair" sogar offiziell willkommen geheißen werden. Gleich drei Routen sind in diesem weitläufigen Gebiet entsprechend beschildert. Neben zwei Varianten Richtung Seefelder Joch gibt es auch die Möglichkeit, den benachbarten Härmelekopf zu besteigen: Die Piste der Hochangerbahn ist dienstags und freitags bis 22 Uhr beleuchtet, After-Work-Aspiranten können sowohl in der Rosshütte (1760 m) als auch in der Reitherjoch-Alm (1500 m) einkehren.

Aufstiegsweg

Landschaftlich reizvoller ist der Aufstieg auf das Seefelder Joch. Von der Talstation der Rosshütten-Lifte folgt man der flachen Piste entlang des Brandlifts in nordöstlicher Richtung. Etwas oberhalb geht es links Richtung Köpfl unter der Standseilbahn hindurch und im Bogen auf der flachen Familienpiste gemütlich zur Hocheggalm (1550 m) hinauf. Etwa fünf Minuten später erblickt man jenseits des Schlepplifts den Kaltwassersee, der das komplette Skigebiet mittels 180 Hochdruck-Schneelanzen mit dem kostbaren Weiß versorgt. Nun rechts unter der Standseilbahn hindurch und vom Funpark am Murmelebau, wo die Snow Boarder akrobatische Sprünge vollführen, rasch zur Rosshütte (1760 m) empor. Alternativ steigt man über die etwas steilere Route durch das Hermannstal (Route 2) auf. Nach flachem Auftakt rechts (südlich) des Haglbachs trifft man, den Rechtsabzweig zum Härmeleskopf ignorierend, etwa 200 Höhenmeter unterhalb der Hütte auf Route 1.

Von der Rosshütte fehlen noch 300 Höhenmeter bis zum Seefelder Joch (2060 m), das bereits klar auszumachen ist. Im oberen sehr steilen Pistenbereich sollte man – vor allem bei etwaiger Vereisung – Harscheisen anlegen. Von der Bergstation kann man noch wenige Meter auf den mit einem Kreuz geschmückten Aussichtspunkt hochsteigen – zum Lohn genießt man den phantastischen Blick auf die Karwendel-Hauptkette mit der Birkkarspitze und das Wettersteingebirge.

Abfahrt

Verschiedene Abfahrtsvarianten im Pistengebiet der Rosshütte; nachts darf nur die Familienabfahrt benutzt werden.

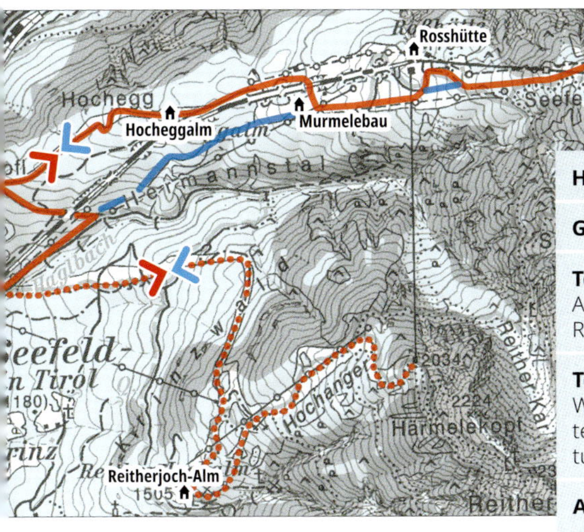

Höhenmeter 860

Gehzeit 2 ¼ Std.

Tourencharakter Bis zur Rosshütte bequemer Anstieg auf einfachen Pisten, der letzte Hang Richtung Seefelder Joch ist jedoch recht steil.

Tourengelände Im unteren Bereich eher flache Waldhänge, im oberen Bereich mittelschwere, teils etwas engere Pisten in westlicher Ausrichtung

Anfahrt

Auto A95 und B2 nach Garmisch-Partenkirchen, B2 nach Scharnitz, B177 nach Seefeld, im Ort gegen über der AVIA-Tankstelle rechts ab und links durch die Unterführung der B177 nach Krinz abbiegen

ÖPNV Mit dem Zug über Mittenwald nach Seefeld in Tirol

Ausgangspunkt Kostenloser Skitouren-Parkplatz 450 m südlich der Rosshütten-Talstation (nach den Parkplätzen vom Dorint-Hotel links der Beschilderung folgen)

Navigation N 47.330883°, E 11.200175°

Einkehr
- Hocheggalm (1545 m)
- Murmelebau (1600 m)
- Reitherjoch-Alm (siehe After Work)
- Rosshütte (siehe After Work)

Info
- Skigebiet: www.seefeld-sports.at
- Informationsbüro Seefeld, Klosterstr. 43, Tel. +43 50880, www.seefeld.com

Karte AV-Karte 5/1, Karwendelgebirge West, 1:25.000

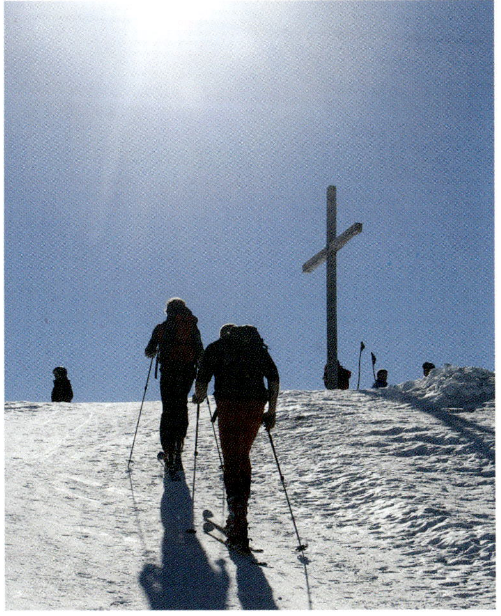

Die letzten Meter zum Aussichtspunkt

AFTER WORK I

Hütte Rosshütte (1760 m)
Aufstieg 1 ½ Std.
Tourenabend Fr. 18 – 22 Uhr (ab 20. Dez.)
Telefon +43 5212/24160
Web www.rosshuette.at

AFTER WORK II

Hütte Reitherjoch-Alm (1500 m)
Aufstieg 1 Std. (320 Hm)
Tourenabende Di. + Fr. bis 22 Uhr
Telefon +43 676/7770501
Web www.reitherjochalm.at

23 GSCHWANDTKOPF | 1500 m | Karwendel

Spritztour zu Ötzi

Gleich von drei Seiten ist der Gschwandtkopf, ein 1500 Meter hoher Waldbuckel zwischen Seefeld, Inntal und Leutaschtal, erschlossen. Beim Anstieg von Westen schleichen wir uns quasi von hinten auf den Berg, um dann vom ruhigeren Süd- auf den lebhaften Nordgipfel überzuwechseln. Hier gibt es sogar ein kleines Ötzi-Museum, benannt nach dem berühmten Eismann, der nebst den gefundenen Utensilien originalgetreu auf dem Panoramarelief der Fundstelle Hauslabjoch dargestellt wurde. Ein Videofilm und eine Auswahl der besten Ötzi-Bilder runden die Begegnung ab.

Aufstiegsweg

Am Parkplatz überqueren wir die L36, passieren die Seewaldalm (1200 m) und steigen auf der Piste des Schlepplifts Seewald I zur kleinen Bergstation hoch. Hier halten wir uns links und gelangen auf einem leicht ansteigenden Forstweg zur benachbarten Piste. Nun parallel zu Schlepplift Seewald II über kleinere Buckel zum breiten Südgipfel des Gschwandkopfs (1500 m) empor.

Der Nordgipfel (1495 m) mit seiner Funkantenne und den beiden Einkehren ist zum Greifen nah. Dahinter taucht die schöne Bergkulisse aus Mittenwalder Karwendelkette, Pleisenspitze und Seefelder Joch mit der gläsernen Rosskopfhütte (siehe Tour 22) auf. Nach einer kurzen Abfahrt erfolgt der prompte Gegenanstieg auf das kleine Gipfelplateau, wo mit Sonnenalm und Ötzihütte während der Bahn-Betriebszeiten gleich zwei Einkehren zur Wahl stehen.

Abfahrt

Vom Nordgipfel könnte man über die mittelschwere Hauptabfahrt direkt nach Seefeld abfahren, müsste dann aber mit dem Skibus zwischen den beiden Parkplätzen pendeln. Ein direkter Aufstieg über die Hauptpiste sollte aufgrund der Sicherheitsbedenken seitens der Bahnbetreiber nicht erfolgen. Am einfachsten ist es, nach einem Gegenanstieg vom Nordgipfel auf der einfachen Piste mit herrlichem Blick auf das Inntal und die Hohe Munde wieder zur Seewaldalm abzufahren.

Höhenmeter 340

Gehzeit 1 Std.

Tourencharakter Wenig begangene Minitour auf einen kleinen Doppelgipfel

Tourengelände Einfache Piste am bewaldeten Gschwandtkopf

Anfahrt

Auto A95 und B2 nach Garmisch-Partenkirchen, B2 nach Scharnitz, B177 nach Seefeld, Abzweig rechts in das Zentrum und Beschilderung Richtung Mösern folgen (L36)

ÖPNV Mit der Bahn über Mittenwald nach Seefeld und in den Bus Richtung Mösern umsteigen (Station Seewaldalm)

Ausgangspunkt Kostenloser Parkplatz gegenüber der Seewaldalm

Navigation N 47.313253°, E 11.160522°

Einkehr
- Seewaldalm, Parkplatz Mösern, Tel. +43 5212/50398
- Sonnenalm und Ötzihütte, jeweils an der Bergstation Gschwandtkopf

Info
- Skigebiet: www.skigebiet-seefeld.at
- Informationsbüro Seefeld, Klosterstr. 43, Tel. +43 50880, www.seefeld.at

Karte AV-Karte 4/2, Wetterstein- und Mieminger Gebirge Mitte, 1:25.000

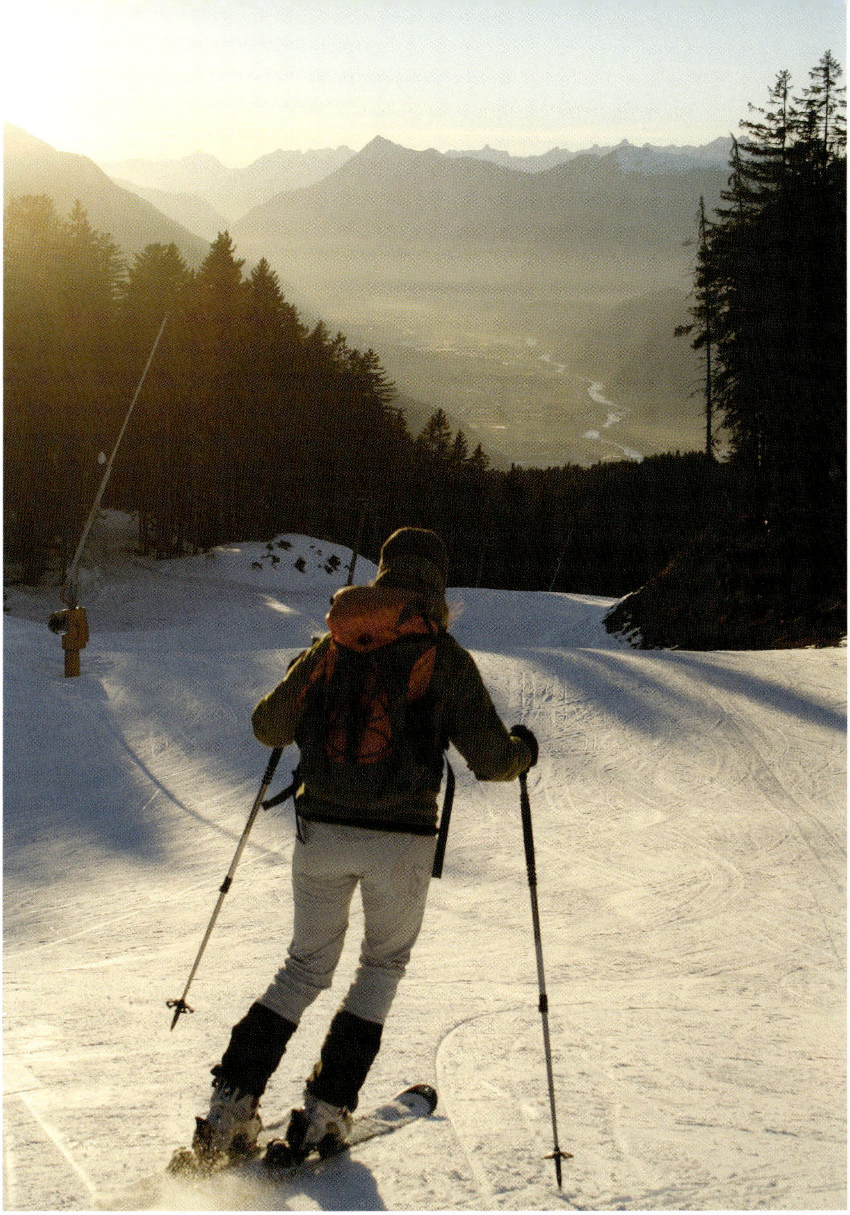

23

Warmes Abendlicht über dem bereits frühlingshaften Inntal

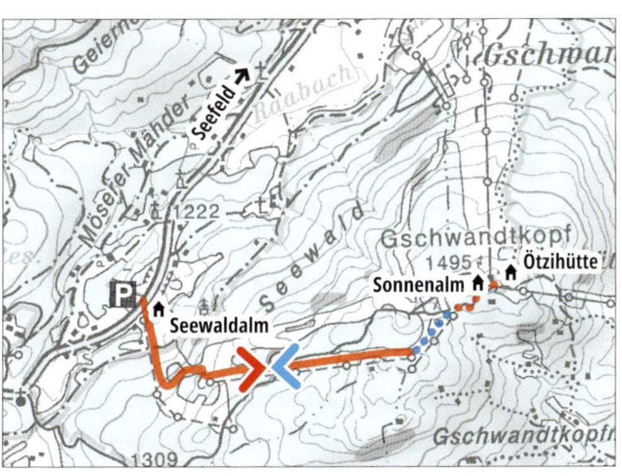

24 HOADL | 2340 m | Sellrain

AW Nostalgie im Schatten der Kalkkögel

Buckelpiste und Tiefschneehang, Rails und Jumps, Snowpark und Funway, dazu zahlreiche Restaurants und Schneebars: Appetitmacher gibt es für die große Pistengemeinde an der Axamer Lizum mit ihren zahlreichen Highlights und 40 Pistenkilometern zur Genüge. Durch die hohe Lage beginnt die Saison oft schon im November und auch an Ostern sind die Pisten meist noch gut in Schuss. Allerdings kann es im Schatten der mächtigen Kalkkögel vor allem im Hochwinter empfindlich kalt sein. Tagsüber sind Skitouren uneingeschränkt möglich, sofern man sich an die Pistentouren-Empfehlungen hält. Montag und Donnerstag ist After Work angesagt, die Pisten werden an diesem Abend ohne Seilwinde präpariert.

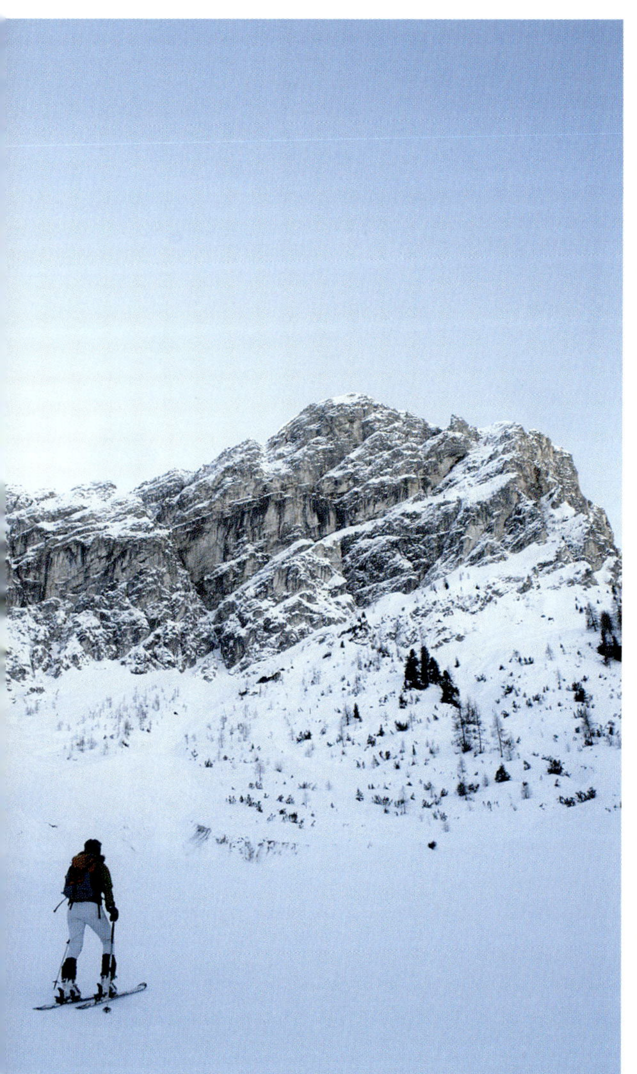

Das Skigebiet weckt bis heute bei den Einheimischen nostalgische Gefühle, hier fanden sowohl 1964 als auch 1976 die olympischen Spiele statt. Auf Rosi Mittermaiers Goldmedaillen-Damenabfahrts-Linie steigt der Tourengeher zum aussichtsreichen Hoadl empor.

Aufstiegsweg

Vom Parkplatz (1580 m) geht es der Straße folgend an Olympiahotel, Olympiabahn und Birgitzköpfl-Lift vorbei ein gutes Stück talein. Um den Steilhang zu vermeiden, quert man vom kleinen Speichersee nach links zu einem Fahrweg hinüber und mündet auf ihm in die Hauptpiste. Einige Abfahrer versuchen an der Tempo-Messstation ihren Speedrekord zu brechen. Nun etwas steiler in die wieder flachere Lizumer Grube empor. Wir passieren die auf einem Geländeabsatz gelegene Einkehr Dohlennest (2100 m) und bewältigen den steilen Schlusshang in zwei Kehren zum Hoadlsattel (2264 m). Die letzten Meter geht es über sonnenbeschienene Südhänge zum Hoadl (2340 m) hinauf. Das gläserne Panoramarestaurant ist 2009 als Sieger des ISR Architecture Awards hervorgegangen. Alternativ erreichen wir die aussichtsreiche Einkehr auf der steilen Herrenabfahrt.

Unterwegs im Nordschatten der Kalkkögel

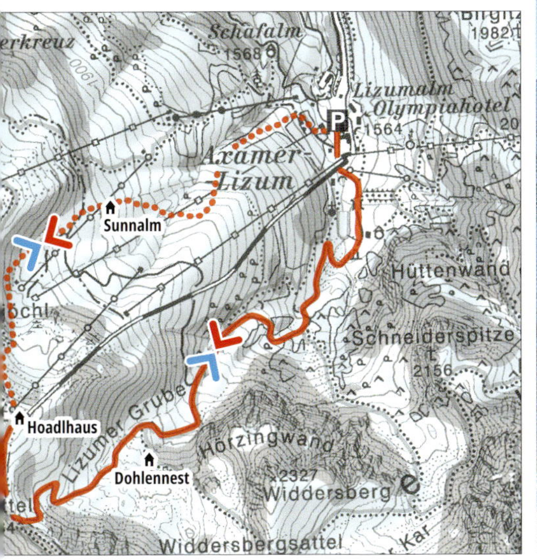

24

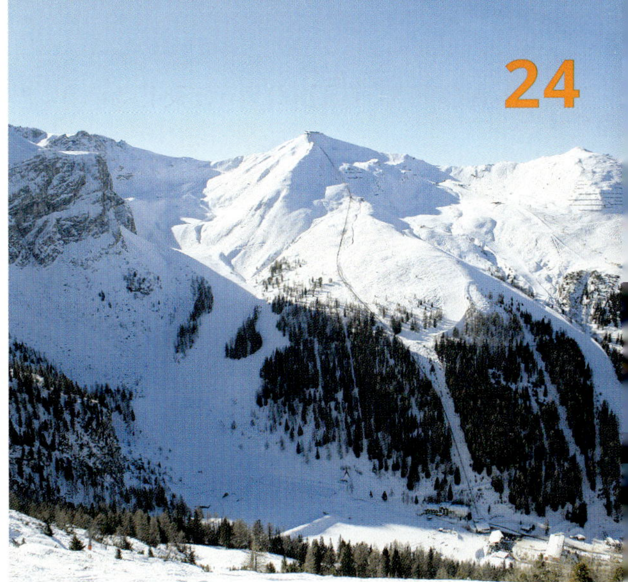

Unsere Aufstiegsroute führt in der linken Bildhälfte zum Hoadl empor (Aufnahme vom benachbarten Birgitzköpfl).

Höhenmeter 800

Gehzeit 2 Std.

Tourencharakter Schöne, im Hochwinter kalte und schattige Skitour im Axamer-Lizum-Skigebiet. Die Aufstiegs-Variante über die Herrenabfahrt ist aufgrund der Steilheit und Vereisung für Touren-Einsteiger nicht geeignet.

Tourengelände Großzügiges Freigelände mit imposanter Felskulisse oberhalb der Baumgrenze, Hänge in nordöstlicher Ausrichtung

Anfahrt

Auto A 95 und B 2 nach Garmisch-Partenkirchen, B 2 nach Scharnitz, B 177 über Zirl Richtung Innsbruck, L 394 nach Axams und beschilderte Straße in das Skigebiet Axamer Lizum

ÖPNV Skibus Nr. 4162-1 ab Innsbruck Hauptbahnhof (Fahrzeit knapp 1 Std.)

Ausgangspunkt Gebührenpflichtiger Parkplatz (8,50 EUR während der Betriebszeiten) an der Schönbodenbahn

Navigation N 47.196274°, E 11.301885°

Einkehr
- Sunnalm (siehe After Work)
- Hoadl Haus Panoramarestaurant (siehe After Work)
- Dohlennest (2100 m), Tel. +43 5234/68403

Info
- Skigebiet: www.axamer-lizum.at
- Gemeinde Axams, Sylvester-Jordan-Str. 12, Tel. +43 5234/68110-780

Karte AV-Karte BY 10, Karwendelgebirge Nordwest, Soierngruppe, 1:25.000

Abfahrt

Zwei Hauptabfahrten führen vom Hoadl zur Axamer Lizum hinunter: Die leichte Damenabfahrt, auf der bereits unser Aufstieg erfolgte, und die mittelschwere Herrenabfahrt, die nördlich der Olympiabahn-Bergstation beginnt, einige Steilpassagen aufweist und direkt in den Parkplatz mündet.

AFTER WORK I

Hütte Sunnalm (Herrenabfahrt) sporadisch geöffnet
Tourenabend Mo. bis 23 Uhr
Telefon +43 676/9664045

AFTER WORK II

Hütte Hoadl Haus Panoramarestaurant (2340 m)
Tourenabende Mo./Do. bis 22 Uhr
Telefon +43 5234/67178

25 ROSSKOGELHÜTTE | 1780 m | Sellrain

AW Inntaler Lichtermeer

Nach Einbruch der Dunkelheit zieht das Inntaler Lichtermeer den stillen Betrachter auf der Terrasse der Rosskogelhütte in seinen Bann – selbst die Tiroler Landeshauptstadt Innsbruck hebt sich bei klarer Sicht deutlich hervor. Um den romantischen Eindruck zu verstärken, hat Wirt Manfred Geier seine Hütte mit einer Lichterkette „geschmückt". Fehlen nur noch Sternschnuppen zum vollendeten Glück! Im Kegel der Stirnlampen fahren die letzten After-Work-Anhänger gegen 22 Uhr zu Tal. Wir bleiben über Nacht und genießen das morgendliche Bergpanorama – wenngleich das Inntal unter dichtem Nebel verschwunden ist ...

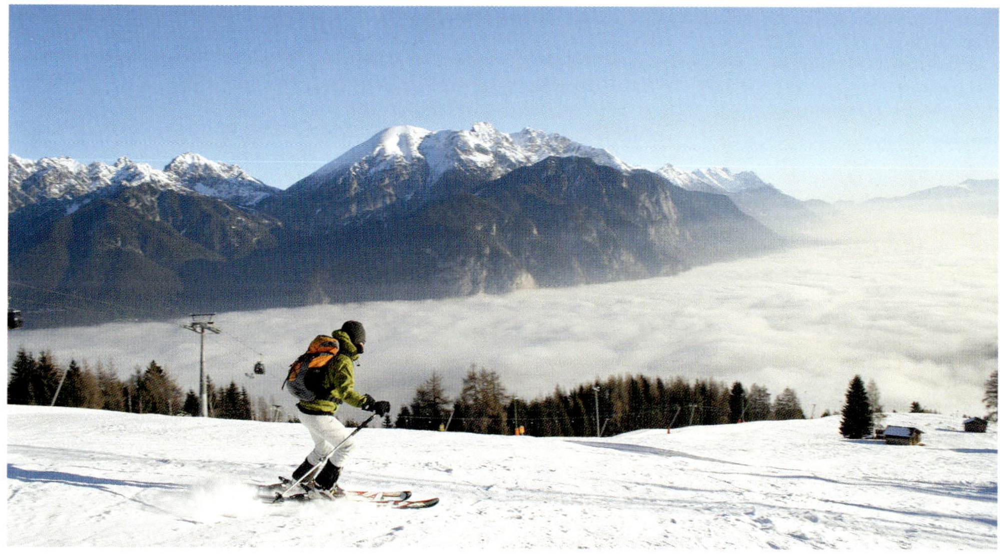

Morgendliche Abfahrt über dem Inntaler Nebelmeer

Wenn die unteren Hänge ausgeapert sind oder man sich Kraft sparen will, kann man mit speziellen Tourentickets zur Bergstation Stiglreith (1363 m) hochfahren. Bei guter Schneelage wiederum ist der Aufstieg vom Oberperfusser Ortsteil Kammerland (895 m) eine reizvolle Option, weil man dann dem Pistengelände ausweicht und über freie Osthänge zum Egghof hochsteigt.

Aufstiegsweg

Statt direkt über den schattigen Steilhang hinaufzusteigen, wählen wir den Umweg über die flachere Waldschneise in östlicher Richtung. Nach einer langgezogenen Kehre münden wir wieder in die Hauptpiste. Bei ausreichend Schnee können wir vor Erreichen der Piste links auf einem Waldweg hochsteigen. Ansonsten steil am Pistenrand zu einem Absatz empor, hier die Piste links verlassen und rechts im Bogen über den Egghof zur Bergstation Stiglreith (1363 m) hinauf.

Anschließend durchschreiten wir eine flache Waldschneise in westliche Richtung. Vis-à-vis des SB-Restaurants Sulzstich können wir einen kleinen Aussichtspunkt mit schönem

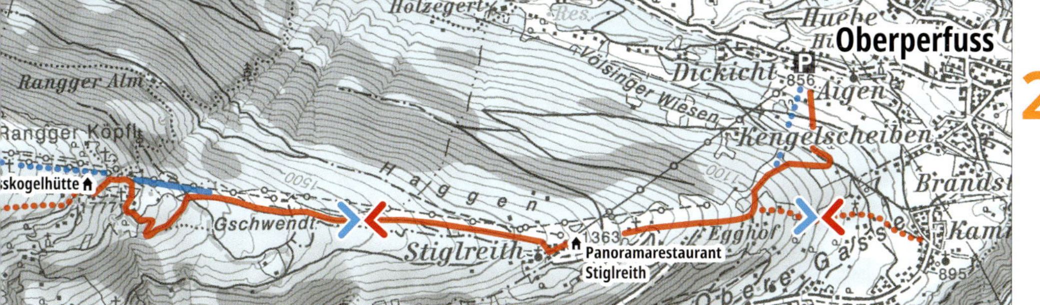

25

Blick auf den Speichersee und die Kalkkögel erklimmen. An der Stelle, wo die Piste wieder steiler wird, zweigen wir links in den Wald ab und folgen dem Rodelweg in einigen Kehren bergauf. Zuletzt queren wir wieder zur Piste hinüber und steigen im Bogen zur Roßkogelhütte (1780 m) auf. Von der Terrasse genießen wir den großartigen Blick auf Karwendelgebirge, Inntal und Sellrainer Berge.

Wer noch nicht ausgelastet ist, nimmt von der Hütte das Rangger Köpfl (1939 m) ins Visier. Schöner und flacher als der direkte Pistenanstieg ist der Umweg über Bergmähder und Almhütten an der Südseite des Gipfels.

Abfahrt

Die Talabfahrt erfolgt auf leichten bis mittelschweren Pisten, Orientierungsprobleme gibt es keine. Unterhalb von Stiglreith (1363 m) sind die Pisten dienstags und freitags im Rahmen des Nachtskilaufs beleuchtet.

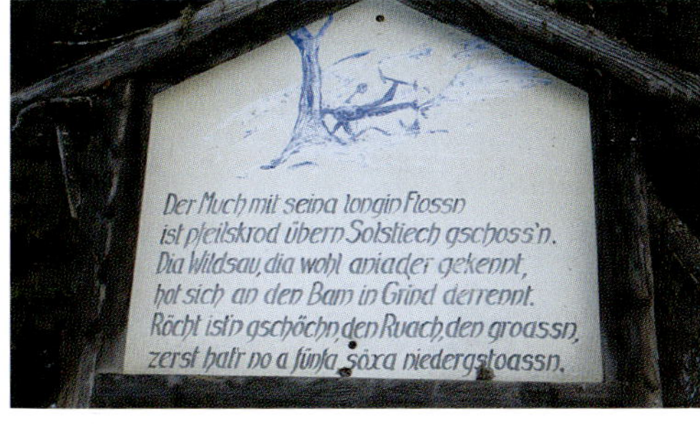

Ein Schild, das zur Vorsicht mahnt!

AFTER WORK I

Hütte Rosskogelhütte (1780 m)
Aufstieg 2 ½ Std.
Tourenabende Di./Fr. 18 – 22 Uhr
Telefon +43 5232/81419
Web www.rosskogelhuette.tirol

AFTER WORK II

Hütte Panoramarestaurant Stiglreith (1363 m)
Aufstieg 1 ½ Std.
Tourenabend Di. 18 – 21.30 Uhr
Telefon +43 664/3727509
Web www.rangger-koepfl.at

Höhenmeter 960 (Rangger Köpfl: 1120)

Gehzeit 2 ½ Std. (Rangger Köpfl: 3 Std.)

Tourencharakter Abwechslungsreiche und sonnige Skitour im Pistenbereich mit überragender Aussicht auf das Inntal und lohnender Gipfeloption

Tourengelände Im unteren Abschnitt teils steile Nordhänge, dann großzügige, nur bei der flachen Querung zum Sulzstich-Schlepplift (Waldschneise) enge Osthänge; partielles Ausweichen auf die Rodelbahn möglichg

Anfahrt

Auto A95 und B2 nach Garmisch-Partenkirchen, B2 nach Scharnitz, B177 über Zirl Richtung Innsbruck, L13 und L233 nach Oberperfuss, im Ort rechts zu den beschilderten Bergbahnen

ÖPNV Skibus Nr. 4165 ab Innsbruck Hauptbahnhof

Ausgangspunkt Während der Betriebszeiten der Bahn gebührenpflichtiger Parkplatz (4 Euro) 250 m westlich der Oberperfuss Bergbahnen

Navigation N 47.246013°, E 11.237726°

Einkehr
- Panoramarestaurant Stiglreith (siehe After Work)
- Rosskogelhütte (siehe After Work)

Übernachtung Rosskogelhütte (siehe After Work)

Info Skigebiet: www.rangger-koepfl.at

Karte AV-Karte 31/5, Innsbruck, 1:50.000

26 UNTERNBERG | 1425 m | Chiemgauer Alpen

AW

Lehrpfad

Ideale Wahl für das erste Mal

Mit ihrem Unternberg haben die Ruhpoldinger seit den 1970er Jahren nicht nur ein kleines, schmuckes Familienskigebiet. Auch für den Skitourengeher hält die als Biathlon-Hochburg bekannte Gemeinde ein interessantes Schmankerl bereit: das Projekt „Skitouren-Lehrpfad". Im Gegensatz zu zahlreichen anderen Orten demonstrieren hier Bergwacht, Bergbahn, Gemeinde und Sponsoren nachdrücklich, wie man den weit verbreiteten Konflikt zwischen Tourengehern und Liftbetreibern mit kreativem Engagement deutlich entschärfen kann.

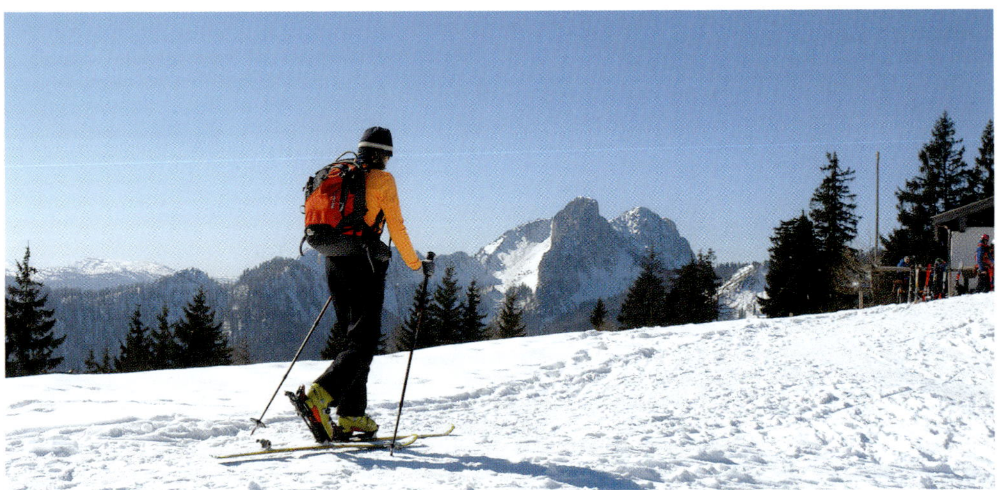

Am Unternbergschneid mit Blick zur Hörndlwand

Die Tourengeher werden durch den 2010 eröffneten Lehrpfad auf einen vorgegebenen Aufstiegsweg „gelenkt", erhalten eine Menge nützlicher Informationen und gleichzeitig erhöht man die Sicherheit aller im Skigebiet aktiven Freizeitsportler. Vom Ausgangspunkt mit dem LVS-Checkpoint bis zum Ziel an der Unternberg-Alm sind auf insgesamt zehn Schautafeln alle wichtigen Bereiche zum Thema Skitouren dargestellt und humorvoll illustriert. Die 720 Höhenmeter kann man wie eine normale Ski- bzw. Pistentour selbständig bewältigen oder man nutzt das Angebot der Bergschule Chiemgau und begeht den Lehrpfad im Rahmen eines eintägigen Kurstages zusammen mit einem Bergführer.

Aufstiegsweg

Vom Parkplatz am Bärngschwendter Schlepplift ist die erste Schautafel des Skitouren-Lehrpfades bereits zu erkennen. Man steigt zunächst am linken Pistenrand hinauf, quert vom oberen Ende des Schlepplifts zur Talstation der Unternbergbahn hinüber und folgt dem Ziehweg Richtung Raffner-Alm. Die gekennzeichnete Aufstiegsroute folgt immer der Skipiste hinauf. Eine Einkehr in der Raffner-Alm ist mit einem kleinen Abstecher jedoch sowohl im Aufstieg als auch bei der Abfahrt machbar.

Auf Höhe der Skiclubhütte (Schwendtboden-Diensthütte, 1139 m) kann alternativ auf dem

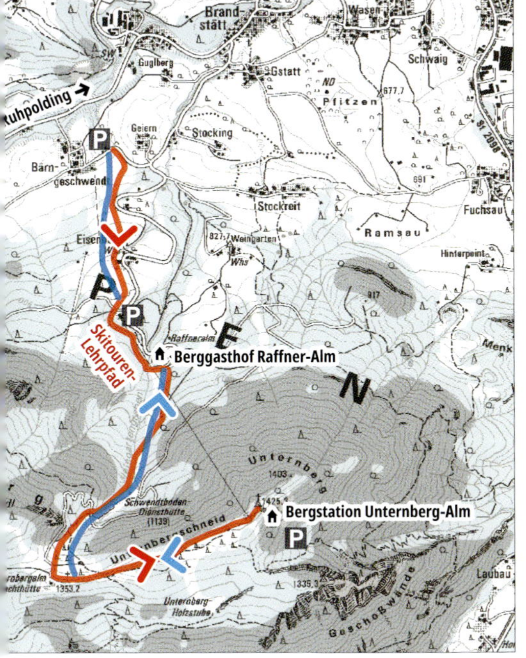

26

Höhenmeter	720
Gehzeit	2 Std.
Hangexposition	Vorwiegend Nord, Nordost
Höhenlage	710 – 1425 m

Tourencharakter Skitouren-Lehrpfad mit 10 Informationstafeln. Erst neben der Piste, dann über Forstwege bis zur Bergwacht-Hütte und auf dem aussichtsreichen Rücken zur gemütlichen Unternberg-Alm direkt neben der Bergstation. Die letzten Meter zum Gipfel werden zu Fuß zurückgelegt.

Tourengelände Im Aufstieg moderate Forstwege und Pistengelände, in der Abfahrt mittelsteile Pisten

Gefahrenpotential Keine objektiven Gefahren im Pistenbereich, die Steilhänge über dem Forstweg sind durch Lawinenverbauungen geschützt.

Anfahrt

Auto A 8 Richtung Salzburg, Ausfahrt Siegsdorf, St2098 nach Ruhpolding, weiter Richtung Reit im Winkl, am Kreisverkehr dem Hinweisschild Richtung Unternberg-Bahn folgen oder rechts zum Bärngschwendt-Schlepplift hinabfahren

Ausgangspunkt Parkplatz am Bärngschwendt-Lift, After Work: Parkplatz Unternbergbahn

Navigation N 47.745723°, E 12.63019°

Einkehr
- Berggasthof Raffner-Alm (900 m), Tel. +49 8663/9474, www.raffneralm.de
- Unternberg-Alm (siehe After Work)

Info www.unternberg.de

Karte AV-Karte BY 18, Chiemgauer Alpen Mitte, Hochgern Hochfelln, 1:25.000

Forstweg in einem Rechtsbogen die Piste umgangen werden. Die Varianten treffen nach weniger als 100 Hm wieder aufeinander. Da der Forstweg als Rodelbahn präpariert ist, muss hier auf die Rodler Rücksicht genommen werden. Unterhalb der Bergwacht-Hütte, wo der Forstweg bzw. die Rodelbahn die Piste quert, sind sicherheitshalber Fangzäune installiert, um Zusammenstöße zwischen abfahrenden Skifahrern und Rodlern zu vermeiden. An der Bergwacht-Hütte (1353 m), bei der vorletzten Schautafel mit Tipps für naturverträgliche Ski-und Schneeschuhtouren, schwenkt man die letzten Höhenmeter Richtung Westen auf dem flachen Rücken der Unternbergschneid hinüber zur Unternberg-Alm direkt an der Bergstation der Sesselliftes. Zum eigentlichen Gipfel sind es dann nur noch wenige Fußstapfer bis zum Bildstöckl auf dem Unternberg (1425 m).

Abfahrt

Nach einer ausgiebigen Einkehr in der Unternberg-Alm erst in gemütlicher Schrägfahrt Richtung Bergwacht-Hütte, dann aber hinein in die im oberen Teil durchaus steileren Hänge der Pistenabfahrt bis hinunter nach Bärngschwendt.

AFTER WORK

Hütte Unternberg-Alm (1390 m)
Aufstieg 2 Std. (680 Hm)
Tourenabende Di. + Do. bis 22 Uhr
Telefon +49 8663/7809871
Web www.unternberg-alm.com

27 DÜRRNBACHHORN | 1778 m | Chiemgauer Alpen

Vom Kälteloch in sonnige Höhen

Während das Auto-Thermometer in Ruhpolding noch moderate minus neun Grad anzeigt, haben sich die Minusgrade am Seegatterl bereits verdoppelt. Dass dieser enge Winkel besonders frostig ist, haben wir bereits beim Skilanglauf im Vorwinter erfahren. Gut, dass die Tourenschuhe vorgewärmt sind und wir dicke Handschuhe dabei haben. Und dass nach der ersten Höhenstufe endlich warme Sonnenstrahlen durch die Baumkronen dringen. Jetzt steht der Super-Genusstour auf das Dürrnbachhorn, die oberhalb des weiten Almkessels einen reizvollen Schlusshang bietet, nichts mehr im Wege.

Aufstiegsweg

Am Eingang des Großparkplatzes führt unsere Route zunächst flach am Campinggelände vorbei nordwärts in den Wald. Der breite Weg wird gleichermaßen von Langlauf-Skatern, Wanderern und „Pistlern" genutzt, wobei er vom Skigebiet kommend nur mäßig als Abfahrt lohnt. Nach einer weitausholenden Serpentine folgt eine fast ebene Passage Richtung Osten, von der nach wenigen Minuten links unser Waldweg abzweigt (Ww. Dürrnbachhorn). Nun geht es auf dem Sommerweg, eine Forststraße überquerend, durch einen schattigen Graben und durch lichten Wald nordostwärts in den weiten Kessel der Dürrnbachalmen (ca. 1300 m).

Noch vor der unteren Alm stoßen wir auf die DAV-Hinweistafel „Skibergsteigen umweltfreundlich", an der wir uns dank des freien Blicks gut orientieren können. Die Spur führt links an der oberen Alm vorbei zur Waldgrenze am Fuß des freien Gipfelhangs, um dann nach rechts zur ehemaligen Liftstation zu queren; geradeaus könnte man zur Lembergschneid aufsteigen. Von der Liftstation ist der breite Latschengrat zum Dürrnbachhorn gut einsehbar – bei wenig Schnee legt man ihn zu Fuß zurück. Am Gipfel wird man mit einem herrlichen Blick auf Chiemgauer und Berchtesgadener Alpen sowie Wilder Kaiser und Loferer Steinberge belohnt.

Abfahrt

Von der Liftstation kann man den mäßig steilen Hang zu den Almen hinab in der Regel direkt abfahren. Dann hält man sich entlang der Aufstiegsspur, wobei man besser nicht den engen Waldweg, sondern links haltend die breite Forststraße wählt.

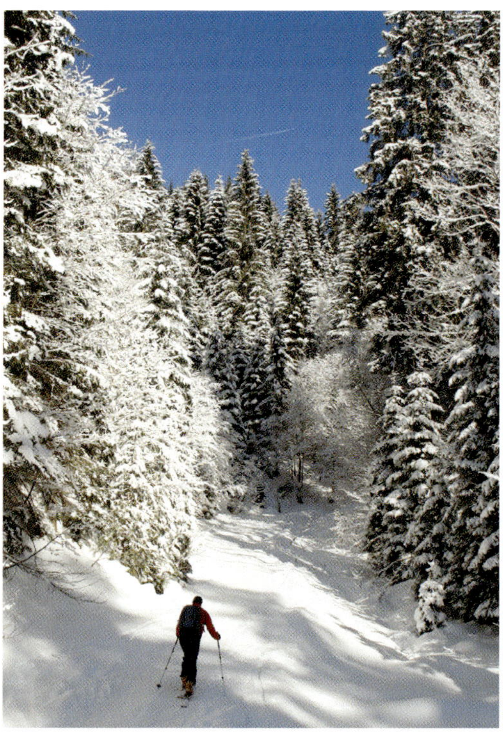

Der Aufstieg zur Dürrnbachalm verläuft abwechslungsreich durch Wald.

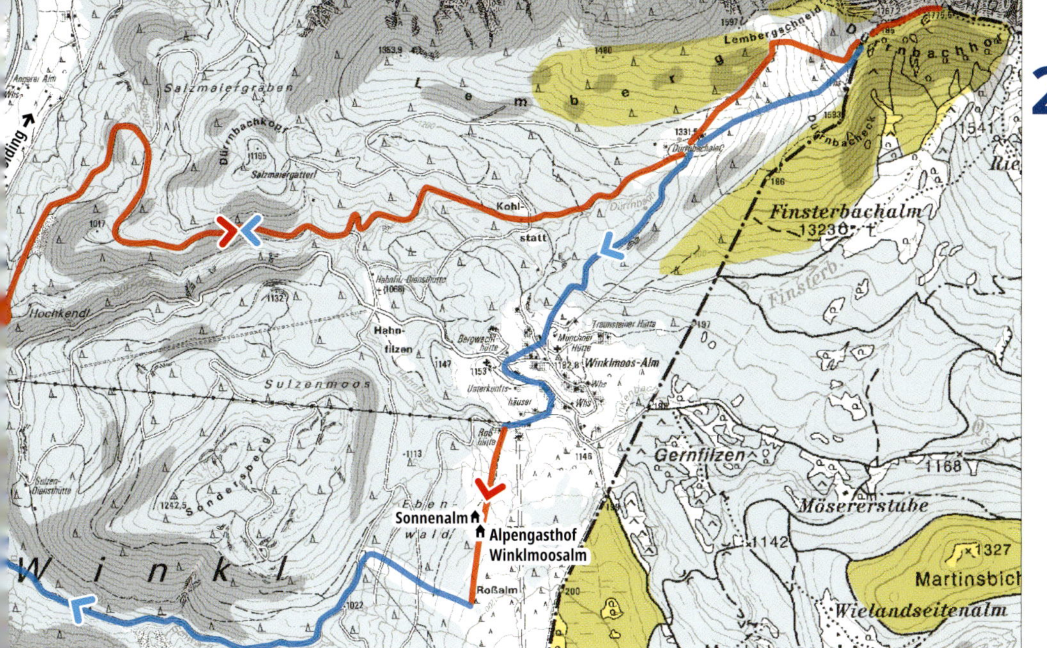

27

Schöner ist der Umweg über das Winklmoosalm-Skigebiet: Hierfür fährt man von den Dürrnbachalmen direkt nach Süden an der Sonnenalm vorbei zur Bergstation der Kabinenbahn ab. Auch die täglich außer Mittwoch länger geöffnete Traunsteiner Hütte liegt an der Strecke. Am Babyschlepplift überwindet man eine kleine Gegensteigung und nimmt die offizielle Talabfahrt zum Seegatterl.

Höhenmeter	1020
Gehzeit	3 Std.
Hangexposition	West bis Südwest, am Gipfelgrat Süd
Höhenlage	764 – 1778 m

Tourencharakter Abwechslungsreiche Skitour auf einen schönen Aussichtsberg. Mäßig steiler Gipfelhang, für die Abfahrt lohnt der Umweg über das Winklmoosalm-Skigebiet.

Tourengelände Zwischen Seegatterl und Dürrnbachalm schönes Waldgelände, oberhalb der Alm überwiegend freie Hänge, ab Dürrnbacheck (evtl. Skidepot) auf dem latschenbewachsenen Südwestgrat zum Gipfel

Skibergsteigen umweltfreundlich Wald-Wild-Schongebiete unterhalb der Lembergschneid südlich des Dürrnbachecks und westlich des Gipfels

Gefahrenpotential Der teils > 30° steile Hang zwischen Dürrnbachalm und Dürrnbacheck ist zu beachten.

Anfahrt

Auto A 8 Richtung Salzburg, Ausfahrt Bernau, B 305 Reit im Winkl, nach Ortseingang links auf der Entfeldener Straße zur B 305 Richtung Ruhpolding, nach 5 km rechts Parkplatz Seegatterl

ÖPNV Bus-Shuttle von Ruhpolding (mit der Bahn über Traunstein erreichbar) und Reit im Winkl zum Seegatterl

Ausgangspunkt Großer Parkplatz am Seegatterl

Navigation N 47.657468°, E 12.540979°

Einkehr

- Sonnenalm (1160 m), Tel. +49 8640/79720, www.sonnenalm.de
- Alpengasthof Winklmoosalm (1160 m), Tel. +49 8640/97440, www.winklmoosalm.com

Info Tourist Information Reit im Winkl, Tel. +49 8640/80020, www.reitimwinkl.de

Karte AV-Karte, 1:25.000

28 KARKOPF | 1510 m | Chiemgauer Alpen

Tourenspaß mit Kaiserblick und Strudel

Der Wilde Kaiser mit seinen schroffen Felsabstürzen und steilen Rinnen steht als Skitourenziel für Einsteiger sicher nicht in der ersten Reihe. Umso kurzweiliger aber gestalten sich solche Touren, die den Blick immer wieder auf diese eindrucksvolle Tiroler Felsbastion lenken, deren Silhouette sich, ähnlich einer Kaiserkrone, aus dem Inntal erhebt. Der sogenannte Kaiserwinkel ist Ausgangspunkt unserer Tour, die sich in zwei interessante Abschnitte teilt: Nach den flachen ehemaligen Pistenhängen oberhalb des Staffnerhofes folgen oben die etwas steileren, weitläufigen Hänge über der Karalm. Eine längere Forstwegquerung verbindet diese beiden Abschnitte.

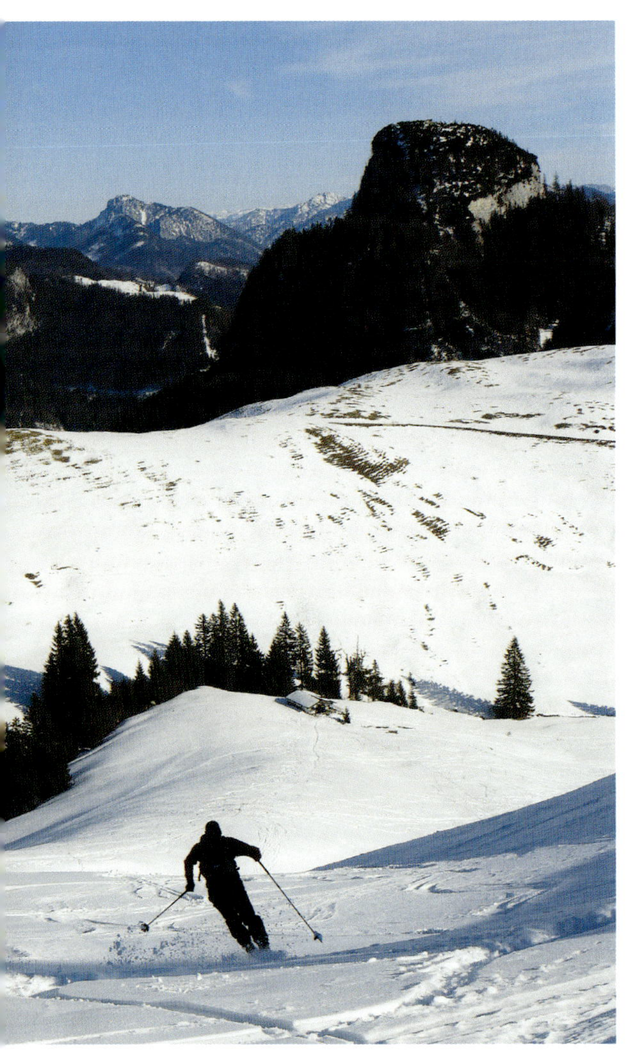

Genussabfahrt über die Almböden der Karalm

Aufstiegsweg

Ausgangspunkt ist der Parkplatz der Edernalm kurz vor der Straßenbrücke am Staffenbach. Hinter dem gegenüberliegenden Stallgebäude führt der Aufstiegsweg über eine Wiese zum Waldrand und weiter auf einem breiteren Waldweg Richtung Westen entlang des Staffenbaches. Der Weg überquert nun den Bach und wendet sich leicht ansteigend südwestlich hinauf Richtung Grünbacheralm. Nach einer kurzen Geländestufe erreicht man die Hänge der ehemaligen Skipiste. Über die flachen Wiesenhänge weiter westlich trifft man auf den Winterwanderweg zur Edernalm. Wir lassen die Einkehrmöglichkeit erst einmal links liegen und folgen weiter dem Sommerweg Nr. 24 Richtung Karalm. Vorbei an der Welzenalm zieht sich der Weg jetzt nordwestlich durch den dicht bewaldeten Hang oberhalb des Staffenbaches hinüber zu den Notheggeralmen. Im steileren Almgelände folgen wir in einer Höhe von ca. 1220 Metern nicht weiter dem Almweg, sondern fahren hinunter in die Mulde Richtung Karalm. Wir überqueren ein weiteres Mal den Bachlauf und schwenken dann Richtung Westen auf den breiten Rücken zwischen Rescharkopf und Karkopf hinauf. Den Gratrücken entlang nach Norden begleitet uns wieder das schon ausführlich beschriebene Kaiserpanorama bis unter den Gipfelhang. Ein letzter Aufschwung zum stählernen Gipfelkreuz kostet nochmals ein paar

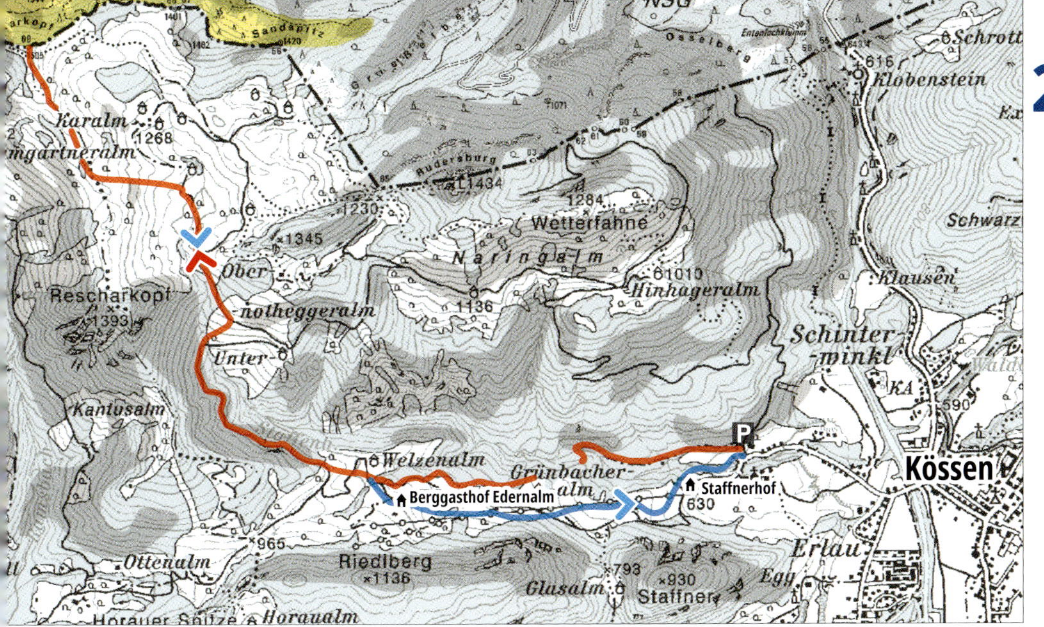

28

Schweißtropfen und bei der Gipfelrast wandern die Gedanken schon durch die sommerlichen Kletterwände drüben im „Kaiser".

Abfahrt

Bis zur Karalm hinunter und über den kurzen Gegenanstieg hinab zur Notheggeralm folgen wir der Aufstiegsroute. Vor der Edernalm nicht zu weit links abfahren, damit der Einkehrschwung perfekt gelingt. Es wäre wirklich schade, wenn man den hausgemachten Topfenstrudel verpassen würde. Den unteren Teil der Abfahrt schwingt man lässig über die verwaisten Skipisten zum Staffnerhof. Und wenn es die Schneeverhältnisse zulassen, rutschen wir auch noch die letzten Meter neben der Straße hinunter zum Ausgangspunkt.

Höhenmeter	900
Gehzeit	3 Std.
Hangexposition	Südost
Höhenlage	610 – 1510 m

Tourencharakter Schöne Skitour gegenüber dem Wilden Kaiser über eine aufgelassene Piste bis zur Edernalm und einfache Hänge hinauf zum Gipfel mit bester Aussicht in das Kaisergebirge

Tourengelände Einfache freie Hänge bis zur Welzenalm, von dort bis zum Almgebiet der Unternotheggeralm Fahrweg und weiter über freie Hänge hinauf zum Gipfel

Gefahrenpotential Der Fahrweg am Staffenbach führt entlang steiler Rinnen. Im weiteren Verlauf ca. 30° steiler, jedoch kurzer Wiesenhang, über den man den Fahrweg zur Unternotheggeralm abkürzen kann.

Anfahrt

Auto A8 und A93 Richtung Kufstein, Ausfahrt Oberaudorf, B172 nach Kössen, links in die B307 (Richtung Schleching) und kurz vor Ortsende links über die Tiroler Achen nach Staffen (Richtung Gasthaus Staffnerhof)

Ausgangspunkt Parkplatz unterhalb des Gasthauses am Parkplatz der Edernalm (gegenüber Staffen 34)

Navigation N 47.671393°, E 12.387871°

Einkehr
- Berggasthof Edernalm, Tel. +43 676/5701185, Mo. Ruhetag, www.edernalm.at
- Staffnerhof, Staffen 36, Tel. +43 5375/6309, www.hechl-staffnerhof.at

Übernachtung Staffnerhof (siehe oben)

Karte AV-Karte BY17, Chiemgauer Alpen West, Hochries, Geigelstein, 1:25.000

29 TAUBENSTEINHAUS | 1613 m | Mangfallgebirge

AW

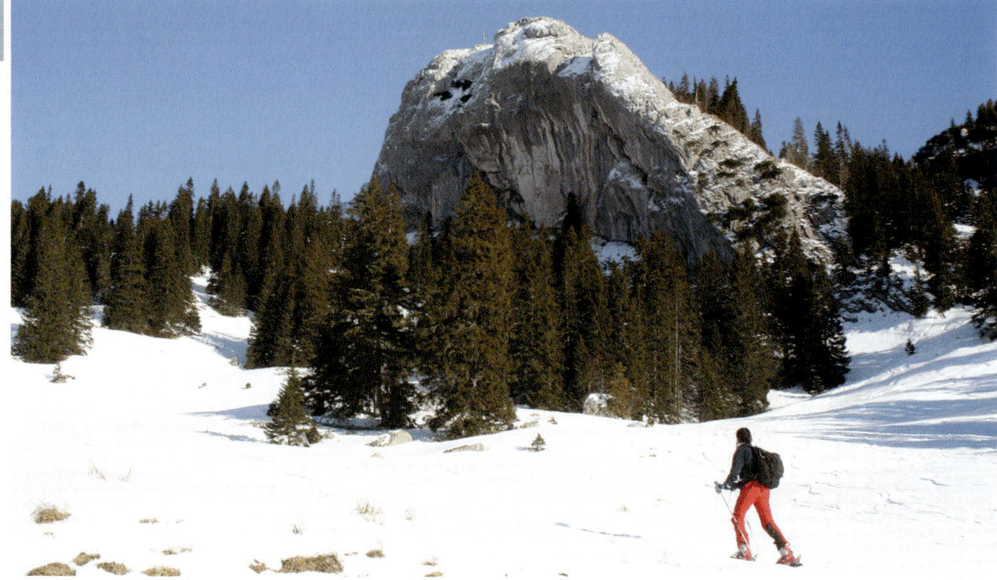

Der Taubenstein mit seiner abfallenden Westwand. Für den Gipfel-Abstecher erfolgt der Aufstieg am rechten Bildrand.

Durch's „Hintertürl" ins ehemalige Skigebiet

Da die Taubensteinbahn während der Wintersaison geschlossen hat, teilen sich die Pistengeher das ehemalige Skigebiet nur mit den (Schneeschuh-)Wanderern. Mit einer Einschränkung: Die Schlepplifte an der Maxlrainer Alm sollen für deren Gäste sporadisch weiterlaufen, und um den Transport zu den bewirtschafteten Hütten zu erhalten, soll eine Trasse von wenigen Metern Breite präpariert werden. Einige wenige Alpin-Fahrer werden von der Maxlrainer Almseite kommend also unterwegs sein. Sowohl die Obere Maxlrainer Alm (siehe Anzeige Seite 159) als auch das 2022 wiedereröffnete Taubensteinhaus bieten Skitourenabende an.

Der Normalanstieg verläuft als erste beschilderte Nachtskitour der Region von der Talstation der Taubensteinbahn direkt auf der aufgelassenen Piste durch den sogenannten Lochgraben. Landschaftlich reizvoller und durch ein Mehr an Sonne und Ausblick genussvoller ist jedoch der einstündige Umweg über die Südwestseite des Berges. Hierfür sollte jedoch ausreichend Schnee liegen, um die Tragepassagen zu minimieren.

Aufstiegsweg

Vom unteren Parkplatz der Taubensteinbahn auf dem beschilderten Uferweg in den Ort Spitzingsee (1 Kilometer; Ski evtl. tragen). Hinter der Valepp-Straßenschranke links abzweigend der Beschilderung Richtung Rotwandhaus folgen. An der Weggabelung (Abzweig Taubenstein) die Bachbrücke überqueren, links durch flachen Wald zu einer Lichtung und dort rechtshaltend zu den herrlichen Südwesthängen des Skigebiets empor. In Sichtweite der unteren Liftstation rechtshaltend den kleinen Bachgraben überqueren und am Waldrand entlang aufwärts.

An der Oberen Maxlrainer Alm (1520 m) haben wir zwei Möglichkeiten: Entweder geht es direkt den Schlusshang zum bereits sichtba-

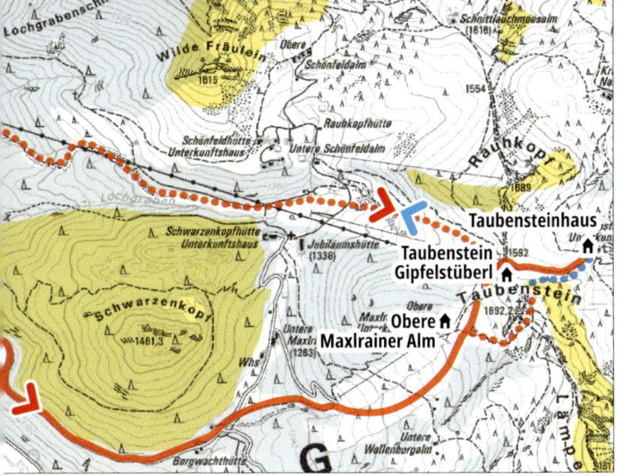

ren Taubenstein Gipfelstüberl (1613 m) empor oder wir verlassen das Skigebiet nach Osten, indem wir rechts des markanten Taubensteins durch lichten Wald auf einen Geländeabsatz hochsteigen. Diese Variante, die sichere Lawinenverhältnisse erfordert, ermöglicht neben der Taubenstein-Besteigung (1692 m) eine direkte Abfahrt über mäßig steile Nordosthänge zum Taubensteinhaus (1567 m). Von der Hütte führt ein Querweg in das Skigebiet zurück.

Abfahrt

Von der Bergstation auf der beschilderten mittelschweren Abfahrt über den Sattel zwischen Taubenstein und Rauhkopf (Einmündung Route Taubensteinhaus) durch den Lochgraben zum Parkplatz an der Talstation oder entlang der Aufstiegsspur.

Höhenmeter	540 (Taubenstein: 620)
Gehzeit	2 ¼ Std. (Taubenstein: 2 ½ Std.)

Tourencharakter Einfache Tour im Skigebiet Taubenstein. Bei guten Schneeverhältnissen Abstecher zu Taubenstein und Taubensteinhaus zu empfehlen. In schneearmen Wintern vereist die Piste im unteren Abschnitt relativ schnell (keine Beschneiung).

Tourengelände Uferweg bis Spitzing, flacher Forstweg bis Wegverzweig Rotwandhaus und oberhalb des kurzen Freigeländes auf breiter Piste zum Taubenstein. Die Lochgraben-Abfahrt ist mittelschwer.

Skibergsteigen umweltfreundlich Wald-Wild-Schongebiet am Rauhkopf, Wildschutzgebiete östlich des Taubensteins und am Schwarzenkopf

Anfahrt

Auto A 8 Richtung Salzburg, Ausfahrt Weyarn, B 307 Richtung Bayrischzell, nach Ortsdurchfahrt Fischhausen-Neuhaus rechts Abzweig zum Spitzingsee

ÖPNV Bayerische Regiobahn (BRB) nach Fischhausen-Neuhaus mit Busanschluss zum Spitzingsee

Ausgangspunkt Gebührenpflichtiger Parkplatz an der Taubensteinbahn vor dem Tunnel am Spitzingsee

Navigation N 47.665915°, E 11.889095°

Einkehr Taubenstein Gipfelstüberl (siehe After Work)

Einkehr / Übernachtung
- Obere Maxlrainer Alm (siehe After Work)
- Taubensteinhaus (siehe After Work)

Info Gäste-Information Schliersee, Bahnhofstr. 11 a, Tel. +49 8026 / 60650, www.schliersee.de

Karte AV-Karte BY 15, Mangfallgebirge Mitte, Spitzingsee Rotwand, 1:25.000

AFTER WORK I

Hütte Taubensteinhaus (1567 m)
Aufstieg 2 ½ Std. (direkt ab Talstation: 1 ½ Std.)
Tourenabende ab Ende Dezember täglich bis 22 Uhr
Mobil +49 171 / 2255033
Web www.alpenverein-muenchen-oberland.de/taubensteinhaus

AFTER WORK II

Hütte Taubenstein Gipfelstüberl (1613 m)
Aufstieg 2 ¼ Std. (direkt ab Talstation 1 ¼ Std.)
Tourenabende Di. / Mi. bis 22 Uhr (ab 5. Januar)
Telefon +49 8026 / 9222753

AFTER WORK III

Hütte Obere Maxlrainer Alm (1520 m)
Aufstieg 1 ½ Std.
Tourenabende Mi. / Do.
Telefon +49 8026 / 7382

30 BLOMBERGHAUS | 1203 m | Tölzer Berge

AW Opfer des Klimawandels

Der Blomberg ist einer der beliebtesten Ausflugsziele in den bayerischen Hausbergen. Nach der klimabedingten Einstellung des Pistenbetriebs im Jahr 2016 haben die Tourengeher nun den schattigen Nordhang ganz für sich, was in schneereichen Wintern wie 2019 eine besondere Freude ist. Die Doppelsesselbahn ist für die Rodler jedoch noch in Betrieb. Wie früher bietet sich das Blomberghaus am Dienstagabend als willkommene After-Work-Jause an.

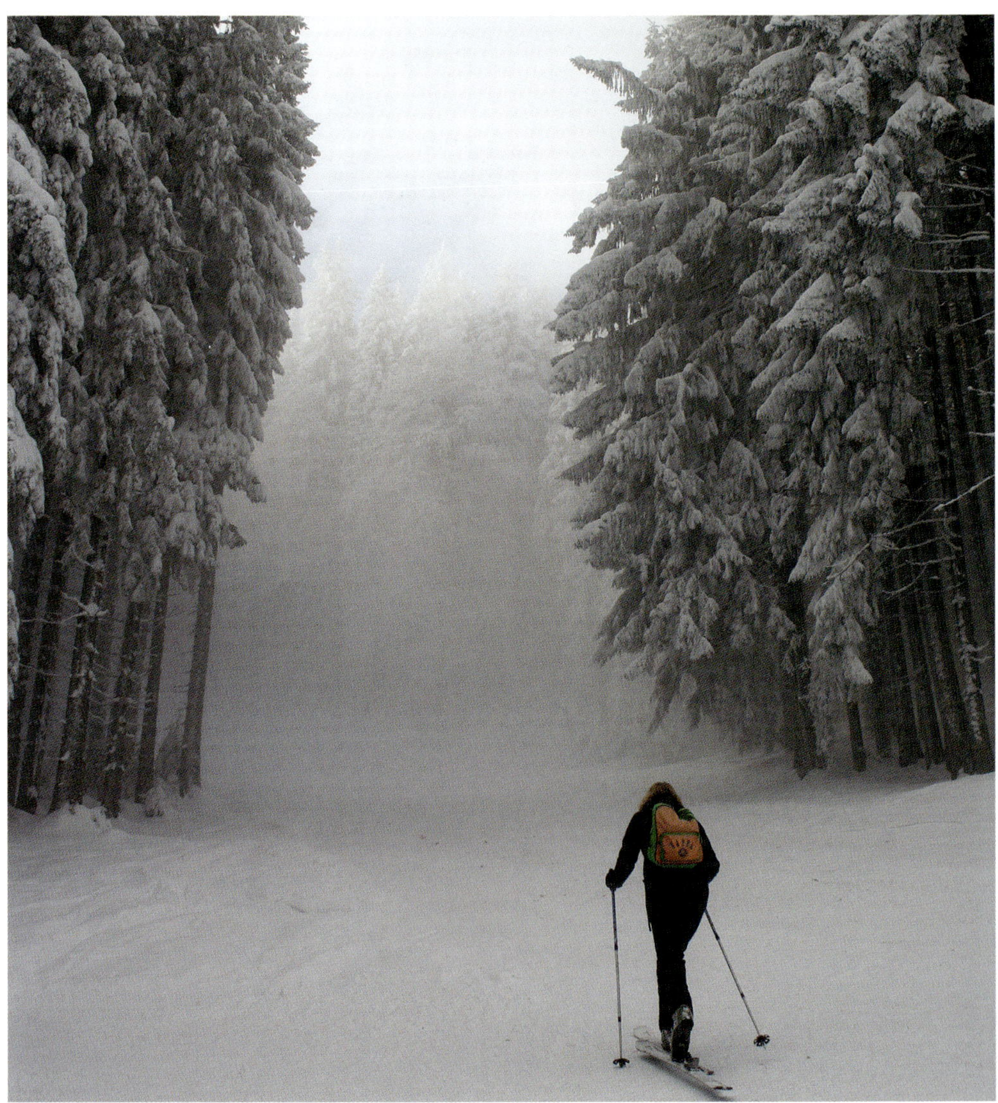

Letzte Waldschneise vor Erreichen der aussichtsreichen Blombergwiesen

Aufstiegsweg

Am linken (östlichen) Pistenrand führt die ausgewiesene Tourengeher-Aufstiegsspur anfangs gemächlich am Waldrand aufwärts. Dann mündet man links in die aufgelassene Piste. Auf 930 Meter Höhe kann man rechts abseits der Piste eine Variante durch den Wald nehmen. Wieder zurück auf der Piste, erfolgt der Schlussanstieg auf der relativ engen Waldtrasse zu den Blombergwiesen (1203 m). Vom Geländerücken öffnet sich ein überraschend schöner Blick nach Süden zu den Bergen des Isarwinkels.

Hier könnte man gemütlich Brotzeit machen und wieder auf der Skipiste abfahren. Für den Einkehrschwung sollte man jedoch die landschaftlich reizvolle, skitechnisch jedoch unlohnende Zugabe zum Blomberghaus wählen. Hierfür hält man sich am Bergrücken rechts, erreicht oberhalb der kleinen Bergstation den höchsten Punkt (1237 m), gleitet auf dem Forstweg wenige Meter im Bogen in eine Einsattelung ab und überwindet die letzten Höhenmeter zum nahen Blomberghaus (Ww. vorhanden).

Abfahrt

Man kehrt auf den Forstwegen zu den Blombergwiesen zurück und fährt auf der aufgelassenen Piste ab.

Höhenmeter 580

Gehzeit 2 Std.

Tourencharakter Überschaubarer Kurztrip im Tölzer Land, der auch bei Schlechtwetter keine Probleme aufwirft. Alternativ könnte man bei guter Schneelage auch auf dem nur flach ansteigenden Wirtschaftsweg westlich der Piste zum Blomberghaus aufsteigen (7 km).

Tourengelände Mäßig steil in Pistennähe durch Wald zur Blombergwiese und auf Forstwegen in leichtem Auf und Ab zum Blomberghaus

Skibergsteigen umweltfreundlich Wald-Wild-Schongebiet westlich der Piste kurz vor Erreichen der Blombergwiesen

Anfahrt

Auto A 8 Richtung Salzburg, Ausfahrt Holzkirchen, B13 nach Bad Tölz, B472 Richtung Bad Heilbrunn bis zur Blombergbahn oder A94 Richtung Garmisch, Ausfahrt Sindelsdorf, B472 Richtung Bad Tölz

ÖPNV Bayerische Regiobahn (BRB) nach Bad Tölz und RVO-Bus 9612 bzw. 9591 zur Blombergbahn

Ausgangspunkt Gebührenpflichtiger Parkplatz (2 Euro) am Blomberglift

Navigation N 47.748046°, E 11.515721°

Einkehr / Übernachtung Blomberghaus (siehe After Work)

Info

- Skigebiet: www.blombergbahn.de
- Schnee-Info: Tel. +49 8041 / 3726
- Tourist-Information Bad Tölz, Max-Höfler-Platz 1, Tel. +49 8041 / 78670, www.badtoelz.de

Karte AV-Karte BY 18, Chiemgauer Alpen Mitte, Hochgern Hochfelln, 1:25.000

AFTER WORK

Hütte Blomberghaus (1203 m)
Aufstieg 1 ½ Std.
Tourenabend Di. 17 – 21.30 Uhr
Telefon +49 8041 / 6436
Web www.blomberghaus.de

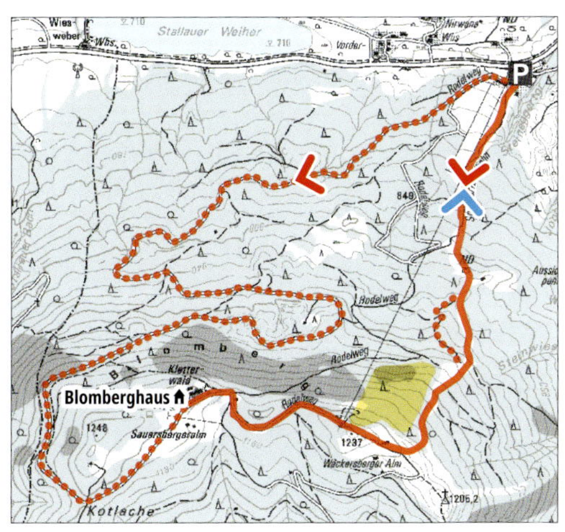

31 ECKBAUER | 1237 m | Wettersteingebirge

Aufstieg im Schatten eines Vorberges

Eigentlich müsste der Eckbauer wie früher in die Rubrik „Pistengehen" aufgenommen werden, da die Seilbahn nach zwischenzeitlicher Sperrung seit der Saison 2019/2020 wieder Skifahrer*innen zum Berggasthof befördert. Doch mangels künstlicher Berieselung durch Schneekanonen hat sich im Zuge des Klimawandels wenig daran geändert, dass die oft vereisten Pisten eher zum Eisskaten als zum Skifahren taugen. Insofern fristet der Eckbauer im Vergleich zum benachbarten Classic-Skigebiet ein eher tristes Schattendasein. Doch als Tourengeher profitiert man von einer relativen Einsamkeit, die man so in Skigebieten gar nicht kennt. Hierfür nimmt man etwaige kurze Tragepassagen gerne in Kauf.

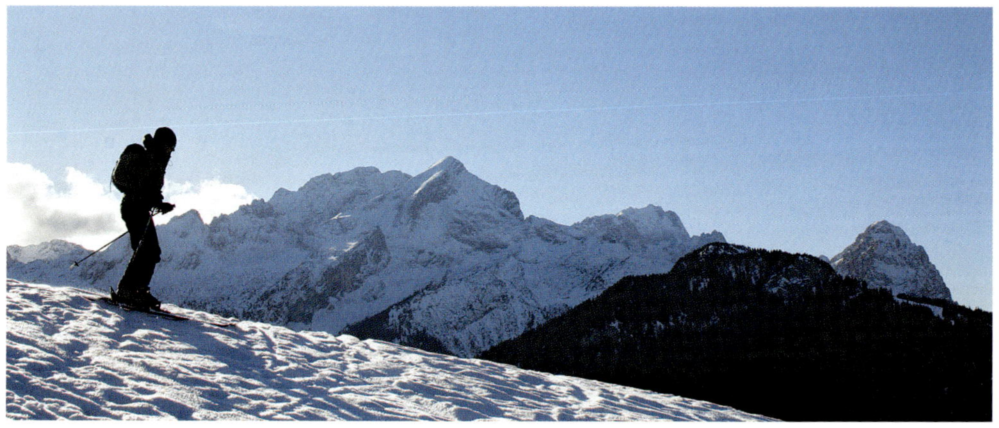

Ein letzter Blick auf Alpspitze, Zugspitze und Waxenstein, bevor die Abfahrt beginnt.

Aufstiegsweg

Der Start erfolgt am östlichen Ende des Parkplatzes. Zwar wurde der Skitouren-Lehrpfad mit seinen 10 Infotafeln inzwischen leider wieder abgebaut, die Orientierung ist jedoch dennoch kein Problem. Bei Vereisung oder Ausaperung kann man die erste Steilstufe – die Skier tragend – auch auf dem parallel verlaufenden Teerweg überwinden. An der Sprungschanze wechselt man wieder auf die Piste. Es folgt ein humanerer Abschnitt mit einer Querung des bewaldeten Hangs in südöstliche Richtung. An den wenigen Engstellen müssen wir auf entgegenkommende Skifahrer achten!

In der folgenden Kehre wird die Piste wieder breiter, es geht über kleinere Geländestufen in angenehmer Steigung bergauf. Nach einer kurzen Flachpassage lichtet sich der Wald und der Schlusshang zum Eckbauer taucht auf. Wenig später stehen wir auf dem Gipfel mit fulminantem Blick auf das Wettersteingebirge, im Osten ist der Mittenwalder Karwendelkamm zu erkennen und im Westen tauchen die Ammergauer Alpen auf. Der Berggasthof liegt etwas unterhalb in Richtung Süden, und vom Liegestuhl auf der Sonnenterrasse lässt sich das Bergpanorama noch besser genießen.

Abfahrt

Auf der mittelschweren Piste talwärts (wie Aufstieg)

31

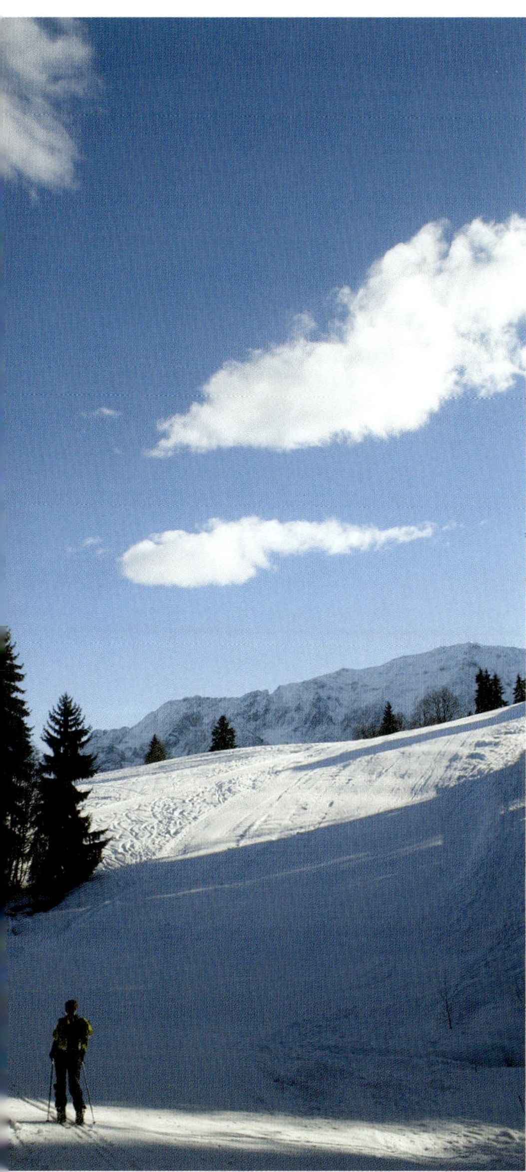

Waldtraverse unterhalb des Eckbauers

Höhenmeter 500

Gehzeit 1 ¼ Std.

Tourencharakter Nur im unteren Abschnitt steiler Anstieg entlang der Piste, die mangels Beschneiung in schneearmen Wintern kaum genutzt wird.

Tourengelände Nordseitig ausgerichtetes Wald- und Wiesengelände

Anfahrt

Auto A 95 und B 2 nach Partenkirchen, von der Straße Richtung Mittenwald rechts zum Skistadion abzweigen

ÖPNV Deutsche Bahn (DB) nach Garmisch-Partenkirchen und RVO-Bus 9608 bis Station Abzweig Wildenaustraße

Ausgangspunkt Gebührenpflichtiger Parkplatz am Eckbauerlift (Skistadion; Wegbeginn auch für die Partnachklamm)

Navigation N 47.482423°, E 11.117885°

Einkehr Berggasthof Eckbauer (1237 m), Tel. +49 88 21 / 22 14, Sa. / So. 10 – 16 Uhr und bei schönem Wetter, www.eckbauer.de

Info

- Bergbahn: www.eckbauerbahn.de
- Markt GAP, Rathausplatz 1, Tel. +49 88 21 / 91 00, www.gapa.de

Karte AV-Karte BY 8, Wettersteingebirge, 1:25.000

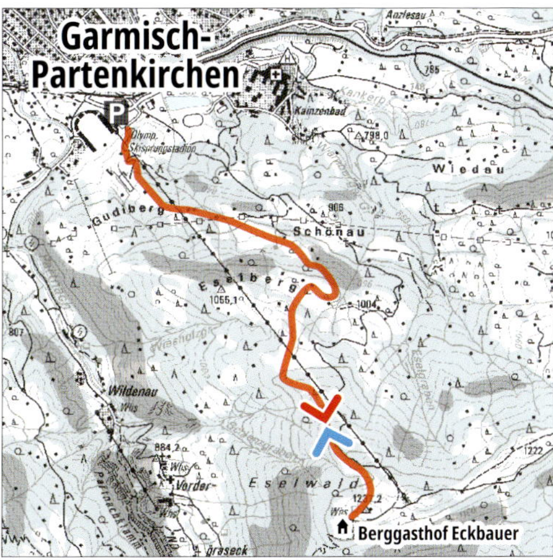

32 WANK | 1780 m | Estergebirge

Panoramakanzel über Garmisch-Partenkirchen

Die Wankbahn erschloss einst mit mehreren Schleppliften den kleinen, aber feinen Skiberg gegenüber der Zugspitzarena. Seit der Wintersaison 2003/2004 ist der Pistenbetrieb am Wank aus Rentabilitätsgründen jedoch eingestellt. Ein Schicksal, das viele kleine Skigebiete vor allem in den niedrigeren Alpenregionen ereilt, zugleich aber auch neue Chancen eröffnet. Denn die Nordseite des Wanks bietet mit den ehemaligen Pisten ideale Skihänge und optimales Aufstiegsgelände. Der flache obere Teil des Weges zwischen Roßwank und Wankhaus ist mit seinem grandiosen Karwendel-Wetterstein-Blick zudem ein Muss für jeden Panoramasammler.

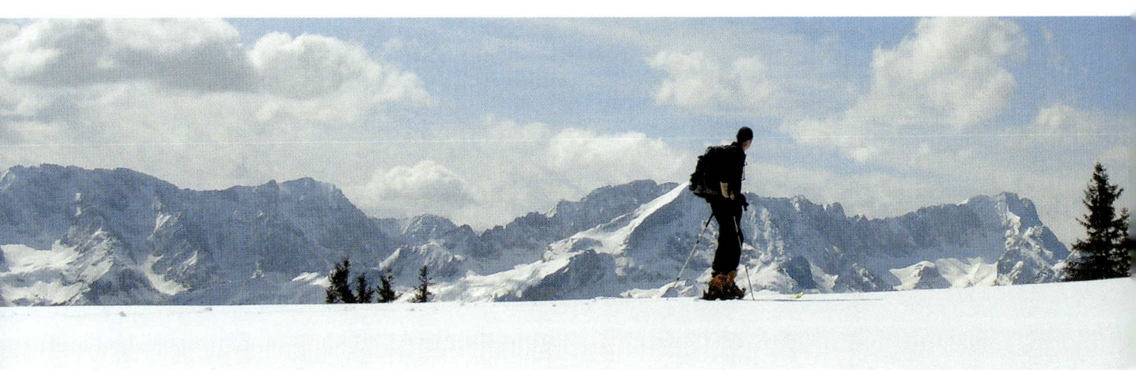

Aufstiegsweg mit Wettersteinpanorama

Nicht nur die wachsende Gemeinde der „gemäßigten" Skitourensportler, sondern auch Winterwanderer, Rodler und der Betrieb der Gondelbahn sorgen selbst zur kalten Jahreszeit weiter für regen Zulauf am Wankhaus. Und dank des DAV-Projekts „Skibergsteigen umweltfreundlich" rückt auch der Naturschutz wieder in den Vordergrund, was zur Schonung empfindlicher Wald- und Wildgebiete beiträgt. Statt groß angelegter Reglementierungen oder Beschilderungen legen Einheimische ohne großes Aufsehen eine naturverträgliche Aufstiegsspur an, lediglich am Frauenmahdsattel und am Wankhaus gibt es Hinweise zur Routenführung. Bei rund 5000 Gipfel-Aspiranten pro Saison ist gerade in den Wintermonaten ein umweltverträgliches Verhalten notwendig, um das kleine Tourenparadies Wank am Leben zu erhalten.

Aufstiegsweg

Ausgangspunkt ist der Parkplatz an der Wankbahn. Man folgt erst einmal dem gekennzeichneten Sommerweg Richtung Esterbergalm. Vorbei am Hochseilgarten führt die sanft anstei gende Forststraße zur Daxkapelle (964 m). Die kleine Gedächtniskapelle ist übrigens keine Bittstation für Aktienanleger, ihr Name leitet sich vielmehr von „Unseres Herrn Kapelle in den Taxen" (in den Tannen) ab. Auch nach der Kapelle folgt man weiter dem Forstweg. Nach 1,5 Kilometern schwenkt der Weg dann steiler Richtung Osten in den Sattel zwischen Hoher Fricken und Wank. Falls der zurückliegende westseitige Anstiegsweg schon etwas ausgeapert war – spätestens in dieser angrenzenden schattigen Mulde wird die weiße Unterlage wieder bestens konser-

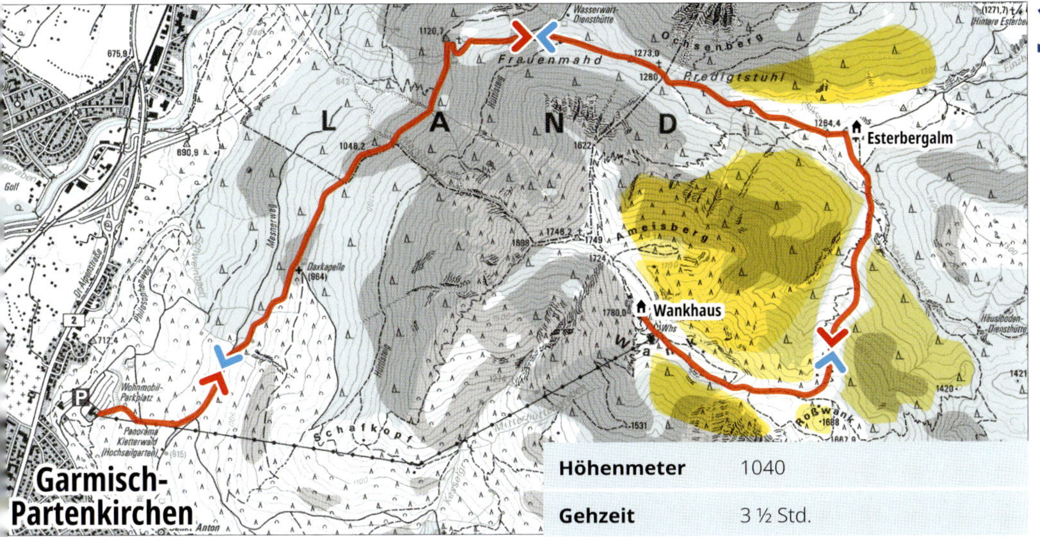

Höhenmeter 1040

Gehzeit 3 ½ Std.

Hangexposition Nord, Nordost

Höhenlage 740 – 1780 m

Tourencharakter Langer Forstweg zur Esterbergalm, dann über ehemaliges Skigelände zum Gipfel mit fantastischer Rundumsicht

Tourengelände Ab der Esterbergalm teilweise präparierte ehemalige Piste, die noch genügend Platz für Tiefschneespuren erlaubt. In der Abfahrt kann der Forstweg hinunter zum Ausgangspunkt immer wieder in schönen Schneisen umfahren werden.

Skibergsteigen umweltfreundlich Wald-Wild-Schongebiete nördlich der Esterbergalm, Nordosthänge am Wank

Gefahrenpotential Auf dem Forstweg auf Rodler und abfahrende Skifahrer achten – bei Betrieb der Wankbahn kann das auch schon morgens der Fall sein.

Anfahrt

Auto A 95 und B 2 nach Garmisch-Partenkirchen, im Ort der Ausschilderung zur Wankbahn folgen

ÖPNV Regionalbahn ab München Hbf bis Garmisch-Partenkirchen Hbf, Fußweg zur Wankbahn

Ausgangspunkt Parkplatz der Wankbahn

Navigation N 47.504693°, E 11.107564°

Einkehr / Übernachtung Wankhaus (1780 m, AV-Hütte), Tel. +49 8821/56201, www.wankhaus.de

Info www.zugspitze.de (Betriebszeiten Wankbahn)

Karte AV-Karte BY 7, Ammergau-Ost, 1:25.000 oder AV-Karte BY 9, Estergebirge, 1:25.000

viert. Gemächlich ansteigend, unterbrochen von einem kurzen Abfahrtsrutscher, erreicht man die Esterbergalm (1265 m). Den flachen Almboden quert man bereits vor dem Almgebäude nach Süden gegen die Ausläufer der ehemaligen Skihänge. und geht weiter über die gestufen Nordhänge der ehemaligen Piste Richtung Roßwank. Auf etwa 1650 m Höhe dreht der Aufstieg dann wieder nach Westen über den flachen Kamm zur Bergstation hinüber. Mit den letzten Metern zum Gipfelkreuz und einer Einkehr im Wankhaus beenden wir unsere große Nordschleife mit grandiosem Ausblick auf das Wettersteinmassiv.

Abfahrt

Bis hinunter zur Esterbergalm hält das ehemalige Pistengelände eine Menge Tiefschneevarianten bereit. Für weniger Geübte bietet sich die meist präparierte, breite Rodeltrasse als Abfahrtsalternative an. Das Flachstück vor der Esterbergalm lässt sich mit einer rechtzeitig eingeleiteten Schussfahrt mühelos überwinden. Auch im unteren Bereich finden sich entlang der Aufstiegsspur immer wieder schöne Waldschneisen für einen abwechslungsreichen Abfahrtsgenuss.

33 GRÜNTEN | 1477 m | Allgäuer Alpen

AW Am Wächter des Allgäus

Bei der Anfahrt in Richtung Oberstdorf begreift man rasch, warum der Grünten als „Wächter des Allgäus" bezeichnet wird: Kühn ragt der leicht erkennbare imposante Berg in die Höhe. Im Gegensatz zu den meisten anderen Gipfeln übte er bereits ab dem Mittelalter eine magische Anziehungskraft aus, im Jahr 1773 soll sich der Augsburger Fürstbischof Clemens Wenzeslaus gar in einer Sänfte nach oben getragen lassen haben. Kein Wunder bei einem Panorama, das an klaren Tagen von der Schweiz bis zur Zugspitze reicht. Der Tourengeher gibt sich mangels Träger möglicherweise mit der ebenfalls aussichtsreichen Grüntenhütte zufrieden, die auf der ideal geneigten aufgelassenen Piste erreicht wird.

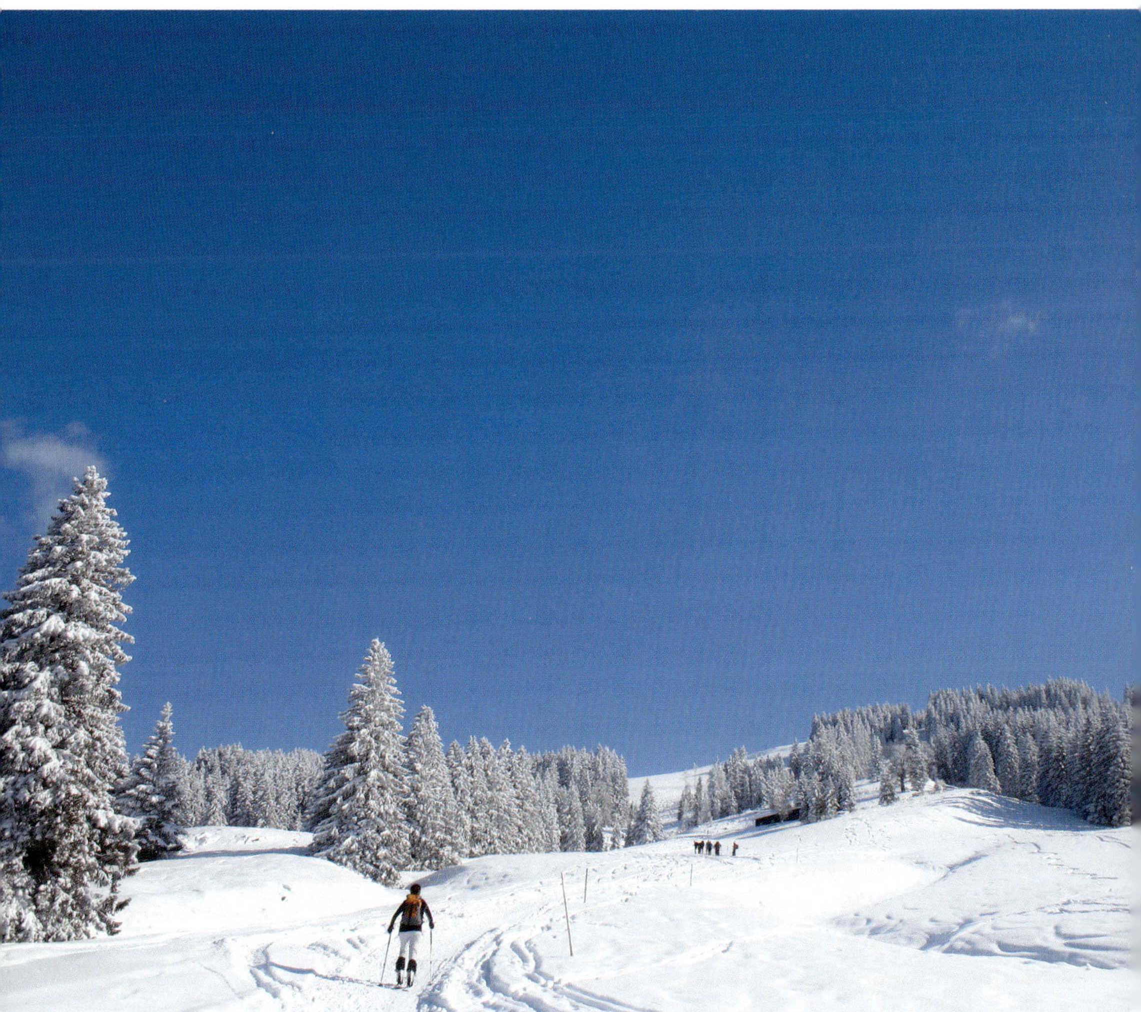

Ein Wintermärchen mit Dauerfrost und blauem Himmel nach nächtlichem Schneefall – wohl dem, der dies unter der Woche nutzen kann!

Aufstiegsweg

Vom Parkplatz der ehemaligen Kammeregg-Lifte geht es mäßig steil über die freie Wiese durch einen engen Wald-Durchschlupf hinauf. Bereits unterhalb der Oberen Kammereggalpe weitet sich das Gelände wieder: Man erblickt nicht nur den dominanten Grünten-Gipfel mit seiner Rundfunk-Antenne, sondern auch den nordöstlichen Gratverlauf einschließlich der oberen Liftstation am Steilhang, der etwas tiefer in einen bewaldeten Rücken übergeht. Unsere Aufstiegstrasse strebt in der Direttissima hinauf, erst nach der kleinen Waldschneise hält man sich aufgrund des steileren Geländes nach links. Während der letzten Hangquerung taucht auch die Grüntenhütte (1477 m) auf.

Von der Hütte zunächst flach entlang des Höhenrückens in Richtung Grünten am besten links der Piste hinauf. Nächster Orientierungspunkt ist das Häusel des Gipfellifts (ca. 1640 m) am Fuß jenes Steilhangs, der in einigen Spitzkehren, später nach rechts auf den Gratrücken ausweichend, gemeistert wird (ca. 80 Höhenmeter; Lawinengefahr beachten!). Vom Skidepot quert man auf dem unschwierigen, teils jedoch abschüssigen Grat zum Gipfel hinüber, den ein Gebirgsjäger-Denkmal ziert (1738 m). Auch der benachbarte 92 Meter hohe Sendeturm des Bayerischen Rundfunks ist zum Greifen nah.

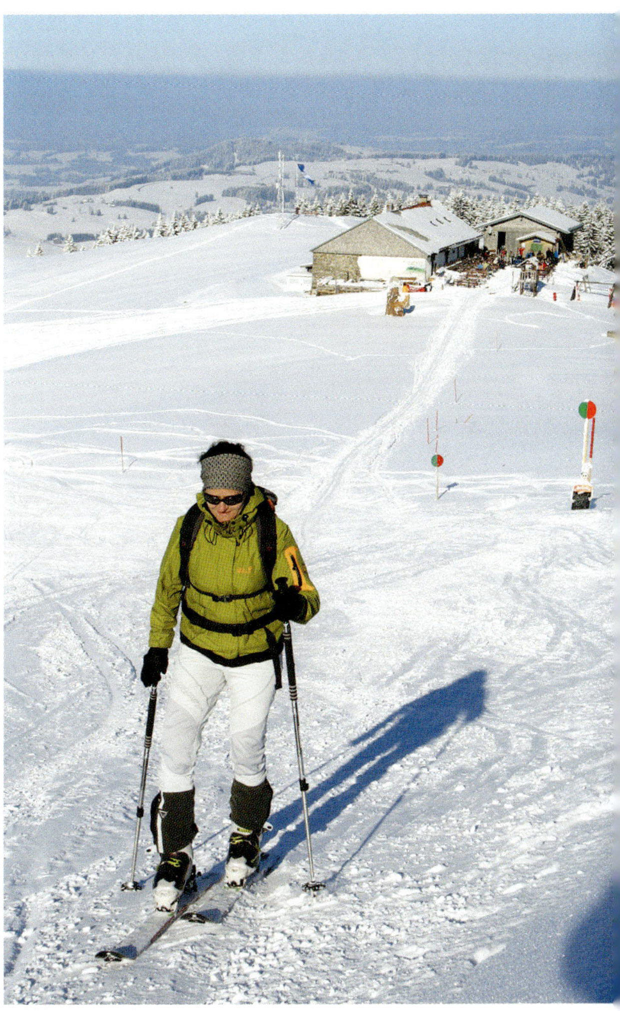

Von der Grüntenhütte geht es in südwestliche Richtung dem Grünten entgegen.

Abfahrt

Vom Skidepot entlang der Aufstiegsspur, ab dem Lifthäusel auf der Piste abwärts. Bei der Abfahrt über die schön geneigte aufgelassene Piste kann vor Erreichen der Grüntenhütte links durch eine Waldschneise abgekürzt werden. Zudem laden parallel verlaufende Geländeabschnitte zu Tiefschnee-Varianten ein.

33 GRÜNTEN | 1477 m | Allgäuer Alpen

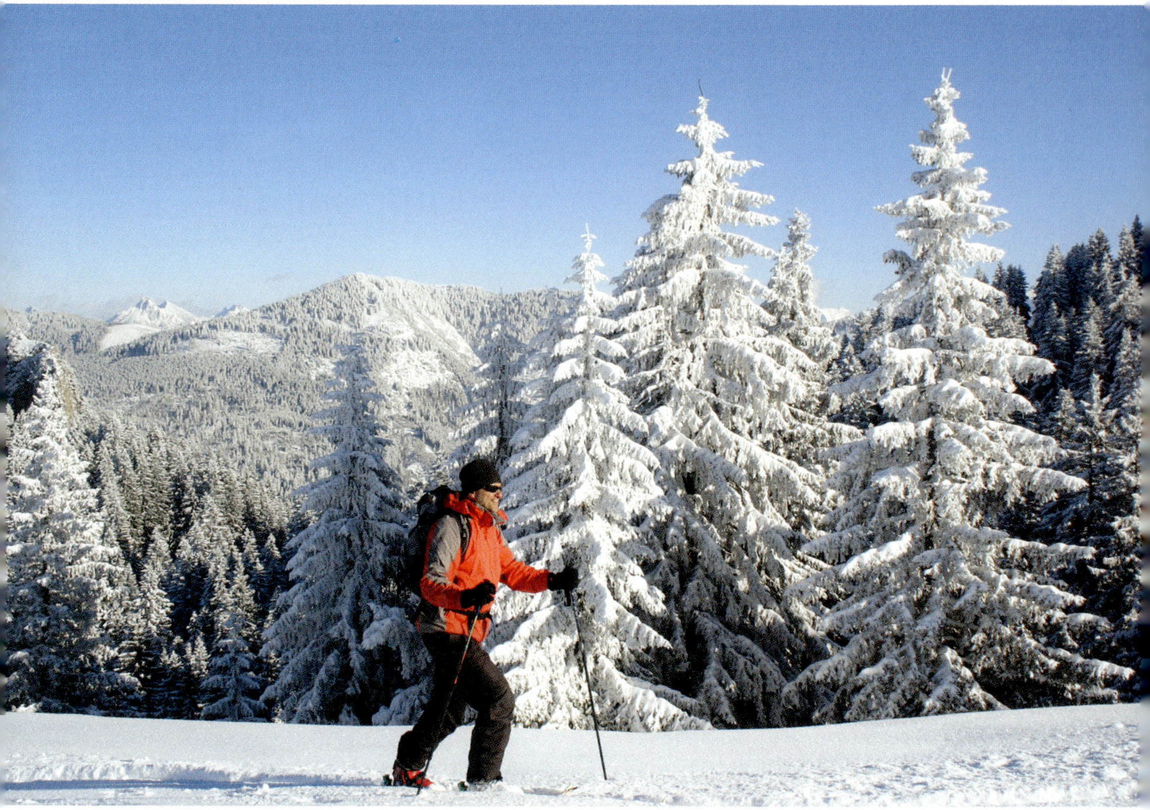

Bei der Querung kann man teilweise abseits der Piste durch den Tiefschnee spuren.

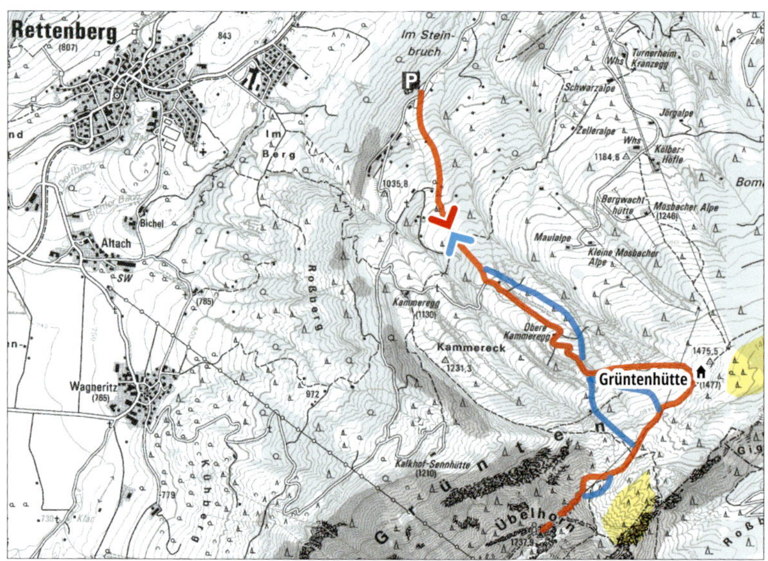

Höhenmeter	530 (Grünten: 790)
Gehzeit	1 ¼ Std. (Grünten: 2 ¼ Std.)
Hangexposition	West bis Nordwest bis zur Grüntenhütte, Anstieg zum Grünten nordostseitig
Höhenlage	950 – 1738 m

Tourencharakter Einfache und aussichtsreiche Tour im ehemaligen Skigebiet. Beim Anstieg zum Grünten muss der steile Gipfelhang oberhalb der präparierten Piste beachtet werden. Trittsicherheit auf dem Grat erforderlich (Gehgelände)!

Tourengelände Bis zur Grüntenhütte ideal geneigtes Wald- und Wiesengelände auf der aufgelassenen Piste. Dann kurze Pistenquerung zum steilen Gipfelaufbau des Grünten, der zuletzt über den leicht ausgesetzten Grat erklommen wird.

Skibergsteigen umweltfreundlich Wald-Wild-Schongebiet am Gipfelgrat und östlich der Grüntenhütte

Gefahrenpotential Gipfelhang am Grünten > 30° steil

Anfahrt

Auto A 96 Richtung Lindau, Ausfahrt Buchloe, B 12 nach Kempten, A 7, A 980 und B 19 Richtung Sonthofen / Oberstdorf, bei Immenstadt Abzweig St2006 und St2007 über Rettenberg nach Kranzegg, vor Ortsanfang rechts in den Kammeregger Weg zur aufgelassenen Piste

Ausgangspunkt Parkplatz an der ehemaligen Kammeregg-Liftstation

Navigation N 47.574702°, E 10.311313°

Einkehr / Übernachtung Grüntenhütte, täglich während des Skibetriebs (siehe After Work)

Info Gästeinformation Rettenberg, Bichelweg 2, Tel. + 49 83 27 / 920 40, www.rettenberg.de

Karte Kompass-Wk Allgäuer Alpen Kleinwalsertal, 1:50.000

AFTER WORK

Hütte Grüntenhütte (1477 m)
Aufstieg 1 ¼ Std.
Tourenabende Mi. + Fr. bis 22 Uhr
Telefon + 49 83 27 / 999 90 22
Web www.gruenten-huette.de

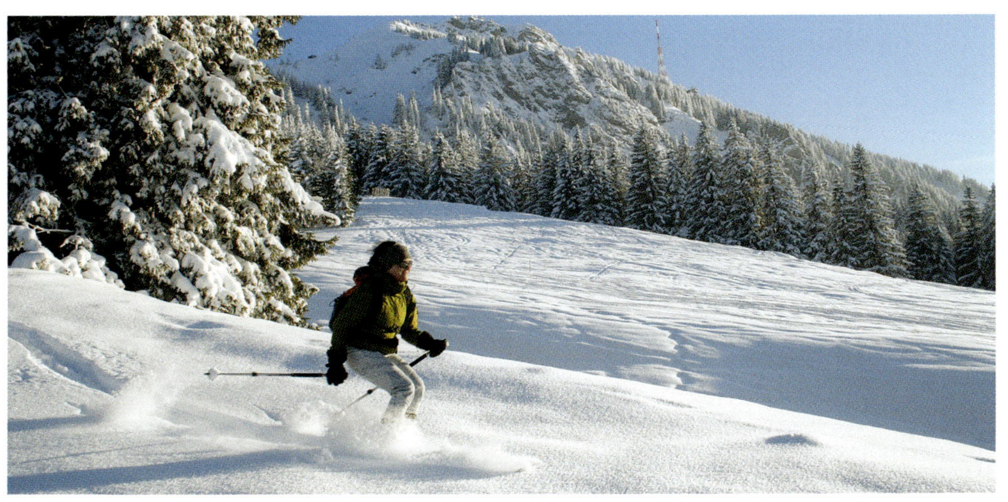

Pulverschneevergnügen am Fuß des Grünten

34 MÜHLBERG | 1320 m | Karwendelgebirge

Kurztrip auf der ehemaligen Mühlbergpiste

Die Gemeinde Scharnitz ist eher den Langläufern unter den Wintersportlern ein Begriff. Der Skibetrieb beschränkte sich auf die Lifte am Mühlberg und am Brand. Heute existiert nur noch der kleinere Brandlift, ein Übungshang direkt am südlichen Ortsausgang. Die Piste am Mühlberg wurde bereits 1996 mit der Einstellung des Liftbetriebs aufgelassen. Seitdem werden die Hänge als Skitourengelände genutzt und der Fahrweg zur ehemaligen Bergstation erfreut die Rodelfans.

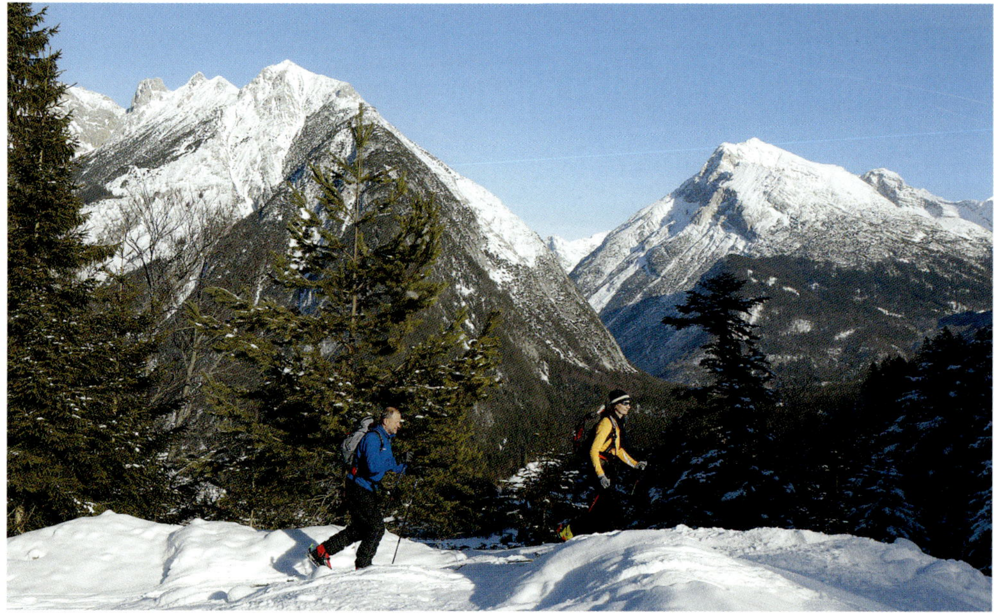

Gemütlicher Aufstieg gegenüber Brunnstein- und Pleisenspitze

Der Mühlberg ist ein ideales Nachmittagsziel für einen Familienausflug oder eine gemischte Wintersportgruppe. Die ehemaligen Pistenhänge sind mittlerweile schon etwas eingewachsen und erfordern eine höhere Schneelage. Bei unserem letzten Besuch mit nur 35 Zentimeter Schneehöhe waren die Abfahrtsbedingungen nicht mehr optimal. An der Schneehöhenmessstation unmittelbar neben der alten Bergstation lässt sich die Schneehöhe ganz exakt ablesen: Bei ausreichend Schnee garantiert die nordseitige Hangexposition ausgezeichneten, wenn auch kurzen, Abfahrtsspaß. Vielleicht gibt die wachsende Zahl der Skitourengeher Anlass, die Hänge wieder zu pflegen und diese gleichzeitig für einen umweltverträglichen Wintersport zu nutzen.

Aufstiegsweg

Vom Parkplatz der alten Talstation folgt man zunächst dem gekennzeichneten Snow-Shoe-Trail. Dieser führt uns am rechten Waldrand über den ersten Hang bis zur Rodelbahn. Man überquert den Fahrweg und steigt gegenüber durch lichten Wald weiter entlang der alten Pistenschneise empor. Im weiteren Verlauf quert die Rodelbahn mehrmals den Aufstiegshang. Unterhalb des Marendköpfl (1306 m) endet der untere Teil des Pistengeländes. Man folgt der Rodelbahn knapp 200 Meter nach Osten und erreicht den oberen, letzten Teil der ehemaligen Skihänge. Über den schon etwas eingewachsenen, aber ideal geneigten Hang hinauf zur alten Bergstation und Ziel unserer Spritztour. Alternativ kann man für den gesamten Aufstieg natürlich auch die Rodelbahn nutzen.

Abfahrt

Das Gelände am Mühlberg ist übersichtlich und bietet keine Möglichkeiten für großartige „Verhauer". Nach dem ersten Hang und kurzer Querfahrt auf dem Ziehweg schwingt man an der ersten Kurve gleich wieder in die freien Hänge hinein. Nur im untern Teil zwingt uns der dichtere Wald wieder nach links ins freie Gelände. Ein letztes Mal die Rodelbahn querend geht es über den Schlusshang und steilsten Teil der Abfahrt hinunter zum Parkplatz.

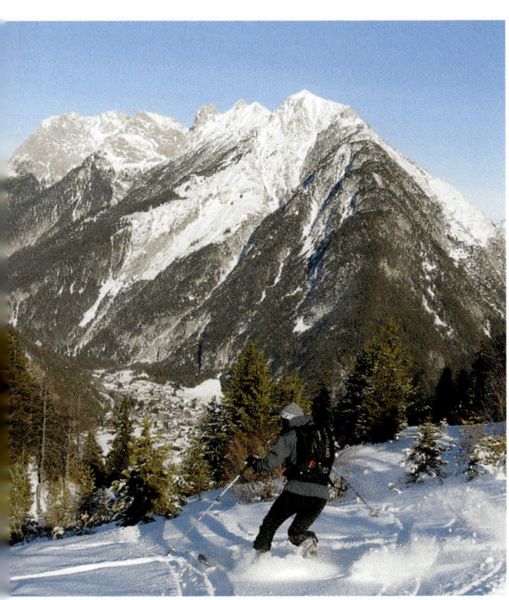

Im Telemarkschwung hinunter nach Scharnitz

Höhenmeter	340
Gehzeit	1 Std.
Hangexposition	Vorwiegend Nord
Höhenlage	980 – 1320 m

Tourencharakter Eine kurze Spritztour über eine ehemalige Skipiste, aufgrund der nordseitigen Ausrichtung jedoch meist sehr guter Schnee. Hohe Schneelage von Vorteil!

Tourengelände Nach einem kurzen steilen Aufschwung geht es über mäßig steile Hänge oder alternativ über die Rodelbahn zur ehemaligen Bergstation.

Gefahrenpotential Bis zur ehemaligen Bergstation keine objektiven Gefahren

Anfahrt

Auto A 95 und B 2 über Garmisch-Partenkirchen und Mittenwald nach Scharnitz, am südwestlichen Ortsende biegt man in den Mühlbergweg ein, überquert die Gleise und fährt nach rechts bis zum Ende der Straße

Ausgangspunkt Parkplatz am Straßenende von Scharnitz

Navigation N 47.383023°, E 11.255879°

Info Auf den Mühlberg führt auch eine sehr schöne und wenig frequentierte Rodelbahn.

Karte AV-Karte Nr. 5/1, Karwendelgebirge, Westliches Blatt, 1:25.000

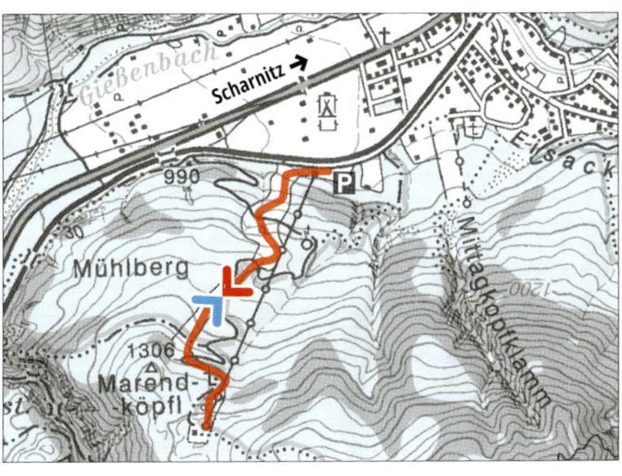

35 RAUTHHÜTTE | 1605 m | Mieminger Berge

AW Eldorado für Einsteiger und Genießer

Seit Stilllegung des Munde-Skilifts im Jahr 2003 bietet die aufgelassene Piste unterhalb der Rauthhütte perfekte Bedingungen für eine landschaftlich überaus reizvolle Skitour. Ein Hochgenuss für Einsteiger, da der Hüttenwirt die Piste abschnittweise präpariert und somit meist passable Abfahrtsbedingungen vorherrschen. Ein knapp dreiminütiges Video auf der Hütten-Homepage stimmt mit aussagekräftigen Bildern auf die Skitour ein. Die Hütte ist dank ihrer großzügigen Sonnenterrasse und der fehlenden Sperrstunde sowohl tagsüber als auch abends eine vielbesuchte Adresse.

Aufstiegsweg

Direkt vom Parkplatz geht es in südliche Richtung entlang der ehemaligen Skipiste in angenehmer Steigung bergan. Am Fuß des breiteren Hangs setzt man den Anstieg wahlweise per Direttissima am Pistenrand oder auf dem in Serpentinen angelegten Hüttenweg fort. Auf etwa 1360 Metern Höhe wendet sich die Route in nordwestliche Richtung, bis mit herrlichem Blick auf die Hohe Munde der schön kupierte Schlusshang erreicht wird. Hier hält man sich am besten links auf der ehemaligen Schlepplifttrasse und wandert im Bogen auf die sichtbare Rauthhütte zu.

Bei schönem Wetter liegen bereits etliche Genießer in den Liegestühlen mit Blickrichtung Kalkkögel sowie Stubaier und Zillertaler Alpen; der Blick auf das imposante Wettersteingebirge rundet den fulminanten Panoramablick ab. Bei etwaigem Hunger ist eine Kleingruppe mit dem Kaiserschmarrn aus der Riesenpfanne gut versorgt. Und den abendlichen Gästen ist beste Stimmung in der warmen Stube garantiert, denn gemütlich beisammensitzen und feiern – Höhepunkt Silvester! – gehört zur Lebensmaxime der gastfreundlichen Hüttencrew.

Abfahrt

Stets auf der aufgelassenen Piste in der breiten Waldschneise mit möglichen Tiefschnee-Varianten am Rand. Herrliche Bodenwellen am freien Osthang unterhalb der Hütte!

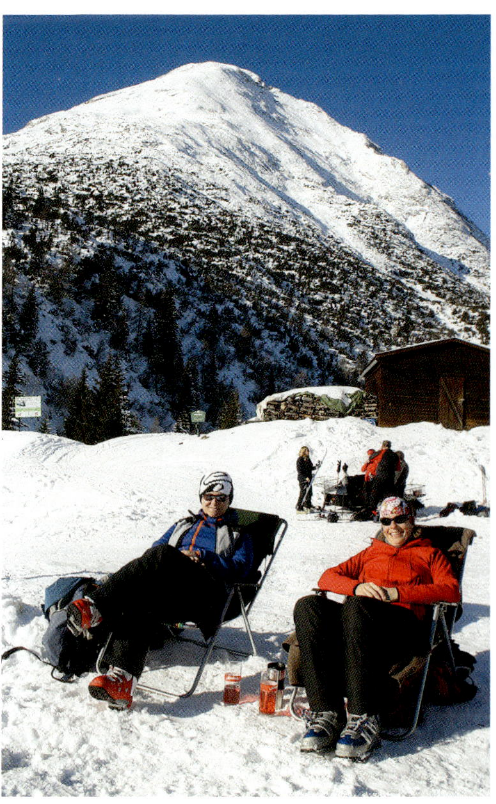

Die Rauthhütte liegt am Fuß der imposanten Hohen Munde. Sonnenterrasse und ...

35

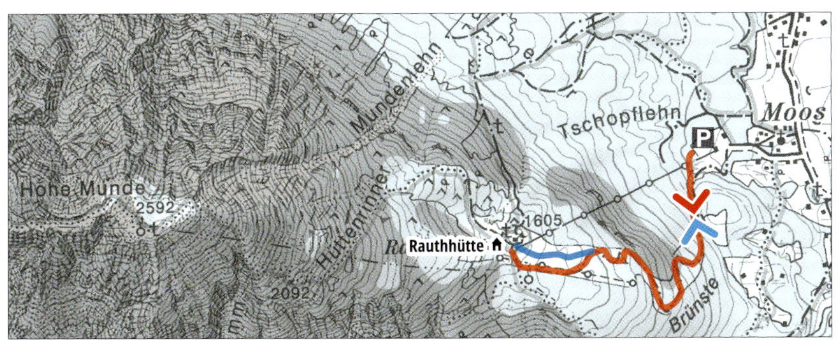

AFTER WORK

Hütte Rauthhütte (1605 m)
Aufstieg 1 ¼ Std.
Tourenabende Di. – Sa. bis 22 Uhr
Telefon +43 664/281 56 11
Web www.rauthhuette.at

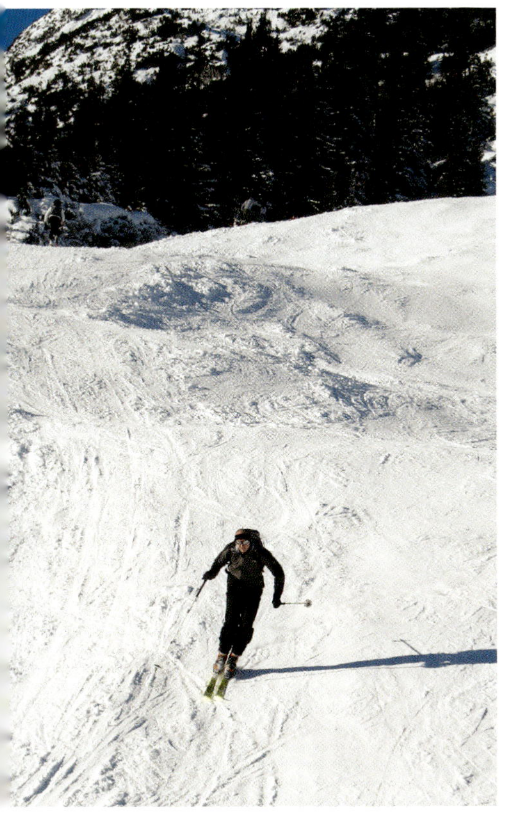

... Abfahrtsvergnügen liegen hier dicht beieinander.

Höhenmeter	440
Gehzeit	1 ¼ Std.
Hangexposition	Von Nord auf Ost/Südost drehend
Höhenlage	1165 – 1605 m

Tourencharakter Sehr beliebte, landschaftlich reizvolle Tour mit großartigem Panoramablick von der täglich geöffneten Rauthhütte. Partielle Pistenpräparierung

Tourengelände Mit zunehmender Höhe lichtet sich der anfangs dichte Wald. Mäßig steiles Gelände mit einzelnen Nadelöhren bei wenig Schnee

Gefahrenpotential Aufgrund des schützenden Waldes und des gut gegliederten Geländes im oberen Bereich eher gering

Anfahrt

Auto A 95 und B 2 über Garmisch-Partenkirchen bis Ausfahrt Mittenwald, St 2042 in das Ortszentrum, L 14 bis Weidach im Leutaschtal, L 35 nach Platzl, nach der Bachbrücke rechts über Obern zum beschilderten Abzweig im Moos

Ausgangspunkt Gebührenpflichtiger Parkplatz (2 €) am ehemaligen Mundelift

Navigation N 47.349495°, E 11.118636°

Einkehr / Übernachtung Rauthhütte, täglich geöffnet (siehe After Work)

Info Informationsbüro Leutasch, Weidach 320, Tel. +43 508 80-10, www.seefeld.at

Karte AV-Karte 4/2, Wetterstein- und Mieminger Gebirge Mitte, 1:25.000

36 BIRGITZKÖPFLHAUS | 2035 m | Sellrain

AW Tiefschneeparadies für Anfänger

Auf dem Pistenplan des Axamer-Lizum-Skigebiets liegt das Birgitzköpflhaus am äußersten linken Rand – nur eine kurze Steilabfahrt führt nordwärts in die Götzner Grube. Bei genauerem Hinsehen erkennt man jedoch eine gestrichelte Linie hinab zur Birgitzer Alm, die wohl ein geplantes Projekt markieren soll. Auf unserer wunderschönen aufgelassenen Piste! Bleibt zu hoffen, dass sich die Wünsche der Pistenbetreiber nicht erfüllen und die Traumabfahrt den Tourengehern vorbehalten bleibt ...

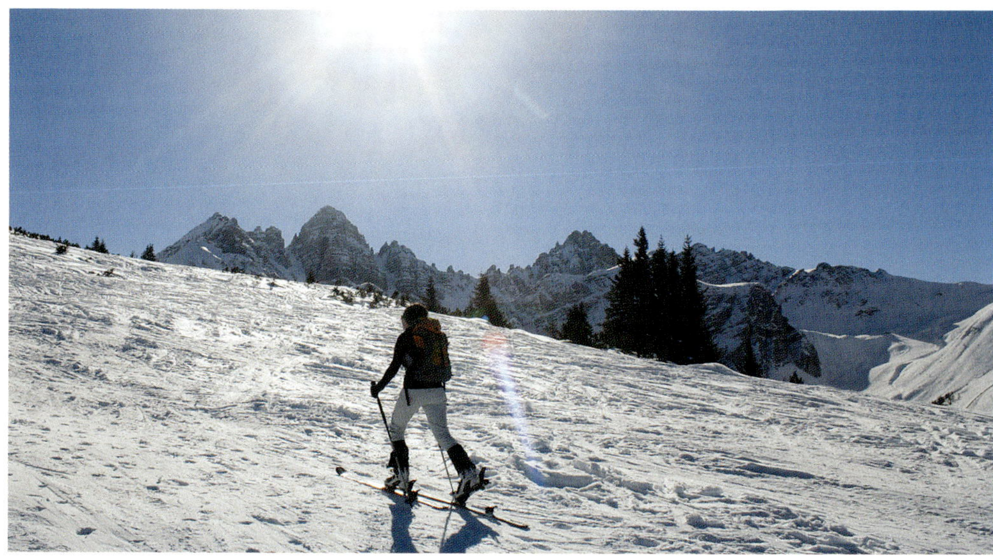

Beim Anstieg zum Birgitzköpfl lehnt sich das Gelände immer weiter zurück.

Aufstiegsweg

Vom Parkplatz geht es auf der Rodelbahn eine Zeitlang ostwärts und später in Kehren zu einer markanten Waldlichtung. Bei guter Schneelage und falls man später aufbricht, empfiehlt sich zwecks entgegenkommender Rodler die Abkürzung auf jener markanten Wegtrasse, die bereits am Parkplatz rechts abzweigt und die Rodelbahn später kreuzt. In einer Höhe von ca. 1620 Metern öffnet sich eine breite Waldschneise, die in sehr angenehmer Steigung, die Rodelbahn dreimal kreuzend, direkt zur Birgitzer Alm (1808 m) hochführt. Die Einkehr bietet schmackhafte Knödelgerichte und hausgemachte Kuchen. Auch im Gästebuch der Alm-Website wird die Küche sehr gelobt.

Oberhalb der Alm geht es in nordöstlicher Richtung über den fast durchwegs sanften und waldfreien Hang empor. Je höher man steigt, desto mehr flacht der fast in ein Hochplateau übergehende Geländebuckel ab, mit jedem Meter hebt sich die felsige Saile vom schneeweißen Vordergrund ab. Mit Erreichen der Anhöhe erkennt man rechterhand das Gipfelkreuz des Birgitzköpfls (1982 m) mit den bizarren Felswänden der Kalkkögel als fotogenen Hintergrund. Vom Gipfel ist die

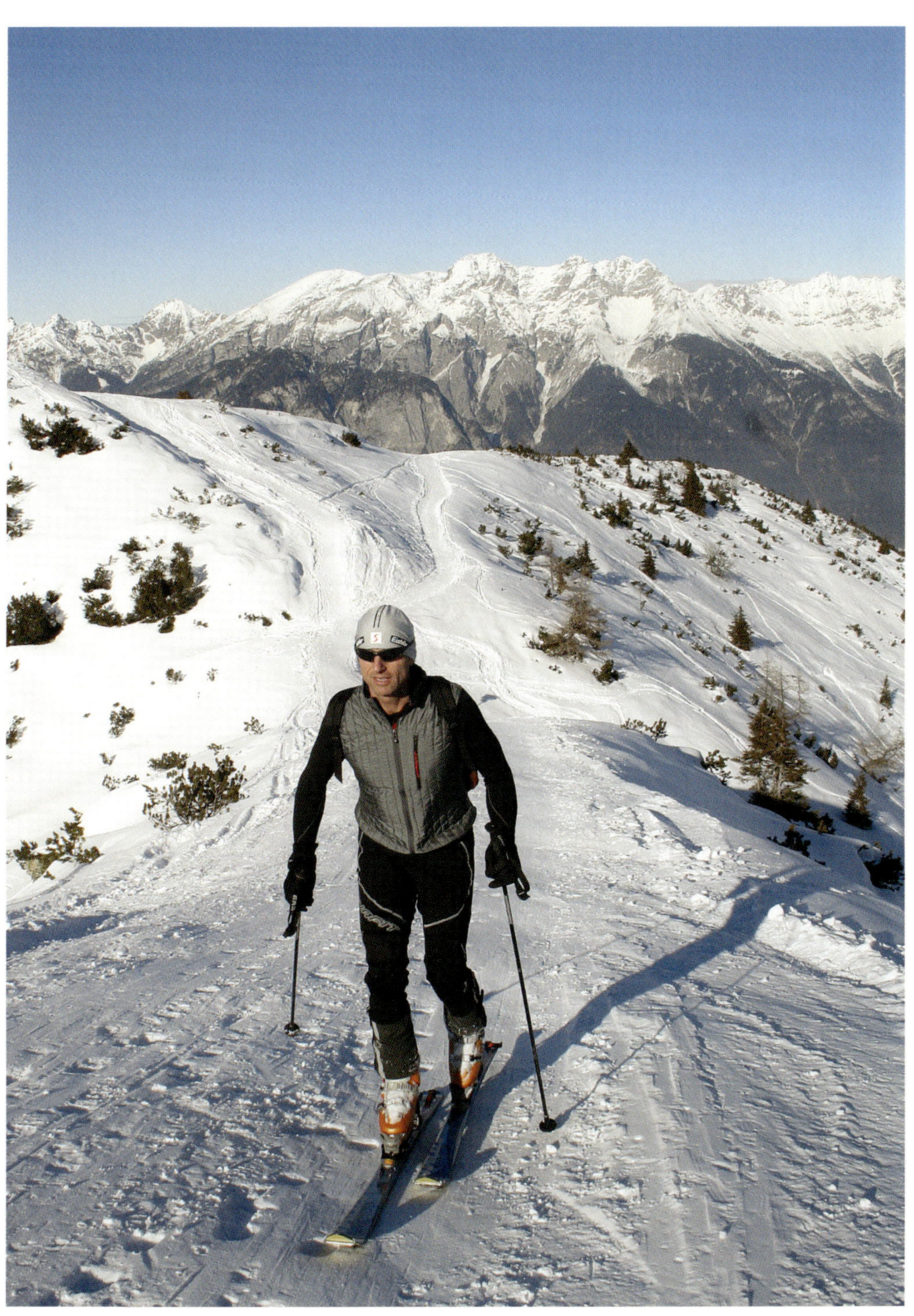

Skitourensportler auf dem Weg zum Birgitzköpflhaus

36 BIRGITZKÖPFLHAUS | 2035 m | Sellrain

Reststrecke bis zum Bigitzköpflhaus (2035 m) vorgegeben: Man hält sich nach kurzer Abfahrt stets am Geländerücken und folgt, einmal auf die abschüssige Westseite ausweichend, der zuletzt steilen Trasse bis zur auf einem Geländeabsatz thronenden ehemaligen Einkehr.

Willkommen im Skigebiet: Nach der angenehmen Ruhe des Aufstiegs ist man am ehemals bewirtschafteten Birgitzköpflhaus selten allein. Der Ausblick von der Terrasse vor allem auf die Hoadl-Skipisten (siehe Tour 23) ist zugegebenermaßen eindrucksvoll, und auch die vereinzelten Tourengeher bei ihrem Aufstieg durch die Steilflanken der Saile zu beobachten, hat seinen Reiz.

Abfahrt

Will man sich vom Birgitzköpflhaus die skitechnisch wenig reizvolle Querung zum Birgitzköpfl entlang der Aufstiegsspur sparen, fährt man den präparierten Pisten-Nordhang in die Götzner Grube ab, um links auf dem sichtbaren Weg etwa 40 Höhenmeter zum Plateau hochzuspuren. Die folgende Abfahrt zur Birgitzer Alm bietet dank der enormen Breite des Hangs zahlreiche Möglichkeiten!

Von der Birgitzer Alm schwingt man weiter genussvoll über die schön geneigten Hänge der Waldschneise ab. Im unteren Teil wechselt man zur Schonung des Waldes besser auf die Rodelbahn – es sei denn, es liegt ausnahmsweise mal richtig viel Schnee für ein standesgemäßes Finale auf dem direkten Waldweg!Wer sich mit „Pistlern" im Axamer-Lizum-Skigebiet verabreden oder mit dem Skibus zum Ausgangspunkt zurückfahren mag, kann natürlich vom Birgitzköpflhaus auch direkt über die steile Buckelpiste zum zentralen Parkplatz abfahren (450 Höhenmeter).

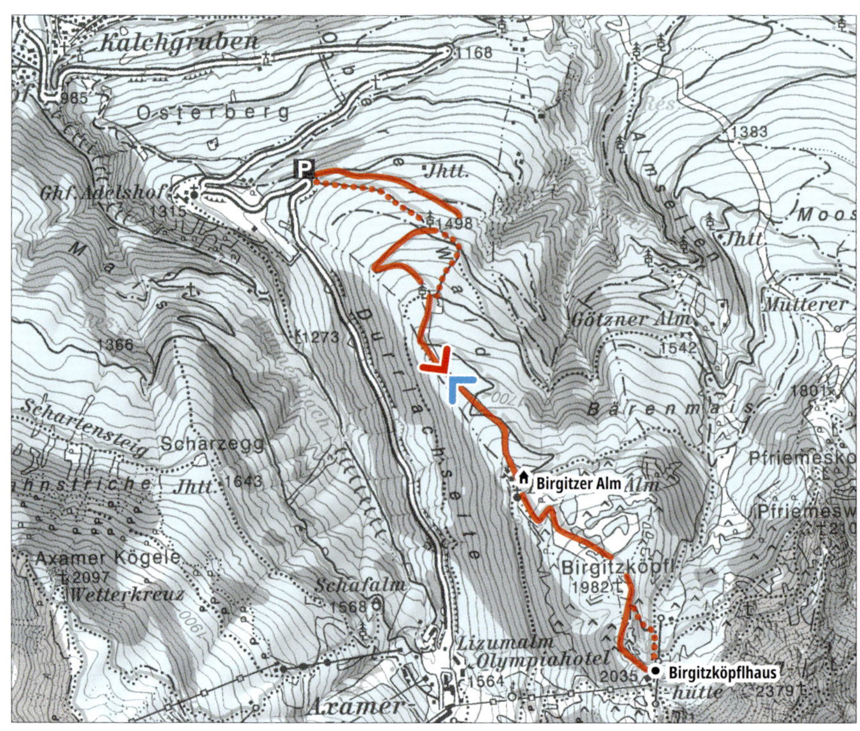

Höhenmeter	700
Gehzeit	2 Std.
Hangexposition	Nord bis Nordwest
Höhenlage	1370 – 2035 m

Tourencharakter Landschaftlich großartige, bei guten Sichtverhältnissen durchwegs einfache Tour mit Gipfelkreuz und zwei After-Work-Hütten abseits der Skilifte

Tourengelände Bis zur Birgitzer Alm Waldwege und Waldschneisen, dann offenes und weitläufiges Wiesengelände, wo es bei Nebel Orientierungsschwierigkeiten geben kann!

Gefahrenpotential Dank des insgesamt flachen Geländes eher gering. Zwischen Birgitzköpfl und Birgitzköpflhaus quert man jedoch kurze Steilhänge.

Anfahrt

Auto A95 und B2 nach Garmisch-Partenkirchen, B2 nach Scharnitz, B177 über Zirl Richtung Innsbruck, L394 nach Axams, Hoadlstraße Richtung Skigebiet Axamer Lizum bis Adelshof

ÖPNV Skibus Nr. 4162-1 ab Innsbruck Hauptbahnhof bis Adelshof

Ausgangspunkt Kostenloser Parkplatz an der ersten Straßenkehre oberhalb des Adelshofs

Navigation N 47.21795°, E 11.294761°

Einkehr Birgitzer Alm, täglich geöffnet (siehe After Work)

Karte AV-Karte 31/5, Innsbruck, 1:50.000

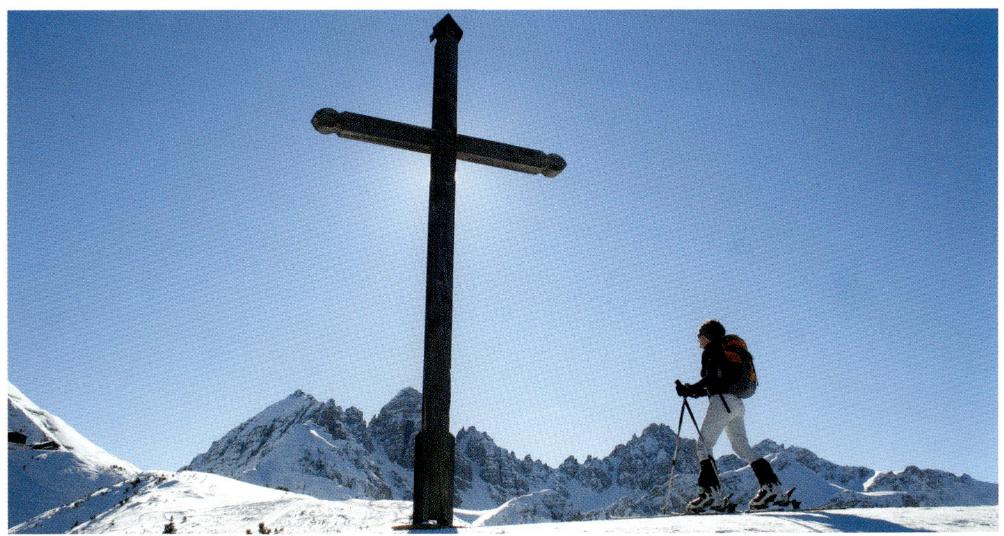

Am kreuzgeschmückten Gipfel kann man endgültig den Blick auf die Kalkkögel genießen (am linken Bildrand ist das Birgitzköpflhaus erkennbar).

AFTER WORK

Hütte Birgitzer Alm (1808 m)

Aufstieg 1 Std.

Tourenabende Mi. bis 22 Uhr, Do.-Sa. bis 19 Uhr

Telefon +43 664/5970026

Web www.birgitzeralm.at

37 SATTELBERG | 2115 m | Brenner Berge

AW Naturerlebnis in verkehrsgünstiger Lage

Das Wipptal mit seinen Seitentälern bietet eine Vielzahl an einfachen Tourenmöglichkeiten – sowohl für Anfänger als auch für Könner ist der Sattelberg jedoch eine äußerst genussreiche Empfehlung. Die ehemalige Liftanlage zur Sattelbergalm wurde 2006 stillgelegt und die Talstation bereits rückgebaut. Die Wegfindung ist einfach und der gesellige Wirt der Sattelbergalm – in den Karten noch vielfach als Sattelalm bezeichnet – kümmert sich nicht nur um die ehemalige Piste, sondern präpariert auch eine Rodelbahn, die hinunter zur Kirche von Vinaders führt.

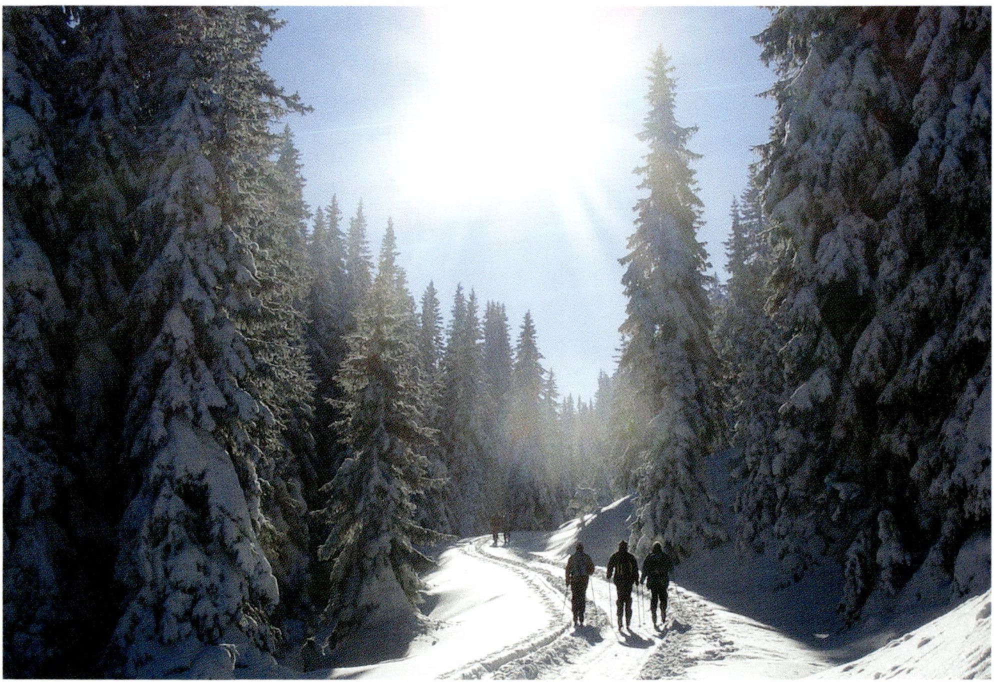

Forstwegbummel oberhalb der Sattelbergalm

Der Ausgangspunkt direkt an einem der mächtigen Brückenpfeiler unter der Brennerautobahn lässt zunächst weder ein Landschafts noch ein Naturerlebnis erwarten. Auch sollte man sich vom Wochenendandrang am Parkplatz nicht abschrecken lassen, das weitläufige Gelände bis zum Gipfel verträgt auch einige Mitstreiter. Nach dem Aufbruch unter einer der meistbefahrenen Alpentrassen wandert man bereits wenige Minuten später mit etwas Glück durch tiefverschneiten Nadelwald Richtung Sattelbergalm. Der Sattelberg-Gipfel ist eine ideale Aussichtskanzel zum Tuxer Hauptkamm mit Wolfendorn, Kraxentrager und Hohe Wand sowie zu den Zillertaler Gletschern mit dem Olperer. Nach Nordwesten blickt man in die Stubaier Alpen und in das Tourengebiet des Obernberger Tals, das uns direkt zu Füßen liegt.

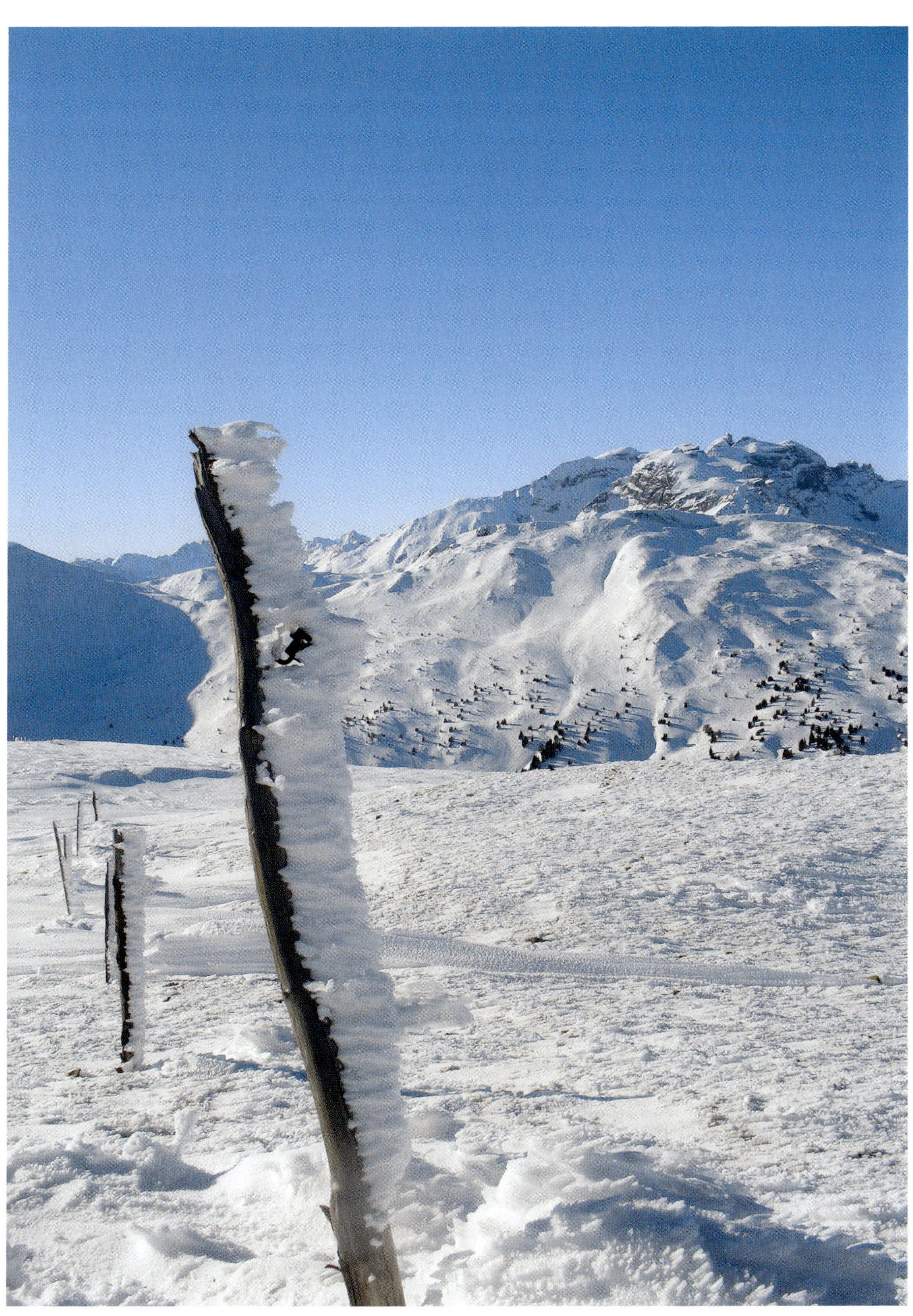

„Windfahne“ am Sattelberggipfel

37 SATTELBERG | 2115 m | Brenner Berge

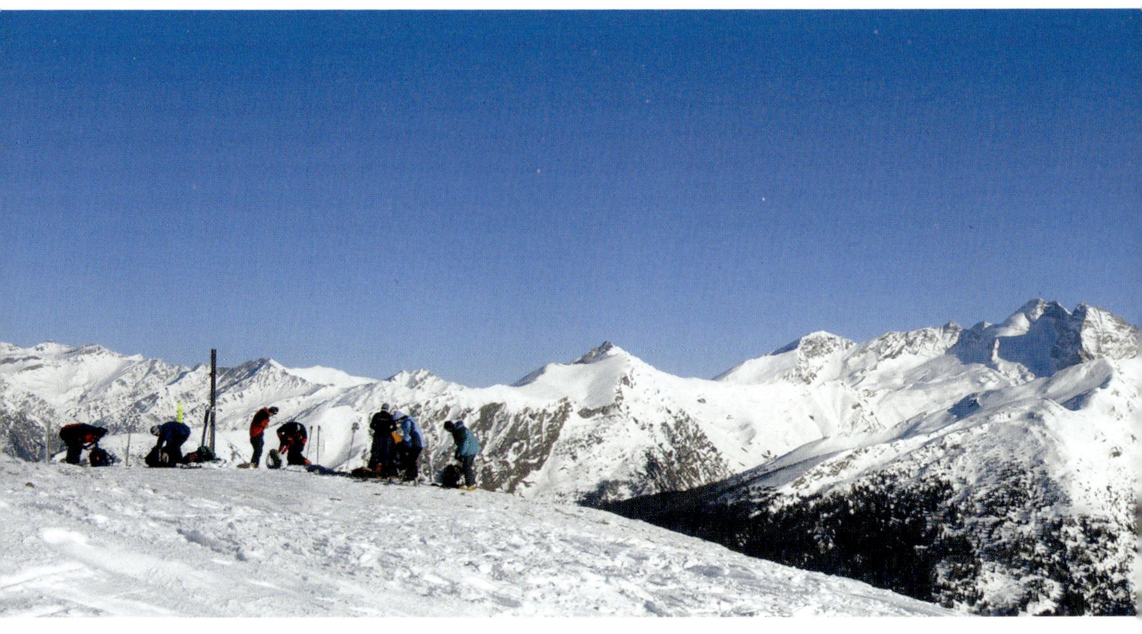

Das flache Gipfelplateau mit dem Panorama der Tuxer Alpen

Aufstiegsweg

Vom Parkplatz geht es südöstlich über den ersten Hang hinauf zu einem Bauernhof. Etwas oberhalb kann man – eine gute Schneelage vorausgesetzt – bereits nach wenigen Metern rechts in den Wald abzweigen und dem Sommerweg zur Sattelbergalm folgen. Ansonsten hält sich der Aufstiegsweg entlang der ehemaligen Pistentrasse. Am Hochplateau der Sattelbergalm (1633 m) wendet man sich kurz nach rechts (Südwesten) der steileren ehemaligen Gipfelabfahrt zu. Wir steigen jedoch nicht über den steilen Hang hinauf, sondern folgen den gelben Hinweisschildern und dem fast eben verlaufenden Forstweg weiter nach Südost Richtung Brenner. Nach gut 500 Metern zweigt auf einer Höhe von 1690 Metern ein Wanderweg ab, der uns in einem weiten Rechtsbogen bis zur Waldgrenze hochführt. Nun zum Schlussanstieg über einen wenig ausgeprägten Rücken in westlicher Richtung zum Gipfel. Am stählernen Gipfelkreuz lässt sich das eingangs beschriebene Panorama in Ruhe genießen.

Abfahrt

Die Abfahrtsroute ist durch die ehemalige Skipiste vorgegeben. Der Gipfelhang hinunter zur Sattelbergalm bietet im oberen Bereich noch viele Variationen, der untere Bereich kurz vor der Alm hat dagegen manchmal schon Buckelpistencharakter. Wenn man diese gemeistert hat, freut man sich umso mehr auf den wohlverdienten Einkehrschwung in der Alm. Anschließend carven wir auf der ehemaligen Piste lässig hinunter zum Parkplatz.

AFTER WORK

Hütte Sattelbergalm (1633 m)
Aufstieg 1 Std. (450 Hm)
Tourenabende Di. bis Sa.
Telefon +43 5274/87717
Web www.sattelbergalm.at

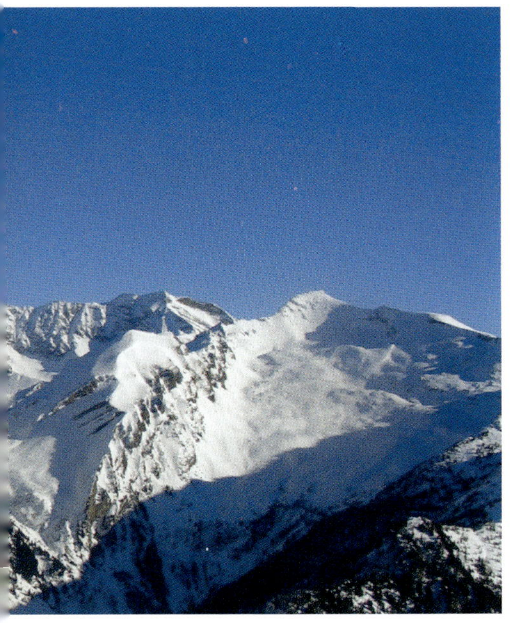

Höhenmeter	920
Gehzeit	2 ½ Std.
Hangexposition	Nordwest, Nordost
Höhenlage	1196 – 2115 m

Tourencharakter Sehr beliebte Skitour über eine aufgelassene Piste. Bis zur gemütlichen Sattelbergalm eine Tour für alle Fälle.

Tourengelände Durchweg leichte, im oberen Teil mittelsteile Pisten. Im Aufstieg wird der Steilhang zwischen Sattelbergalm und Gipfel über einen schönen, mäßig steilen Waldweg umgangen.

Gefahrenpotential Bis zur Sattelbergalm keine objektiven Gefahren. Der Gipfelhang ist bis 30° steil. Häufig Windverfrachtungen, jedoch fast immer pistenartig eingefahren

Skibergsteigen umweltfreundlich Wald-Wild-Schongebiet nördlich unterhalb des Sattelberggipfels

Anfahrt

Auto Von Innsbruck auf der A 13 Richtung Brenner, Ausfahrt Matrei / Steinach, L 182 nach Gries am Brenner, im Ort rechts Richtung Obernberg bis zur Autobahnbrücke

ÖPNV Bus Nr. 4143 ab Steinach a. Brenner Bhf. bis Gries a. Brenner, Gasthof Sprenger (weiter 200 m Richtung Vinaders)

Ausgangspunkt Gebührenpflichtiger Parkplatz direkt unter der Brennerautobahnbrücke (Achtung: Parkautomat nur unten)

Navigation N 47.033982°, E 11.477395°

Einkehr / Übernachtung Sattelbergalm, täglich geöffnet (siehe After Work)

Info Tourismusverband Wipptal, Tel. +43 5272 / 6270, www.wipptal.at

Karte AV-Karte Nr. 31 / 3, Brennerberge, 1:50.000

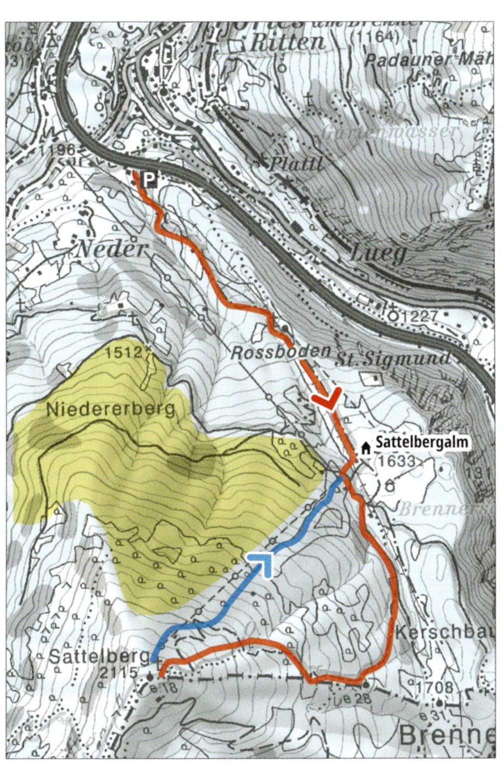

38 PURTSCHELLERHAUS | 1750 m | Berchtesgadener Alpen

Kurztrip am Fuße des Hohen Göll

Der Salzburger Turnlehrer und Alpinist Ludwig Purtscheller (1849-1900) war nicht nur Erstbesteiger des Kilimandscharo, sondern zählte mit mehr als 1700 Gipfelbesteigungen in 51 Lebensjahren auch zu den besten Alpenkennern seiner Zeit. Diese unglaubliche Zahl ist für uns Wochenend-Alpinisten nur sehr schwer erreichbar. Wer solche Ambitionen hegt, sollte die folgende Tour lieber auslassen, sie führt uns nämlich auf keinen „richtigen" Gipfel. Das geschichtsträchtige, dem Salzburger Alpinisten gewidmete Haus am Hohen Göll ist nur von Mai bis Oktober geöffnet: Der kuriose deutsch-österreichische Grenzverlauf am Hüttenboden kann somit nur von den Sommergästen in Augenschein genommen werden. Die beeindruckende Bergkulisse lohnt den Ausflug zum Eckerfirst aber allemal.

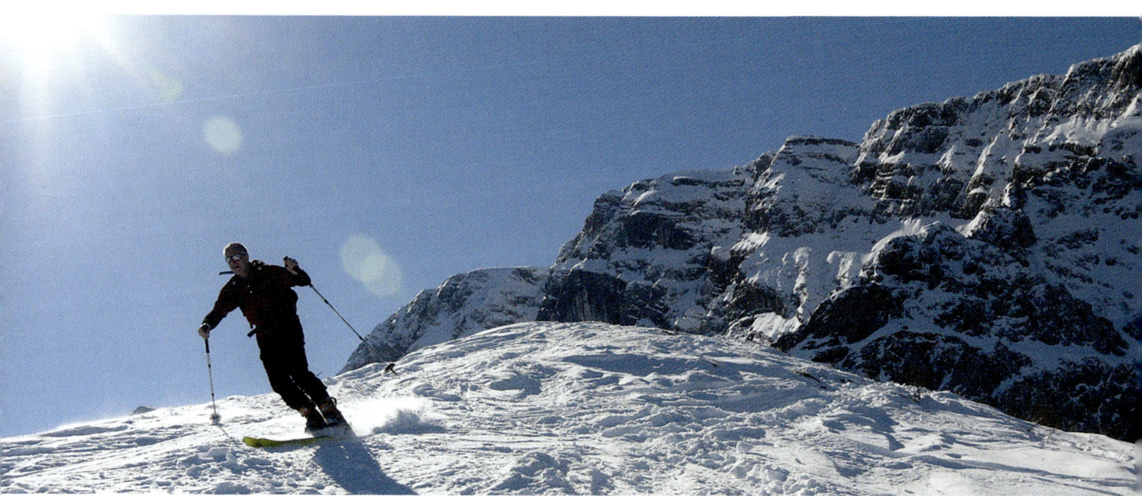

Abfahrt am Eckerfirst – im Hintergrund der Hohe Göll

Aufstiegsweg

Ausgangspunkt ist der kleine Parkplatz (Höhentafel 1200 m) an der Rossfeldstraße. Gleich hinter der Schnapsbrennerei Enzianhütte zieht die Aufstiegsspur in den breiten freien Hang. Den gesamten Hang ausnutzend gelangt man so ohne große Mühen zur Eckeralm (1420 m), die auf einem Plateau über dem ersten Aufschwung liegt. Zwischen den kleinen Almgebäuden hin durch leitet der Aufstieg weiter in südöstliche Richtung. Der zunächst noch flache Wiesenhang wird nun zunehmend steiler. In ca. 1530 Metern Höhe verlassen wir die nun enger werdende Waldschneise. In mehreren Kehren geht es durch lichten Wald zum Rücken unterhalb des Purtschellerhauses. Hier bietet sich ein kurzer Seitenblick in die ostseitigen, oft lawinengefährdeten Steilhänge unterhalb der Hütte. Wir wenden uns wieder nach Süden in kürzeren Kehren dem Hüttenanstieg (Sommerweg) zu. An der Hütte vorbei gehen wir am Eckerfirst entlang in Richtung der imposanten Felsaufschwünge des Hohen Göll. Am Ziel angelangt genießen wir die phantastische Rundsicht vom Kehlstein über den Berchtesgadener Hochthron bis zum Rossfeld.

Höhenmeter	550
Gehzeit	1 ½ Std.
Hangexposition	Nord, Nordwest
Höhenlage	1200 – 1750 m

Tourencharakter Kurze, aber landschaftlich sehr beeindruckende Tour am Fuß des Hohen Gölls. Im oberen Teil unterhalb des Purtschellerhauses etwas steiler

Tourengelände Vom Parkplatz weg über freie, mittelsteile Hänge hinauf. Auf halber Höhe zwischen Ecker Alm und Purtschellerhaus lichter Wald und oberhalb des Purtschellerhauses wieder ein freier Rücken (Eckerfirst)

Skibergsteigen umweltfreundlich Wald-Wild-Schongebiet westlich der Aufstiegsroute unterhalb des Purtschellerhauses

Gefahrenpotential Der kurze licht bewaldete Rücken unterhalb des Purtschellerhauses ist bis 30° steil.

Anfahrt

Auto A 8 Salzburg, Ausfahrt Bad Reichenhall / Berchtesgaden, in Berchtesgaden Richtung Obersalzberg, Kehlsteinhaus, Rossfeldstraße, dem Schild Rossfeldstraße nach rechts zur Mautstelle Süd folgen und ca. 3 km bis zur Enzianhütte (Brennerei)

Ausgangspunkt Kleiner Parkplatz vor der Enzianhütte

Navigation N 47.618482°, E 13.067757°

Tipp Aufgrund der Kürze der Tour bietet sich an, noch zum Kehlsteinhaus zu gehen oder die Tour Nr. 3 auf das Rossfeld anzuschließen.

Info
- Skigebiet: www.rossfeld.info
- www.berchtesgaden.com

Karte AV-Karte BY 22, Berchtesgaden, 1:25.000

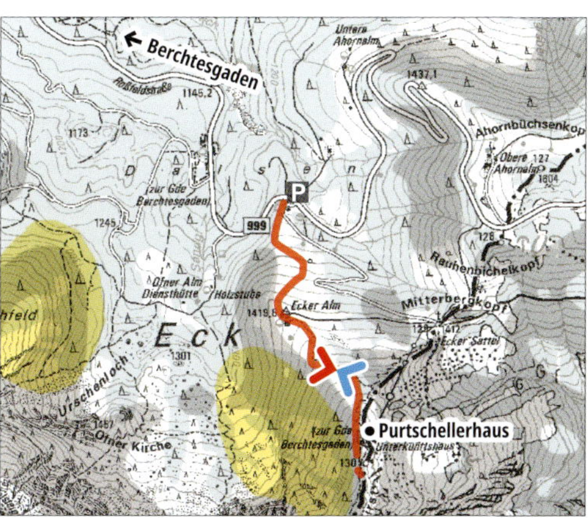

Abfahrt

Die Abfahrt führt zunächst entlang der Aufstiegsspur. Kurz unterhalb der Hütte geht es etwas hakelig nordwestlich in die Waldschneise. Ab hier dann Abfahrtsvergnügen pur bis zur Enzianhütte

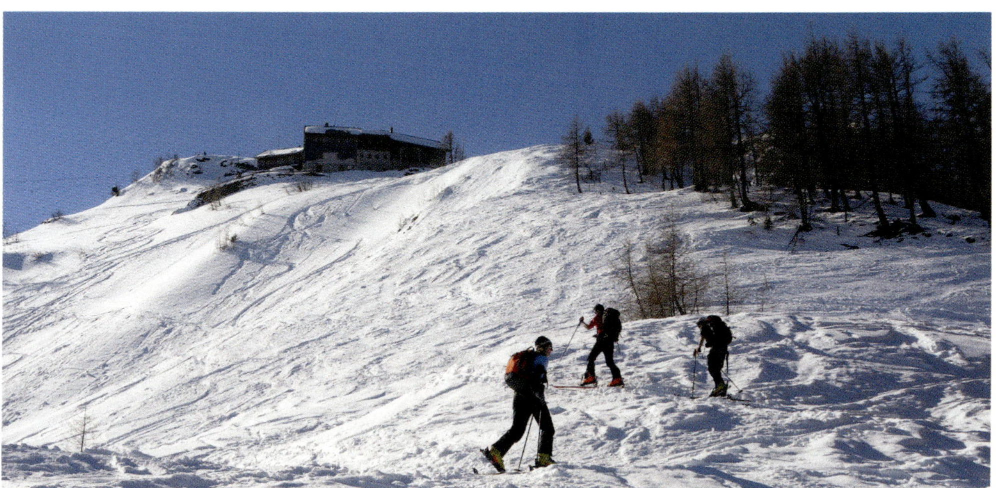

Unterhalb des Purtschellerhauses

39 GEIGELSTEIN | 1808 m | Chiemgauer Alpen

Multitalent Geigelstein: Von der Rennpiste zum Touren- und Naturschutzgebiet

Dem einen oder anderen Skibegeisterten werden die Namen Christa Kinshofer und Frank Wörndl vielleicht geläufig sein. Den jungen Tourengeher erinnert nur die mittlerweile reichlich verblasste Hinweistafel am Beginn unserer Aufstiegsroute an die Sieger der Deutschen Alpinen Skimeisterschaften von 1979. Ja, wir bewegen uns auf dem historischen Gelände der Slalomartisten der 1970er Jahre. Die nach heutigen Maßstäben des Skirennsports eher gemächlichen Hänge unterhalb der Wuhrsteinalm können ohne Bedenken auch von Touren-Neulingen in Angriff genommen werden.

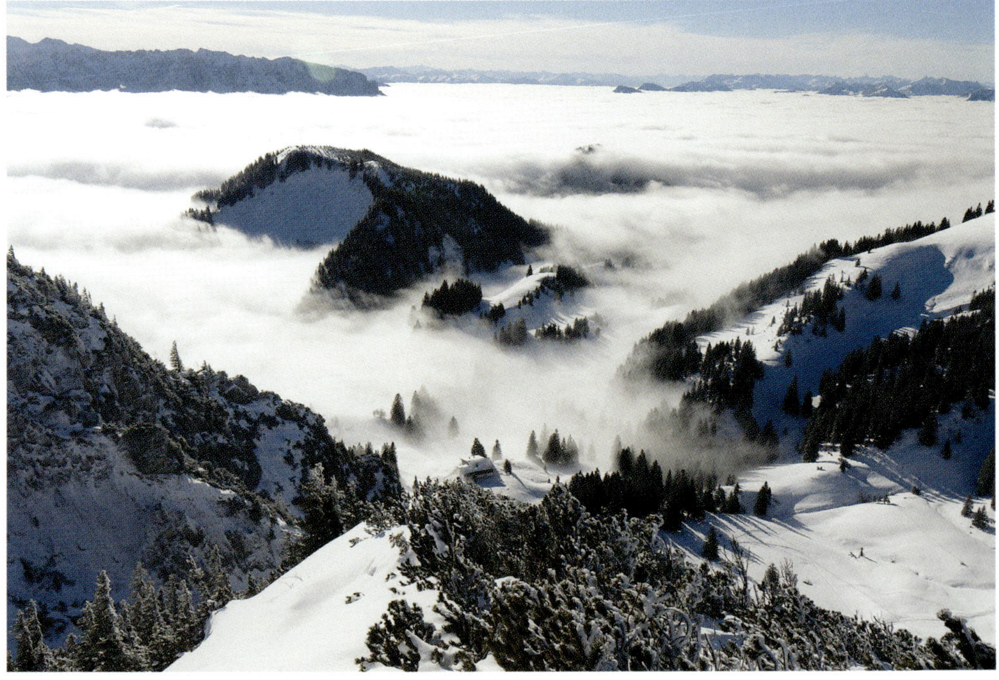

Die letzten Höhenmeter Fußmarsch zum Gipfel

Während sich die Tour bis zur Wuhrsteinalm auch bei weniger günstigen Verhältnissen durchführen lässt, wird oberhalb die Aufstiegsroute von zunehmend steileren Hängen flankiert. Zwischen Wirtsalm und dem Sattel unterhalb des Gipfels, in unserem Fall auch Skidepot, weist die Route etwas mehr als 30 Grad Hangneigung auf. Die Befahrung des steilen Gipfelhanges bleibt den sogenannten Spezialisten bei entsprechend guten Verhältnissen vorbehalten.

Der Geigelstein ist ein skibergsteigerischer Alleskönner: Früher Rennpiste, heute Tourengelände und nicht zu vergessen seit 1991 auch Naturschutzgebiet. Dies aber führte ge-

39

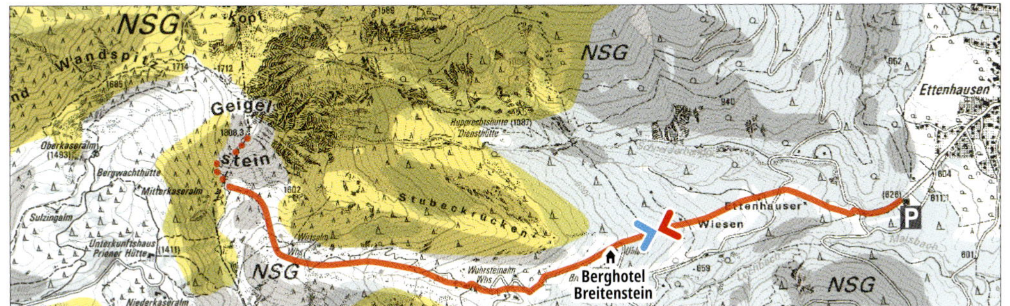

rade im Winter immer wieder zu erheblichen Interessenskonflikten, da mit Auerhahn, Birkhuhn, Haselhuhn und Schneehuhn alle vier vom Aussterben bedrohten Raufußhühner neben einer ganzen Reihe anderer Wildtiere im Naturschutzgebiet Geigelstein heimisch sind.

Das Projekt des Deutschen Alpenvereins „Skibergsteigen umweltfreundlich" erarbeitete mit vielen Beteiligten aus Ministerien, Verbänden und vor allem den Beteiligten vor Ort feste Regelungen, um die Bedürfnisse der winterlichen Tourengeher mit den Belangen des Natur-und Wildschutzes zu vereinen. Ergebnis ist die seit 2009 gültige Verordnung zum Schutz der Winterruhezonen. Mehrere Schautafeln im Gelände geben dazu detaillierte Hinweise. Da man die Wildtiere auch zu lebensbedrohlichen Fluchtreaktionen zwingt, ohne sie zu sehen, ist das Einhalten dieser Schutzzonen für Tourengeher selbstverständlich. Der Tourengenuss wird dadurch kein bisschen beeinträchtigt.

Höhenmeter	1180
Gehzeit	3 ½ Std.
Hangexposition	Ost, Süd
Höhenlage	626 – 1808 m

Tourencharakter Erst einfache Tour bis zur Wuhrsteinalm (1120 m), dann steilt das Gelände merklich auf. Der Gipfel belohnt mit einer umwerfenden Sicht – nicht nur zum Wilden Kaiser.

Tourengelände Im unteren Bereich ideal geneigte Hänge der ehemaligen Skipiste bis zur Wuhrsteinalm. Anschließend über freie, jedoch steilere Hänge bis zum Skidepot auf etwa 1640 m. Der steile Gipfelhang ist latschenbewachsen und benötigt eine hohe Schneelage.

Skibergsteigen umweltfreundlich Wald-Wild-Schongebiete an Breiten- und Geigelstein; Achtung: Bitte die Naturschutzgebiet-Zonierung beachten!

Gefahrenpotential Oberhalb Wuhrsteinalm steile flankierende Hänge – hier Gefahr großflächiger Lawinen beidseitig der Aufstiegsroute. Geigelstein Gipfelhang > 30°

Anfahrt

Auto A8 Richtung Salzburg, Ausfahrt Bernau in Richtung Reit im Winkl, Marquardtstein nach Schleching. Von Schleching weiter zum Ortsteil Ettenhausen

ÖPNV Regionalbahn bis Übersee, Bus Nr. 9509 bis Schleching, Ettenhausen, kurzer Fußweg zur Talstation

Ausgangspunkt In Ettenhausen zum Parkplatz der Talstation Geigelsteinbahn

Navigation N 47.703787°, E 12.378818°

Einkehr / Übernachtung Berghotel Breitenstein, Tel. +49 8641 / 597 91 - 16, www.berghotel-breitenstein.de

Info Tourist-Information Schleching, Schulstr. 4, Tel. +49 8641 / 59791 - 13, www.schleching.de

Karte AV Karte BY 17, Chiemgauer Alpen West, 1:25.000

39 GEIGELSTEIN | 1808 m | Chiemgauer Alpen

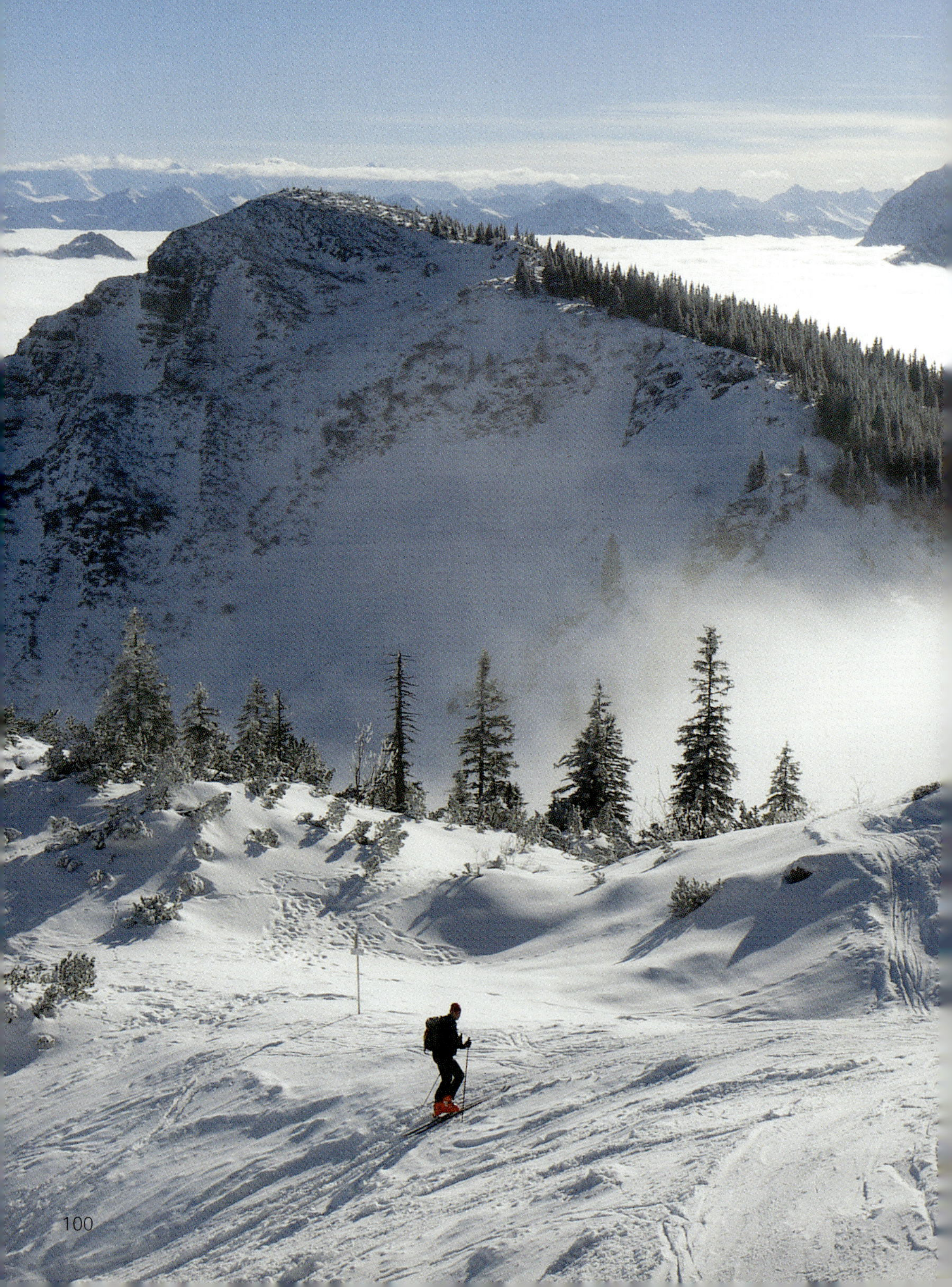

Aufstiegsroute kurz unterhalb des Skidepots

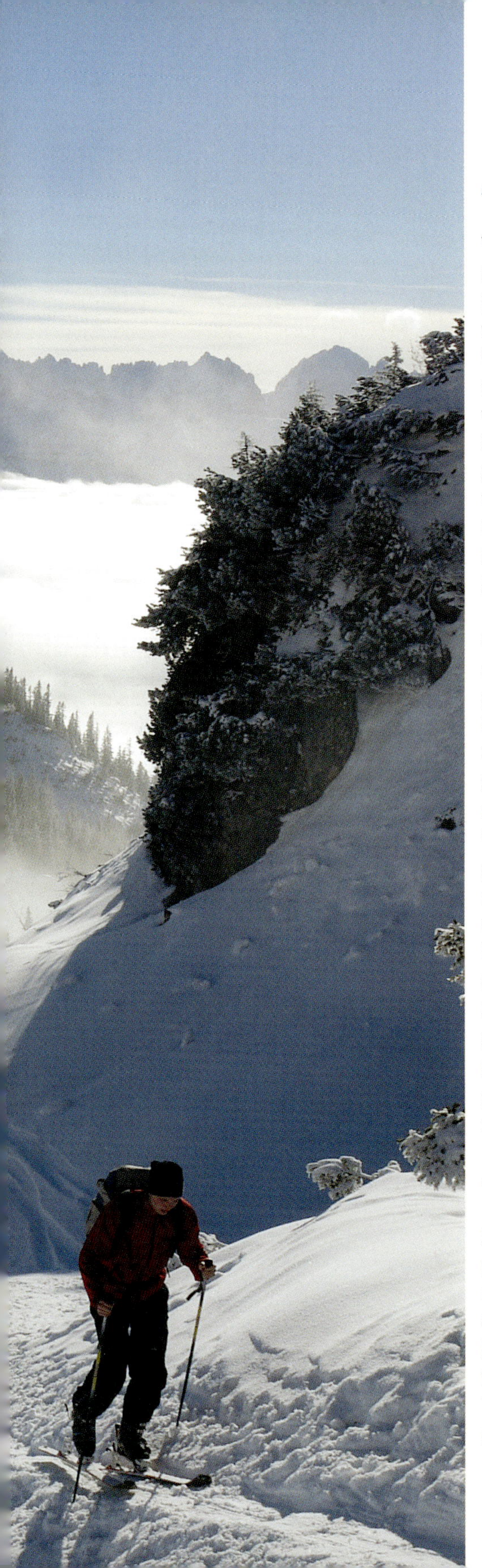

Aufstiegsweg

Vom Parkplatz der Geigelsteinbahn geht man am südwestlichen Ende auf einen Forstweg (Rodelbahn), dem man geradeaus folgt. Nach wenigen Minuten trifft man auf eine breite Waldschneise. Hier quert man nordwestlich den Geigelstein-Sessellift und gelangt so, vorbei an der oben erwähnten verblassten Hinweistafel, auf die ehemalige Skipiste. Nun gibt das „historische" Skigelände den Weiterweg mit westlicher Grundrichtung vor. Ohne Orientierungsprobleme gelangt man so über breite Waldschneisen bis zur Wuhrsteinalm (1120 m).

Oberhalb der Alm verengen die nun steiler werdenden seitlichen Hänge das Aufstiegsgelände. Man folgt weiter der ehemaligen Piste entlang des alten Schleppliftes bis zur Wirtsalm (1420 m). Im Kessel zwischen Breitenstein und Geigelstein wird das Gelände merklich steiler. Etwa 30 Meter oberhalb der Wirtsalm schwenkt man in einem Rechtsbogen nach Norden. Nach weiteren 100 Höhenmetern drehen wir unterhalb des Geigelsteins wieder links nach Westen. Die letzten 100 Höhenmeter führen in einer steileren Mulde hinauf zum Skidepot (ca. 1640 m). Am latschenbewachsenen Gipfelhang findet man selten gute Abfahrtsbedingungen, dafür aber meist passable Fußspuren zum Gipfel (1808 m). Die grandiose Gipfelschau vom Geigelstein muss sicher nicht mehr kommentiert werden.

Abfahrt

Sind die ersten Meter unterhalb des Skidepots erst einmal gemeistert, schwingt man entspannt über die Hänge des ehemaligen Schleppliftes hinunter in das flachere Almgelände der Wuhrsteinalm. Nach einer Einkehr im Berghotel Breitenstein führt der restliche Teil der Abfahrt wieder entlang der ehemaligen Skipiste zur Talstation.

40 MÜHLHORNWAND | 1658 m | Chiemgauer Alpen

Klassiker im Chiemgauer Skitouren-Dreigestirn

Ebenso wie seine Nachbarn Karkopf, Breitenstein und Geigelstein liegt auch die Mühlhornwand im Naturschutzgebiet Geigelstein. Sowohl die Wald- und Wildschongebiete als auch sämtliche mögliche Skirouten in diesem beliebten Chiemgauer Tourenareal sind in der Alpenvereinskarte BY17 sehr gut dargestellt und sollten bei der Tourenplanung entsprechend Beachtung finden.

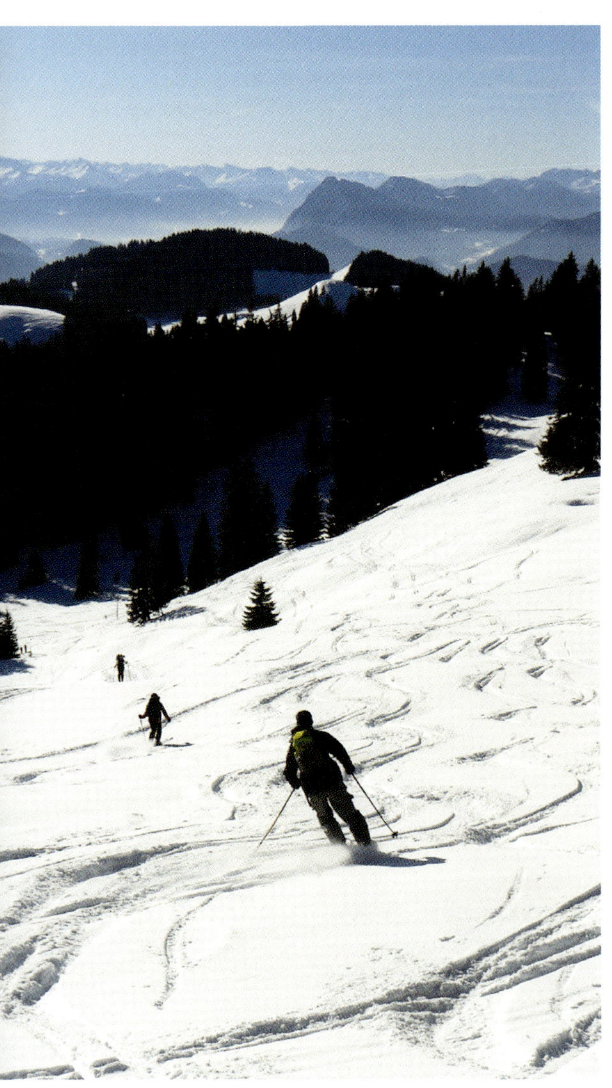

Ideale Tiefschneehänge unterhalb der Schreckalm

Mühlhornwand, Breitenstein und Geigelstein lassen sich über die Priener Hütte sehr gut zu einer – allerdings sehr anspruchsvollen! – großen Rundtour verbinden. Lediglich die direkte Route vom Breitenstein nach Süden zum Karkopf bleibt uns aus ökologischen Gründen verwehrt. Dafür aber gibt es zum Karkopf den wunderbaren Anstieg von Staffen aus (Tour 28). Die Süd- und Südosthänge unterhalb der Mühlhornwand gehören bis auf einige Waldbereiche nicht zum eigentlichen Schutzgebiet und können somit ganzjährig betreten werden. An diesen Hängen entlang führt unser Anstieg zum „Muihearndl", wie die Chiemgauer ihren Hausberg liebevoll nennen.

Aufstieg

Am Loipenparkplatz überquert man den Bachlauf der Prien und folgt der Wegmarkierung zur Priener Hütte. Auf ca. 1040 Metern verlässt man den Forstweg Richtung Talalm (Wegweiser), deren freie Almflächen man über einen schmalen Waldweg wenig später erreicht. Oberhalb der Alm stößt man dann wieder auf den Fahrweg. Auf diesem weiter Richtung Osten und nach gut 400 Metern links in eine breite Waldschneise, die über schöne Wiesenhänge nordöstlich zu einem schmalen Waldgürtel unterhalb der Schreckalm hochleitet. Nach einem kurzen Walddurchschlupf folgt man oberhalb der Schreckalm (ca. 1410 m) nochmals dem Sommerweg Richtung Priener Hütte, bevor man nach 200 Metern links über

Höhenmeter 920

Gehzeit 3 Std.

Hangexposition Vorwiegend Südwest

Höhenlage 740 – 1658 m

Tourencharakter Einfache Tour im Schatten des Geigelsteins, den konditionsstarke Geher noch „mitnehmen" können.

Tourengelände Erst Forstwege, dann über schön geneigte Almwiesen, die lediglich durch zwei kurze harmlose Waldschneisen unterbrochen sind.

Skibergsteigen umweltfreundlich Wald-Wild-Schongebiete unterhalb der Wirtsalm und an der Mühlhornwand (nordseitig); Achtung: Bitte die Naturschutzgebiet-Zonierung beachten!

Gefahrenpotential Im Bereich der Schreckalm kurzer, steiler Hang (> 35°) oberhalb der Aufstiegsspur

Anfahrt

Auto A 8 Richtung Salzburg, Ausfahrt Frasdorf, St2093 über Aschau nach Sachrang

Ausgangspunkt Vor Sachrang befindet sich links ein gebührenpflichtiger Loipenparkplatz.

die freien Hänge zur Mühlhornwand emporsteigt. Der Blick vorbei am Wilden Kaiser bis hin zum Großglockner ist der Lohn für die geleisteten Aufstiegsmühen.

Abfahrt

Die Abfahrt führt entlang der Aufstiegsroute bis zur Talalm hinab. Unterhalb der Talalm hält man sich links (östlich) der Aufstiegsspur und umfährt so die schmale Trasse über die freien Hänge bis zur Forststraße. In der letzten Passage bis zum Ausgangspunkt nach Sachrang kommen die „Gleiter" unter den Abfahrern auf ihre Kosten.

Navigation N 47.69236°, E 12.26719°

Info
- Tourist-Info Aschau, Kampenwandstr. 38, Tel. +49 8052/9049-0, www.aschau.de
- Tourist-Info Sachrang, Dorfstr. 20, Tel. +49 8057/909737

Karte AV Karte BY 17, Chiemgauer Alpen West, 1:25.000

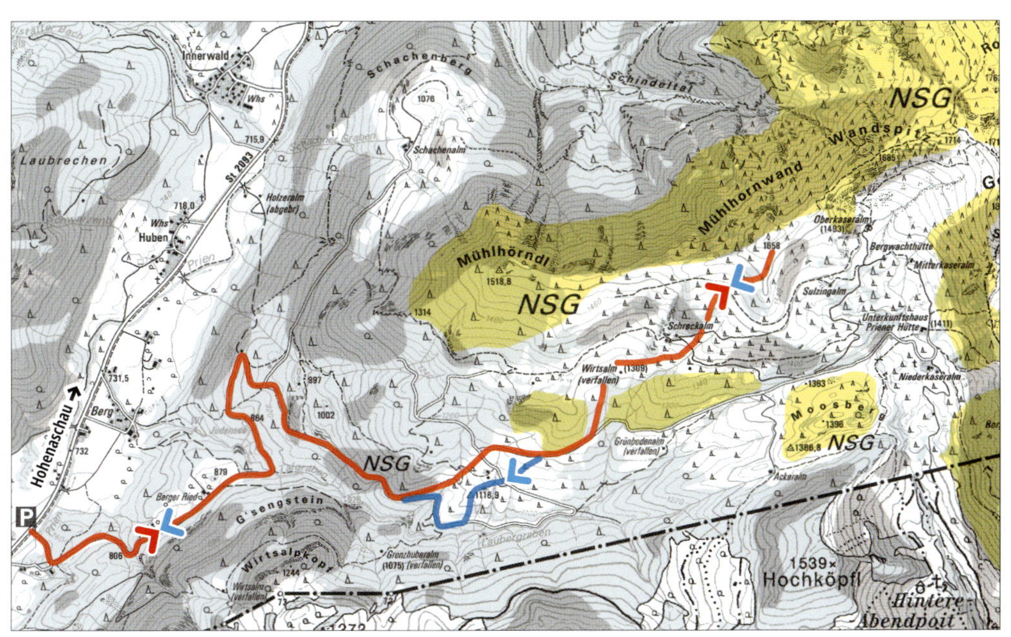

41 FEICHTECK | 1514 m | Chiemgauer Alpen

Im Schatten der Hochries

Das Feichteck schließt die Hochriesgruppe als südwestlichster Gipfel ab und steht somit buchstäblich im Schatten des Hochries-Gipfels, welcher auch mit der Seilbahn erreichbar ist. Im Gegensatz zum prominenten Nachbarn muss unser beschauliches Tagesziel ganz mit eigener Muskelkraft erstiegen werden – was aufgrund des Forstweges, der sich in angenehmer Steigung bis hinauf zur Wirthsalm zieht, aber problemlos machbar ist.

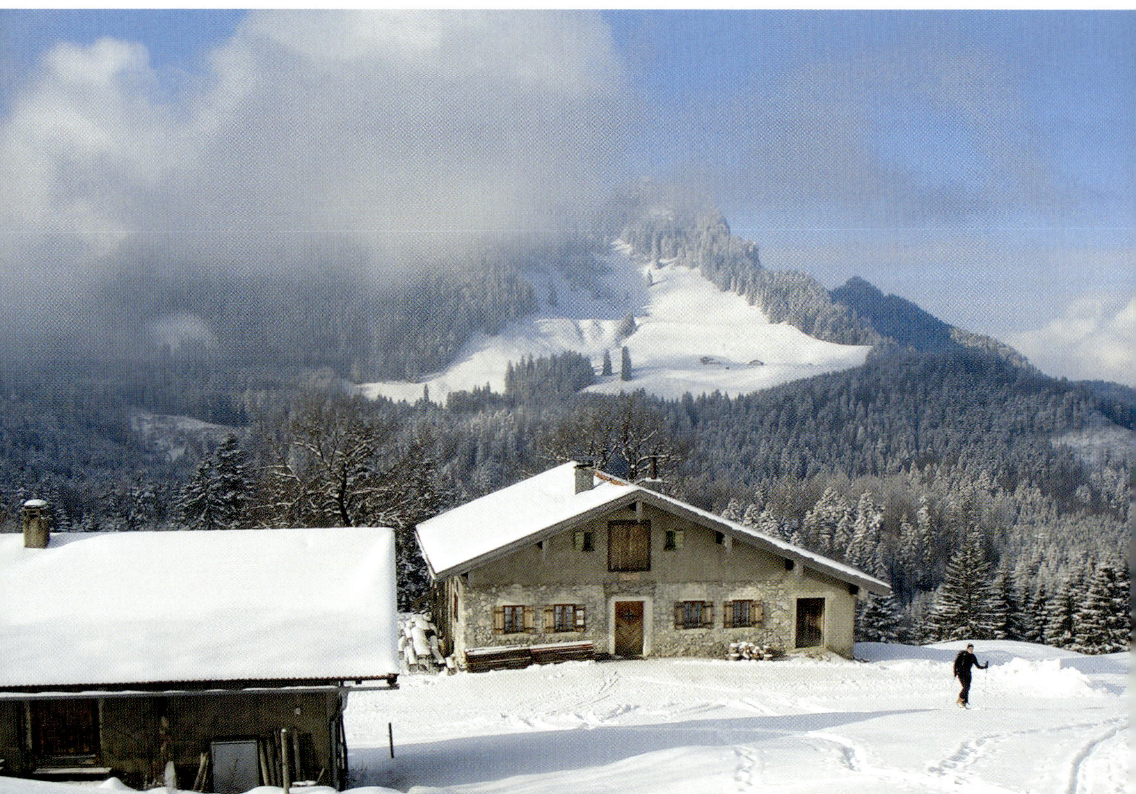

Bei der Abfahrt lohnt der Abstecher zur Wagneralm, auch wenn die Hüttenstube aufgrund der Rodler und Wanderer oft gut gefüllt ist.

Aufstiegsweg

Am Ende des Waldparkplatzes dem linken Weg in den Wald Richtung Wagneralm folgen (Wanderwege 221/215). An der Lichtung der Stiegleralm den linken Forstweg nehmen, also das Almgebäude rechts liegen lassen. Der Forstweg führt auf die freie Almfläche der Wagneralm, die wir jedoch erst einmal links über uns liegen lassen. Nach ca. 100 Metern Richtung Riesenhütte, Klausen, Spitzstein zweigt unsere Route nach links Richtung Feichteckalm ab. Hinter der Schneibereralm (1170 m) auf dem Weg nordöstlich durch den Wald hinüber zur Freifläche der Wirthsalm queren. Am Waldrand entlang und in etwa der

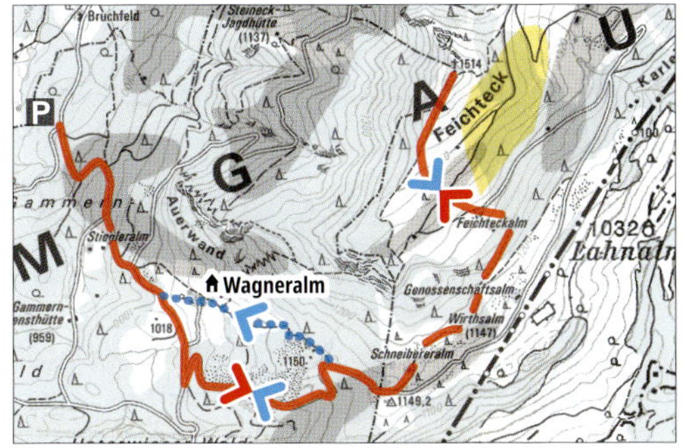

Höhenmeter 650

Gehzeit 2 Std.

Hangexposition Nordwest, Süd und Südost

Höhenlage 870 – 1514 m

Tourencharakter Beliebte und gemütliche Eingehtour mit Blick auf Heuberg und Spitzstein

Tourengelände Überwiegend breite Forstwege und freie moderate Hänge zum Gipfel

Skibergsteigen umweltfreundlich Wald-Wild-Schongebiet nordöstlich der Aufstiegstrasse von der Feichteckalm zum Gipfel

Gefahrenpotential Lediglich der steilere, aber kurze Waldweg oberhalb der Wirthsalm ist etwas hakelig.

Anfahrt

Auto A8 Richtung Salzburg, Ausfahrt Achenmühle, über Grainbach Richtung Duftbräu, 200 m vor der Einkehr links hoch zum Waldparkplatz; für die letzte Auffahrt sind evtl. Schneeketten erforderlich.

Ausgangspunkt Waldparkplatz Bruchfeld im Gammerwald südlich von Samerberg

Navigation N 47.732909°, E 12.211475°

Einkehr Wagneralm, Mobil +49-172-8201956, www,wagneralm.de, Nov. – April: Sa./So./Fei ab 11 Uhr

Info Gäste-Information Törwang, Dorfplatz 3, Tel. +49 8032/989418, www.samerberg.de

Karte AV Karte BY 17, Chiemgauer Alpen West, 1:25.000

Falllinie des Almgebäudes links den Waldweg anfangs etwas steiler empor. Sobald dieser auf ca. 1280 Metern Höhe wieder abflacht, nach links durch eine kleine Waldschneise hinauf zum Hang unter der Feichteckalm. Links an der Alm vorbei über den freien Hang bis zum Waldrand und am Rücken rechts hinauf zum Gipfel. Der rechte, steilere Teil des Hanges ist Wildschutzgebiet und sollte weder für den Aufstieg noch für die Abfahrt genutzt werden. Vom Gipfel sieht man nicht nur die Hochries, sondern weit in die Chiemgauer Alpen und Richtung Westen zum Mangfallgebirge hinüber. Besonders schön sind die Nahblicke auf die gegenüberliegenden Spitzstein und Heuberg.

Abfahrt

Die Abfahrt erfolgt entlang der Aufstiegsroute. Bei guten Schneeverhältnissen kann nach der Schneibereralm in einer Linkskurve in einer Höhe von ca. 1130 Metern der Forstweg nach rechts verlassen werden. Nach einigen Metern sieht man schon das Hinweisschild zur Wagneralm, deren Almfläche nach einem kleinen Gegenanstieg erreicht wird. Den letzten Hang zur Wagneralm hinunterwedeln und rechts oder links am Almgebäude vorbei zum Forstweg hinab. Die Schlussabfahrt teilen wir uns dann mit den Rodlern. Zuvor bietet sich an Wochenenden natürlich der Einkehrschwung in der Wagneralm an.

42 BRÜNNSTEINSCHANZE | 1547 m | Mangfallgebirge

Keine Angst vorm Tatzlwurm

Vom Pentling bis zum Wendelstein / War Fels und Luft und Wasser mein / Ich flog und ging und war gerollt, / Und statt auf Heu schlief ich auf Gold / … / Hornhautig war mein Schuppenleib / Und Feuerspei'n mein Zeitvertreib / Und was da kroch den Berg herauf / Das blies ich um und frass es auf / Als Tazzelwurm. So beschrieb der Dichter Joseph Victor von Scheffel 1928 in einem Festlied das Fabelwesen. Zwar blies uns bei der Tour zur Brünnsteinschanze ein ordentlicher Wind entgegen, den „Tazzelwurm" bekamen wir aber trotzdem nicht zu Gesicht. So musste als Erklärung für die starken Luftbewegungen doch wieder die Föhnwetterlage in Anspruch genommen werden. Mit der beruhigenden Gewissheit, dass bis heute kein einziger Skitourengeher jemals von einem Tatzlwurm angegriffen oder gar aufgefressen wurde, können wir diese Route zur Aussichtskanzel Brünnsteinschanze, die zwischen Sudelfeld und Brünnstein-Gipfel liegt, bedenkenlos weiterempfehlen.

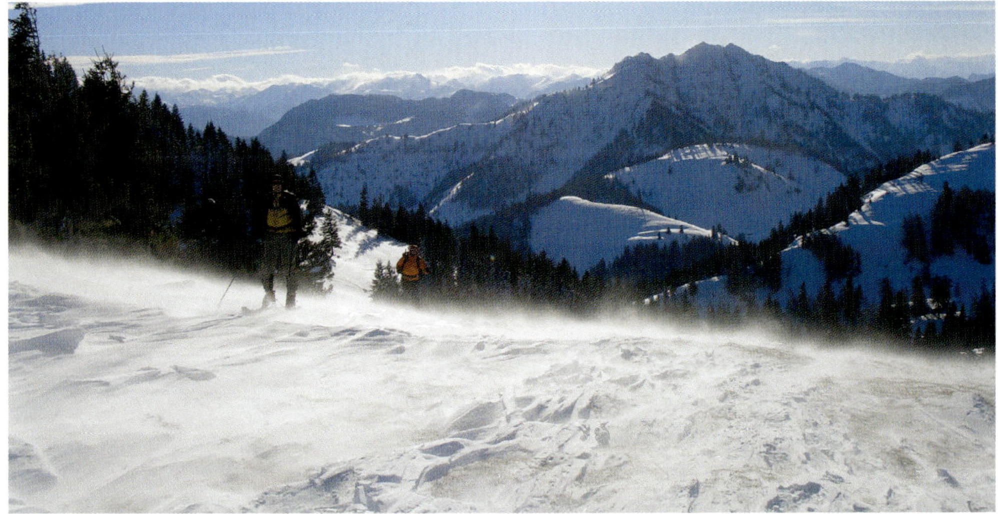

Endspurt am Gipfelhang – im Hintergrund das Trainsjoch

Aufstiegsweg

Vom Waldparkplatz (800 m) geht man zunächst den Fahrweg hinauf und folgt dem Sommerweg (AV 657) in Richtung Brünnsteinhaus. Etwas oberhalb trifft der Wanderweg wieder auf den Fahrweg, der über die Schoißeralm zur Schneelahnerhütte (980 m) führt. Wir bleiben weiter auf dem Forstweg bis zum Punkt Pavillion (1020 m), dort folgen wir dem Forstweg nach rechts bis auf eine Höhe von ca. 1100 Metern. Hier schwenkt der Almweg im 90-Grad-Bogen nach Südwesten. Nach kurzer Waldpassage führt der bequeme Weg wieder in freies Gelände und quert an einem kurzen, aber steilen Westhang zur Seelacheralm (1300 m) hinüber. Von der Alm weiter Richtung Süden, die Westhänge unter der Brünnsteinschanze querend hinauf zu einem Sattel (ca. 1400 m). Zuletzt steigt man über den breiten Rücken nach Osten zum kleinen Gipfelkreuz auf der Brünnsteinschanze (1547 m).

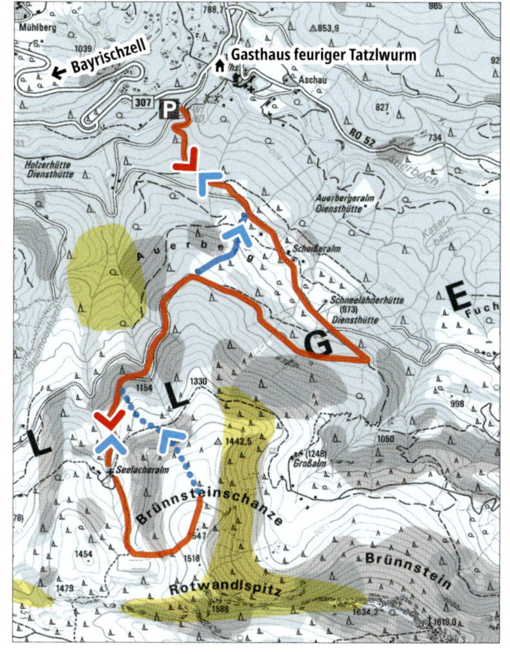

Höhenmeter	750
Gehzeit	2 ½ Std.
Hangexposition	Nord, West
Höhenlage	800 – 1547 m

Tourencharakter Einfache Tour über mittelsteile Hänge auf einem Rücken mit Blick ins Alpenvorland und über das Mangfallgebirge

Tourengelände Fahrweg bis Seelacheralm, der in der Abfahrt wie im Aufstieg immer wieder über freie Hänge abgekürzt werden kann, dann freies Gelände bis zum Gipfel.

Skibergsteigen umweltfreundlich Wald-Wild-Schongebiete am Auerberg und ostseitig der Brünnsteinschanze

Gefahrenpotential Kurz vor und nach der Seelacheralm wird steileres, überwiegend bewaldetes Gelände gequert: Eine kurze Steilstufe zu Beginn des Gipfelhanges ist bis 30° steil.

Anfahrt

Auto A8 Salzburg Ausfahrt Weyarn, B307 über Bayerischzell Richtung Brannenburg/Oberaudorf. Am Sudelfeld vorbei und nach der Zufahrt zur Rosengasse erste Möglichkeit rechts abbiegen (ca. 300 m vor dem Berggasthof Tatzlwurm) und auf dem kleinen Sträßchen zum ausgeschilderten Waldparkplatz

Ausgangspunkt Waldparkplatz oberhalb der Tatzlwurm-Wasserfälle

Navigation N 47.670517°, E 12.080605°

Einkehr Gasthaus feuriger Tatzlwurm, Tel. +49 8034/30080, www.tatzlwurm.de (unweit des Parkplatzes)

Karte AV-Karte BY 16, Mangfallgebirge Ost, 1:25.000, 2. Auflage

Abfahrt

Der obere Bereich des Gipfelhanges war bei unserer Tour vom heißen Atem des Tatzlwurms (andere waren der Meinung, es handle sich um einen Föhnsturm) arg in Mitleidenschaft gezogen. So mussten wir die Grashalme am Gipfelaufschwung geschickt umfahren, bis in der breiten Mulde oberhalb der Seelacheralm wieder genügend Schnee unter unsere Skier kam. Von der Alm gleitet man entlang der Aufstiegsroute bis zum Beginn des Waldweges (1230 m) hinunter. Bei guten Bedingungen kann bis hierher auch direkt nordseitig vom Gipfel abgefahren werden. Nun über den Waldweg zu den Hängen der Schoißeralm und über diese zum Aufstiegsweg hinunter. Die letzten Höhenmeter über den Fahrweg bringen uns zurück zum Ausgangspunkt. Dem Atem des feurigen Tatzlwurms entkommen, freuen wir uns auf die Einkehr im gleichnamigen Gasthaus wenige Minuten unterhalb des Parkplatzes.

43 JÄGERKAMP | 1746 m | Mangfallgebirge

Hausberg über dem Spitzingsee

An der Schönfeldhütte treffen sich vom Winterwanderer bis zum Tourengeher Aktivsportler aller Facetten. Aus Rücksichtnahme auf die sensible Fauna hat die AV-Hütte wie die benachbarte Rauhkopfhütte den After-Work-Betrieb eingestellt und nur noch am Wochenende geöffnet. Wer bei etwaigem Schlechtwetter oder als Mini-Spritztour nur ein wenig frische Luft schnappen will, begnügt sich mit dem kurzen Anstieg vom Spitzingsee am Rand des ehemaligen Taubenstein-Skigebiets. Die Ambitionierteren visieren den auch für Anfänger geeigneten Jägerkamp als lohnendes Gipfelziel an. Bei der Abfahrt müssen die Wald-Wild-Schongebiete beachtet werden.

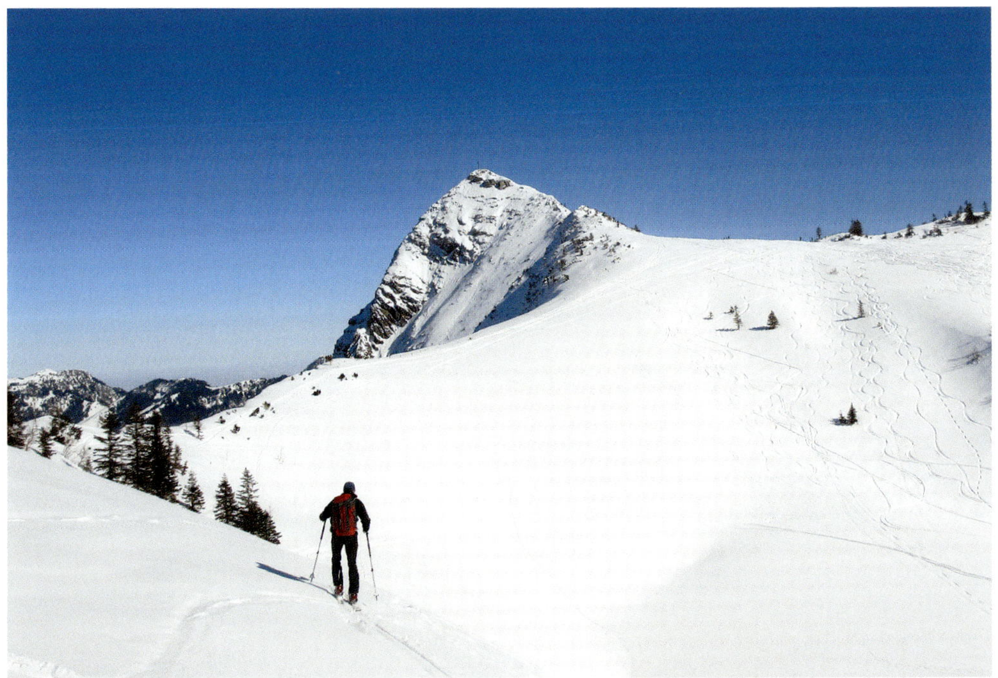

Bei der Variantenabfahrt queren wir den Hang des Benzingpitz direkt auf den Aiplspitz zu.

Aufstiegsweg

Vom Parkplatz auf der ehemaligen Skipiste steil durch den Wald empor (Tourengeher-Infopoint). Etwas nördlich der Seilbahn leicht links haltend die Piste verlassen und am Waldrand orientierend in mäßiger Steigung bergan. Obwohl wir uns fast im Schutz des nahen dichten Waldes befinden, müssen wir den steilen Südwesthang des Wilden Fräulein beachten – im Zweifel also Abstand halten! An der Hangkante erblicken wir die Schönfeldhütte (1410 m), zu der wir leicht abwärts wandernd hinüberqueren.

Wer das Tourenpensum in etwa verdoppeln mag, kann nach der überschaubaren Spritztour zur Schönfeldhütte noch den Jägerkamp

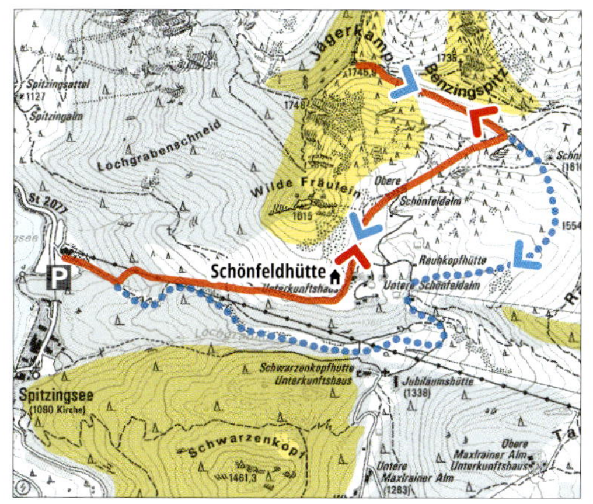

(1746 m) besteigen. Hierfür zieht man über die Hütten der Oberen Schönfeldalm in den Talkessel hinein, hält sich dort halbrechts, steigt links unterhalb der kleinen Felswand empor und quert an den Hängen der Benzingspitz nach Nordwesten zum Gipfel hinüber – die aufgrund des Schongebiets jedoch keinesfalls überschritten werden darf!

Abfahrt

Von der Schönfeldhütte in Richtung Lochgraben abfahren. Am kleinen See geht es links vorbei und auf einem kurzen Forstweg nach rechts in die Piste der Taubensteinbahn.

Vom Jägerkamp wedelt man entweder entlang der Aufstiegsroute zur Schönfeldhütte hinab oder einfacher südöstlich über die Schnittlauchmoosalm in die Einsattelung am Rauhkopf und dort auf die Piste inklusive Ziehwegverbindung in den Lochgraben.

Höhenmeter	690
Gehzeit	2 Std.
Hangexposition	Südwest bis Südost
Höhenlage	1100 – 1746 m

Tourencharakter Kurze, anfangs relativ steile Tour im Skigebiet Taubenstein. Von der Schönfeldhütte sind je nach Schneeverhältnissen Skitouren-Varianten möglich, die durch freies Gelände führen und somit lawinensichere Verhältnisse erfordern.

Tourengelände Anstieg meist abseits der Piste. Im unteren Abschnitt steile Waldpassagen, dann deutlich flachere Almwiesen (Lawinengefahr am Hang unterhalb des Wilden Fräulein). Abfahrt auf Pisten

Skibergsteigen umweltfreundlich Wald-Wild-Schongebiete am Rauhkopf und Tanzeck, Wildschutzgebiete am Jägerkamp, am Benzingspitz, östlich des Taubensteins und am Schwarzenkopf

Gefahrenpotential Hänge an Wilder Fräulein sowie zwischen Talschluss und Benzinspitz teils > 30°, daher Abstand halten!

Anfahrt

Auto A8 Richtung Salzburg, Ausfahrt Weyarn, B307 Richtung Bayrischzell, nach Ortsdurchfahrt Fischhausen-Neuhaus rechts Abzweig zum Spitzingsee

ÖPNV Bayerische Regiobahn (BR) nach Fischhausen-Neuhaus mit Busanschluss zum Spitzingsee

Ausgangspunkt Gebührenpflichtiger Parkplatz an der Taubensteinbahn vor dem Tunnel am Spitzingsee

Navigation N 47.665915°, E 11.889095°

Einkehr / Übernachtung Schönfeldhütte (1420 m), nur Sa. / So., Tel. +49 8026 / 7496, www.schoenfeldhuette.de

Info Gäste-Information Schliersee, Bahnhofstr. 11 a, Tel. +49 8026 / 60650, www.schliersee.de

Karte AV-Karte BY 15, Mangfallgebirge Mitte, Spitzingsee Rotwand, 1:25.000

44 HIRSCHBERG | 1668 m | Mangfallgebirge

Münchner Haus- und Aussichtsberg

„Am Hirschberggipfel, das sei nicht vergessen, ist man sogar an Wintersonntagen oft allein, und wenn nicht, dann doch in guter Gesellschaft". So beschrieb Walter Pause den schon vor vielen Jahren als Münchner Hausberg bekannten Gipfel über dem Tegernsee. Die Zeit der einsamen Gipfelrast am Hirschberg ist wohl endgültig vorbei, dafür hat die gute Gesellschaft mächtig Zuwachs bekommen – nicht zuletzt auch durch die immer stärker anwachsende Gemeinde der Skitourengeher! Eine Rodelbahn, meist gespurte Winterwanderwege, die kleinen Skihänge in Point und das ganzjährig bewirtete Hirschberghaus bieten für Freizeitaktivisten aller Couleur hinreichend Beschäftigungsmöglichkeiten. So lässt sich die Tour am Hirschberg auch ideal mit anderen Familienaktivitäten kombinieren.

Aufstiegsweg

Wer die 900 Höhenmeter ohne Liftunterstützung in Angriff nimmt, geht rechts des ersten Schlepplifts stets am Waldrand haltend entlang der Piste empor. Am Ende des steilen Skihanges angekommen erkundigt sich eine kleine Pistenfahrerin, warum wir denn zu Fuß herauf gingen, wo doch „runterfahren viel, viel schöner" sei. Unser Hinweis auf die grandiose Aussicht am Gipfel und eine Hütteneinkehr stimmt sie nur einen kurzen Moment nachdenklich, bevor sie sich ein weiteres Mal voller Tatendrang in die steile Abfahrt hineinstürzt. Wir folgen den Hinweistafeln des Sommerweges zur Rauheckalm (1480 m). Die Aufstiegsroute führt in angenehmer Steigung durch den Wald in freies Almgelände, das den Blick auf den letzten Teil des Anstieges preisgibt.

Über den Ostrücken geht es hinauf bis zu einem flachen Vorgipfel (1653 m). Viele Skitourengeher beenden hier ihre Tour, da die letzten Meter zum eigentlichen Gipfel skitechnisch nicht mehr interessant sind. Wer trotzdem das berühmte 360-Grad-Hirschberg-Panorama genießen möchte, sollte den Übergang zum Hauptgipfel nur auf einer Linie und in der Zeit zwischen 10 und 16 Uhr in Angriff nehmen. Davor und danach möchten die Birkhühner nämlich nicht bei Ihren Mahlzeiten gestört werden.

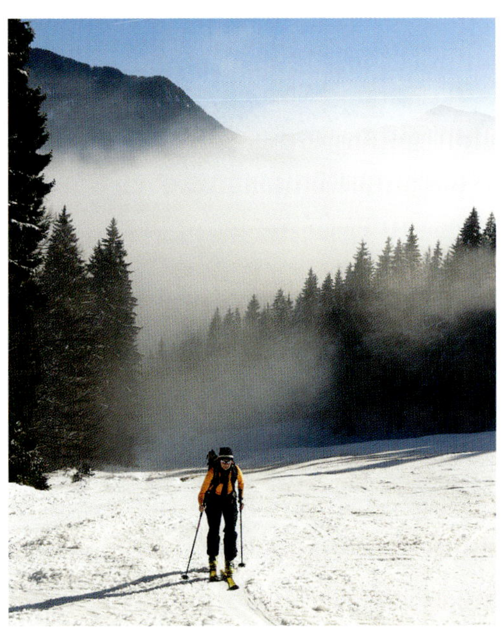

Aufstieg am Pistenrand im unteren Teil der Tour

Abfahrt

Je nach Verhältnissen entlang des Aufstiegsweges den Gipfelhang zur Rauheckalm hinunter. Vor den Almgebäuden südlich, zuerst etwas steiler, dann flacher zwischen lichten Baumgruppen hindurch ins sogenannte Gründ; hier auf das Schongebiet achten! Am Naturfreundehaus (1195 m) treffen wir auf einen kurzen Ziehweg hinüber zur Abfahrtspiste.

44

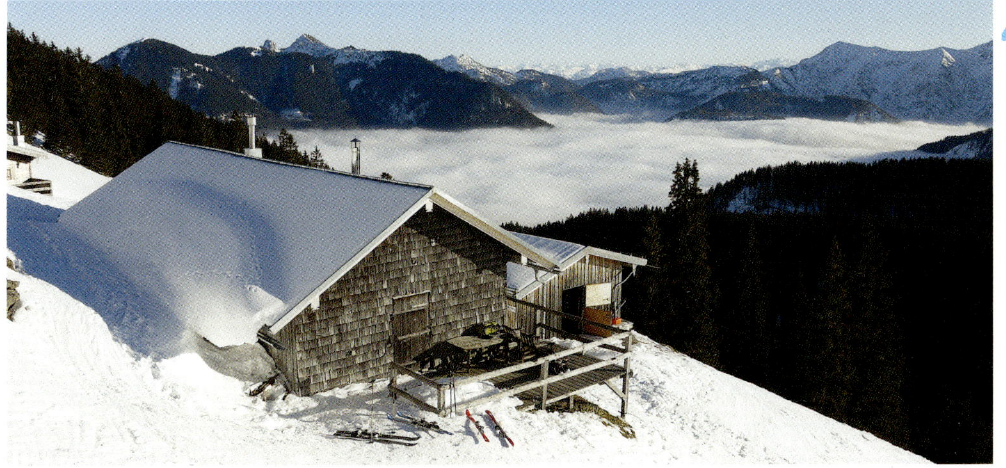

Die Rauheckalm mit Blick auf Risserkogel und Blauberge

Höhenmeter	900
Gehzeit	2 ¾ Std.
Hangexposition	Ost und Süd
Höhenlage	770 – 1668 m

Tourencharakter Sehr beliebte und aussichtsreiche Tour auf „den" Münchner Hausberg. Die Skipiste zu Beginn der Tour kann durch Liftbenutzung abgekürzt werden.

Tourengelände Im unteren Teil Piste, welche sich nach oben hin sehr aufsteilt, dann im Aufstieg über Forstweg zur Rauheckalm, welcher in der Abfahrt durch freie Hänge in den „Gründ" abgekürzt wird. Zuletzt über den steileren Rücken zum Vorgipfel und ggf. weiter zum (skitechnisch wenig lohnenden) Gipfel

Skibergsteigen umweltfreundlich Wald-Wild-Schongebiete nord- und südseitig der Route zwischen Raueckalm und Hirschberg

Gefahrenpotential Osthang / Rücken zum Vorgipfel (1653 m) bis 30° steil, der flankierende sehr steile Ostsüdost-Hang vom Vorgipfel herab in den „Gründ" ist bei der Abfahrt zu beachten.

Anfahrt

Auto A8 Salzburg, Ausfahrt Holzkirchen, B307 über Tegernsee Richtung Kreuth, hinter Rottach-Egern rechts ab nach Scharling, Ortsteil Point

ÖPNV Bus Nr. 9556 ab Tegernsee Bhf bis Haltestelle Scharling, Gasthof Leitner

Ausgangspunkt Parkplatz am Hischberglift in Point

Navigation N 47.659433°, E 11.741853°

Einkehr
- Mit Umweg: Hirschberghaus (1530 m), Tel. +49 8029/465, Di. Ruhetag, www.hirschberghaus.de
- Hirschbergliftstüberl am Parkplatz

Übernachtung Hirschberghaus (s.o.)

Info Für Tourengeher gibt es eine Tourenkarte, welche eine einmalige Lift-Auffahrt ermöglicht (www.hirschberglifte.de); Tel. +49 8029/343

Karte AV-Karte BY 13, Mangfallgebirge West, 1:25.000

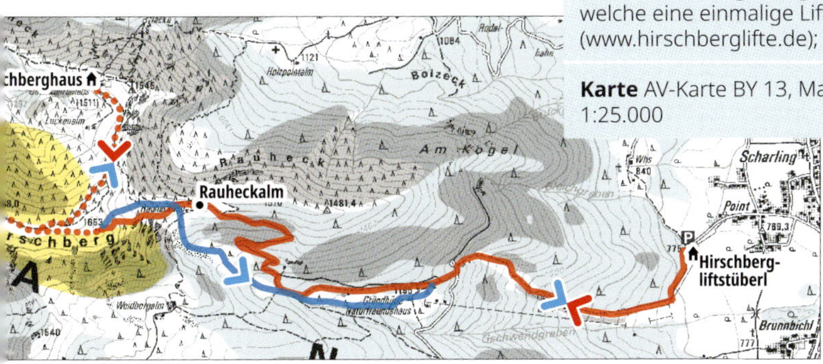

Gemütliche Skiwanderung mit Schlussakkord

Das Seekarkreuz ist vom Gipfelhang abgesehen skitechnisch eine recht anspruchslose Tour. Den Reiz dieses Anstieges bilden die im Winter wenig frequentierten Wege oberhalb der Schwarzentennalm. Diese Route lebt somit vom Gehgenuss entlang gefrorener Bachläufe mit Gipfelblicken über verschneite Waldlichtungen und vom Luxus, einen im Sommer eher überlaufenen Voralpengipfel ohne großen Begleittross zu besuchen. Zudem bietet sich die ganzjährig geöffnete Schwarzentennalm am Wochenende als Einkehrschwung an!

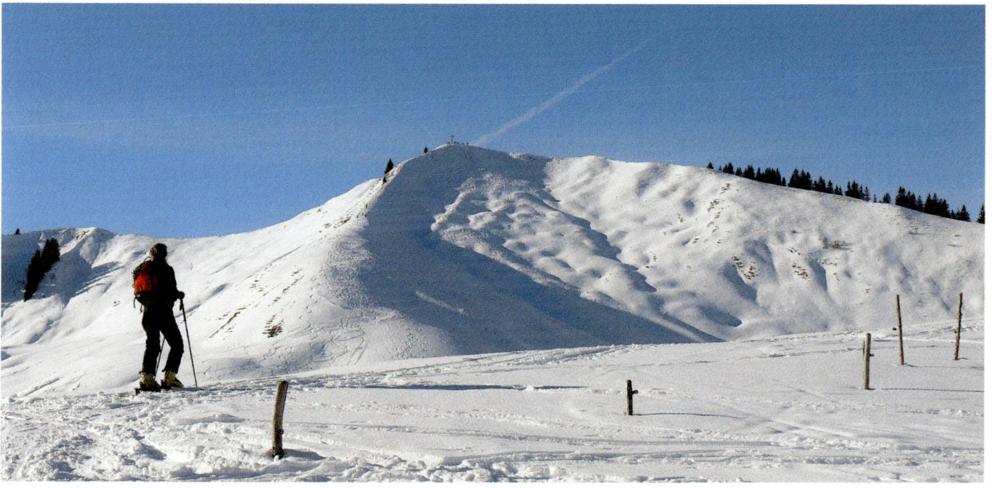

Die steile Ostflanke des Seekarkreuzes, der Aufstieg erfolgt über den rechten Gratrücken.

Aufstiegsweg

Vom Parkplatz Winterstuben bzw. der Haltestelle Klamm Schwarze Tenn (830 m) folgt man zunächst dem Forstweg Richtung Schwarzentennalm. Schon nach ca. 600 Metern wenden wir uns bei einer Brücke dem Sommerweg zu und überlassen den breiten Forstweg den Rodlern. Die nächsten 45 Minuten begleitet uns der Schwarzenbach meist rechter Hand, bis wir auf den Weg zur Buchsteinhütte treffen. Hier gehen wir wenige Meter nach rechts und treffen wieder auf den Forstweg bzw. die Rodelbahn Richtung Schwarzentennalm (1027 m). Nach weiteren 15 Minuten über den flachen Almboden lassen wir die Alm zunächst einmal rechts liegen, nicht ohne die Einkehrstation für den Rückweg schon einmal wohlwollend registriert zu haben.

Wir folgen dem meist geräumten Weg noch 300 Meter und zweigen dann links in den Wald ab. Hier treffen wir auf den anfangs ziemlich steilen Forstweg Richtung Gurnbachgraben. Nach Passieren der Hochböden (ca. 1220 m) folgt man weiter dem Sommerweg Richtung Seekarkreuz. Nach kurzem Auf und Ab überquert man den Gurnbach und gelangt so auf eine große Lichtung. Wir folgen zunächst noch dem Weg bis zu den Ausläufern eines Kamms südlich des Brandkopfes. Unter uns taucht jetzt die Rauhalm auf, vor uns die stei-

45

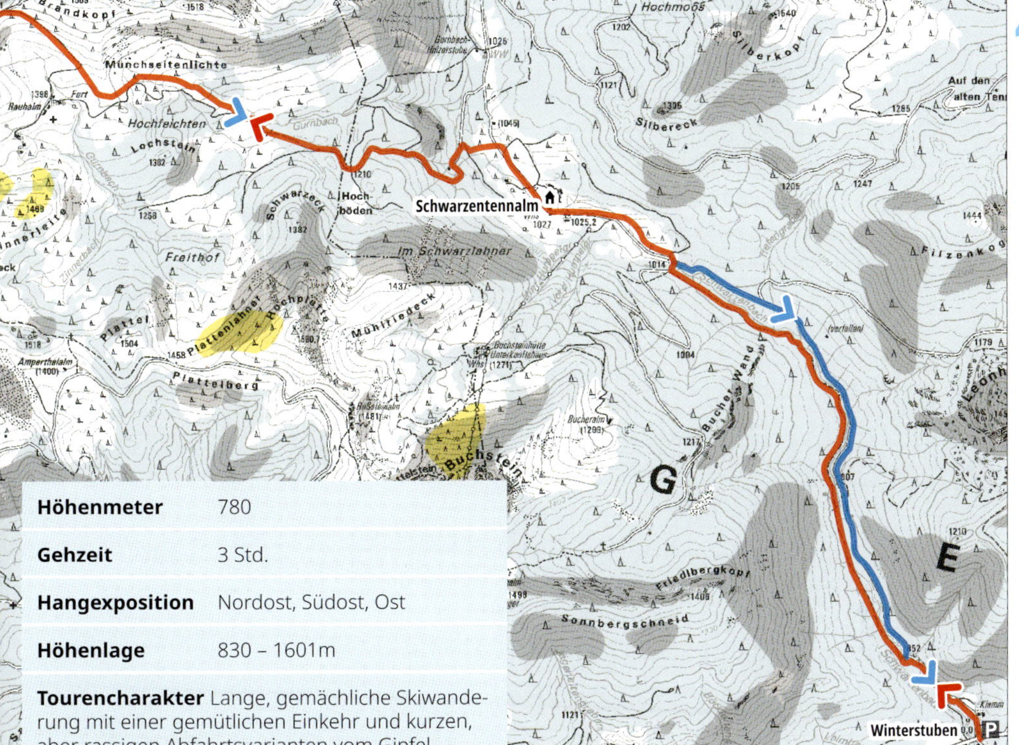

Höhenmeter 780

Gehzeit 3 Std.

Hangexposition Nordost, Südost, Ost

Höhenlage 830 – 1601m

Tourencharakter Lange, gemächliche Skiwanderung mit einer gemütlichen Einkehr und kurzen, aber rassigen Abfahrtsvarianten vom Gipfel

Tourengelände Breite Forstwege bis zur Schwarzentennalm (Rodelweg), und schön geneigte Hänge oberhalb des Gurnbaches, dann über steilere Hänge zum Gipfel

Gefahrenpotential Die Hänge oberhalb der Rauhalm bis zum Gipfel sind > 30° steil. Der Nordost-Rücken zum Gipfel ist oft verwechtet.

Anfahrt

Auto A8 Salzburg, Ausfahrt Holzkirchen, B307 über Tegernsee Richtung Achenpass, ca. 2 km nach Wildbad Kreuth rechts zum Parkplatz Winterstuben

ÖPNV Bus Nr. 9556 ab Tegernsee Bhf bis Haltestelle Klamm, Schwarzentenn, Königsalm

Ausgangspunkt Parkplatz Winterstuben

Navigation N 47.622762°, E 11.713368°

Einkehr Schwarzentennalm (1027 m), Tel. +49 8029/386, www.tegernsee.com/a-schwarzentenn-alm

Info Tourist-Information Kreuth, Nördliche Hauptstraße 3, Kreuth, Tel. +49 8029/997908-0, www.tegernsee.com/kreuth

Karte AV-Karte BY 13, Mangfallgebirge West, 1:25.000

le Ostflanke des Seekarkreuzes. Die Wechten unterhalb des Gipfels liefern einen Hinweis auf die beträchtliche Steilheit des Hanges. Wir gehen nun nordwestlich bis zum Sattel zwischen Brandkopf und Seekarkreuz und über den sicheren Gratrücken zum Gipfel (1601 m).

Abfahrt

Die direkte Abfahrt durch den Osthang zur Rauhalm kann nur bei absolut sicheren Verhältnissen gewählt werden. Ansonsten folgt man der Aufstiegsspur über den Gratrücken und quert den flacheren Südhang unterhalb des Brandkopfes. Bis zum Gurnbachgraben hinunter lässt es sich nochmal genüsslich schwingen. Nach einem kurzen Gegenanstieg, der seinen Namen eigentlich nicht verdient, zum Forstweg hinüber erwartet uns wenig später schon die Schwarzentennalm zur Einkehr. Gestärkt mit Kaffee und Kuchen treten wir zum Rennen Rodel gegen Ski hinunter in das Kreuther Tal an.

46 Schönkahler | 1688 m | Allgäuer Alpen

Skibergsteigen umweltfreundlich

Eigentlich wollten wir vom Engtal zur bewirtschafteten Ostlerhütte aufsteigen, doch angesichts der weithin sichtbaren ausgeaperten Südwesthänge entscheiden wir uns bei der Anfahrt spontan um. Schräg gegenüber liegt mit dem Schönkahler nämlich ein kleiner, aber schöner und aussichtsreicher Gipfel, der oberhalb der Pfrontener Alpe einen breiten Osthang zu bieten hat. Hier treffen wir an diesem milden Märztag überraschenderweise noch Pulverschnee an.

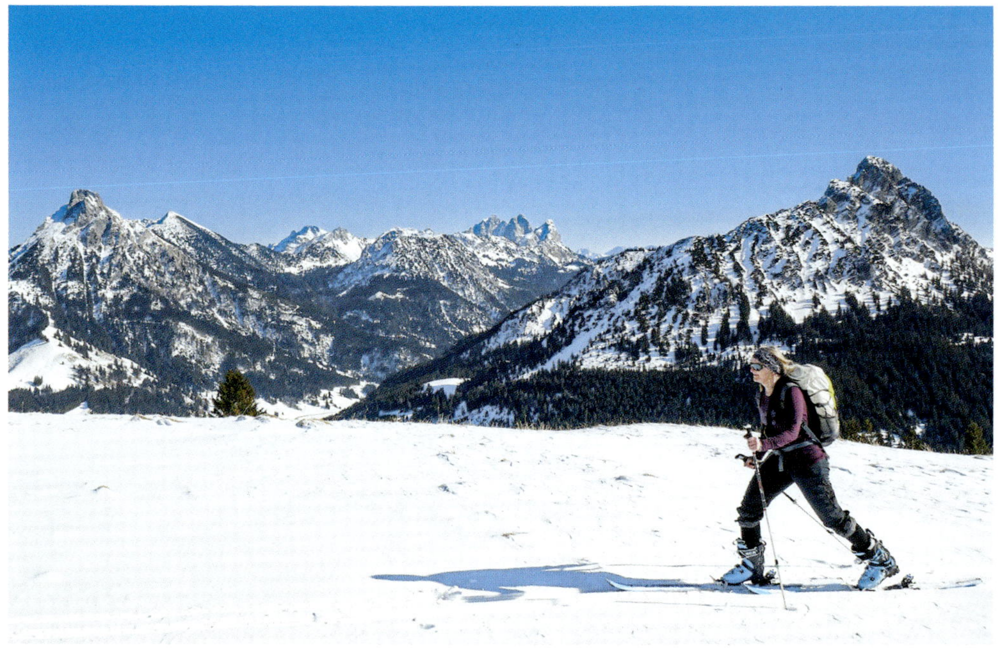

Der flache Gipfelrücken mit schöner Aussicht auf die Tannheimer Berge mit Kellenspitze, Gimpel und Roter Flüh

Aufstiegsweg

Etwa 100 Meter vom Parkplatz entfernt stößt man nach Überqueren einer flachen Wiese auf die DAV-Hinweistafel „Natürlich auf Tour“. Bei Betrachtung der Karte kann man die durch den Jungwald führende Aufstiegstrasse gut nachvollziehen. Jenseits der Tafel steigt man halbrechts haltend zum Waldrand empor und folgt dem Waldweg nach NW. An der Weggabelung (1056 m) hält man sich links und quert auf dem Karrenweg am steilen bewaldeten Hang entlang nach Süden; bei Vereisung kann sich diese enge Passage vor allem in der Abfahrt als heikel erweisen.

Nach einer Rechtskurve öffnet sich eine schmale Schneise in der Wiederaufforstungszone des Waldes, durch die der weitere Anstieg erfolgt (AV-Schild „Skiroute“; 1160 m). Wer bequem aufsteigen mag, folgt dem Waldweg nach SW und überwindet die Höhenstufe in langgezogenen Serpentinen. Auf ca. 1400 m Höhe vereinen sich die beiden Varianten.

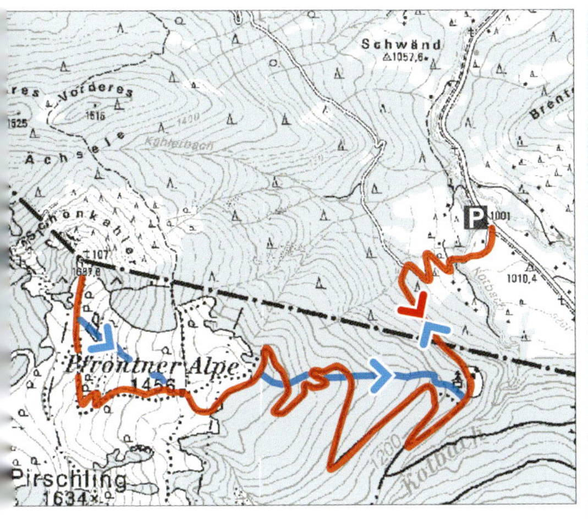

Höhenmeter	700
Gehzeit	2 Std.
Hangexposition	Vorwiegend Ost, am Gipfelrücken Süd
Höhenlage	1000 – 1688 m

Tourencharakter Relativ kurze Skitour, die bei der Routenwahl entlang des Karrenwegs auch in der Abfahrt technisch einfach ist. Etwas anspruchsvoller wird es bei Abweichung von der Normalroute in die etwas steileren Gipfelhänge bzw. in die offene Waldschneise.

Tourengelände Im unteren Abschnitt relativ steiles Waldgelände mit offener Schneise in einer Wiederaufforstungszone, dann zunehmend freies Gelände mit allenfalls mäßig steilen Hängen

Gefahrenpotential Auf der Normalroute nur geringe Lawinengefahr, die etwaigen Abfahrtsvarianten erfordern jedoch sichere Verhältnisse.

Anfahrt

Auto A 96 Ausfahrt Buchloe, B 12 und B 16 nach Marktoberdorf, Landstraße über Wald und Nesselwang nach Pfronten, vom Ortszentrum Straße Richtung Tannheimer Tal

Ausgangspunkt Parkplatz ca. 1 km vor dem ehemaligen Grenzübergang Enge bei Pfronten-Steinach

Navigation N 47.541769°, E 10.511246°

Karte AV-Karte BY 5, Tannheimer Berge, 1:25.000

Wir erreichen einen Geländeabsatz mit verheißungsvollem Blick auf unser Tagesziel. Nach Passieren der Pfrontener Alpe (1456 m), die am großzügigen Hochplateau liegt, steigt man angenehm über den weitläufigen Osthang zum Sattel zwischen Pirschling und Schönkahler hinauf (1580 m). Hier weht meist ein frisches Lüfterl. Der Schlussanstieg zum Schönkahler (1688 m) über den langen und breiten Gratrücken ist vom Sattel nur noch Formsache. Der Blick auf die Allgäuer und Tannheimer Berge vom Gipfelkreuz wird eindrücklich in Erinnerung bleiben – die „Drei Zinnen“ markieren übrigens die Kellenspitze, den Gimpel und die Rote Flüh.

Abfahrt

In der Regel orientiert man sich an der Aufstiegsroute. Bei sicheren Verhältnissen gibt es unterhalb des Gipfels jedoch einige rassige Abfahrtsvarianten zur Pfrontener Alpe. Im unteren Abschnitt kürzt man den Ziehweg über die buckelreiche Direttissima in der Waldschneise ab. Bei Vereisung halten sich Anfänger jedoch besser entlang der flachen Aufstiegsspur. Dann ist auch bei der Hangquerung im unteren Wald Vorsicht geboten (enge Trasse).

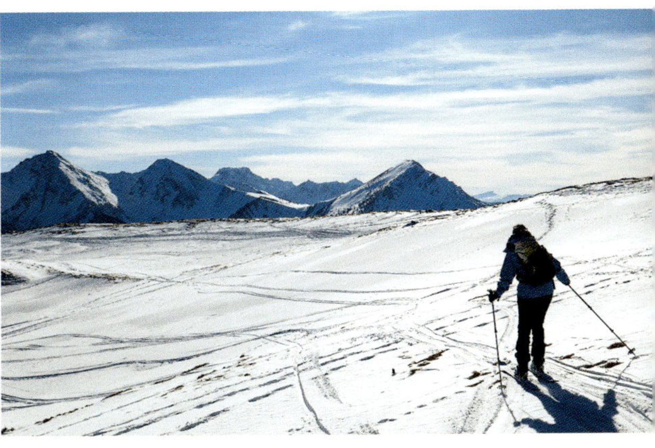
Nach dieser Hangquerung folgt die schöne Abfahrt zur Pfrontner Alpe.

47 WERTACHER HÖRNLE | 1695 m | Allgäuer Alpen

Allgäuer Alp- und Berggenuss

Das Wertacher Hörnle ist der Paradeberg für Skitouren-Einsteiger. Es gibt ganz wenige Voralpenberge, die einen derart hohen Anteil an freien und ideal geneigten Hängen zu bieten haben! Vor allem im Hochwinter ist die Abfahrt bei Pulverschnee ein absoluter Hochgenuss. Im Spätwinter hingegen apern die Südhänge rasch aus, dann kann es passieren, dass man auf dem verbliebenen Schnee des Almwegs herunterrutschen muss. Das phantastische Allgäu-Panorama und die sympathische Einkehr auf der Buchel Alpe runden den Genusstag ab.

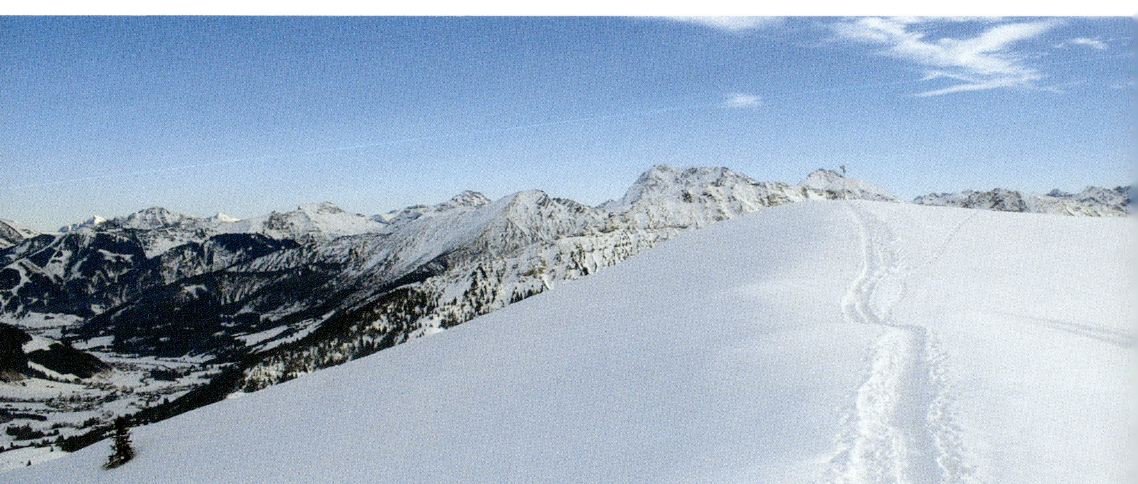

Die Schlussquerung zum Gipfelkreuz verläuft weitgehend auf gleicher Höhe.

Aufstiegsweg

Vom Parkplatz steigt man an den Häusern von Obergschwend vorbei ein kurzes Stück nach Süden und rechts über die ostseitigen Wiesen empor. Bei Ausaperung folgt man dem beschilderten Wanderweg zur Buchel Alpe. An einem Geländeabsatz treffen beide Routen wieder aufeinander. Nun entweder weiter auf dem Almweg oder direkt über die Wiesen zur Buchel Alpe (1270 m) hinauf; die Einkehr heben wir uns für später auf.

Von der Alpe geht es über die mäßig steilen Südosthänge bis zur Waldgrenze auf knapp 1400 Meter empor. Hier folgt man entweder geradeaus dem Sommerweg durch den Wald oder man hält sich zunächst links am Waldrand, um dann querfeldein rechts durch den Wald hochzusteigen. Die beiden Varianten vereinen sich knapp unterhalb eines den Hang querenden Forstwegs, dem wir – zwischendurch etwas an Höhe verlierend – etwa 300 Meter in südwestliche Richtung folgen. Wir erreichen eine breite Schneise mit Blick auf unser Tagesziel (1479 m). Hier gibt es nur eine logische Aufstiegstrasse direkt den moderaten Hang hinauf. Nach einer kleinen Schleife halten wir uns am Wegweiser auf dem breiten Bergrücken links und streben über wenig steiles Gelände direkt dem sichtbaren Skigipfel (1684 m) zu. Das großartige

Panorama der Allgäuer Alpen zieht den Betrachter auf Anhieb in seinen Bann.

Obwohl der nur wenige Meter höhere Hauptgipfel (1695 m) skitechnisch uninteressant ist, lohnt sich dessen Besteigung über den häufig überwechteten Grat. Meistens ist von Schneeschuhgehern und Winterwanderern eine Trasse vorgegeben. Dabei überwindet man zu Fuß einen Zwischenbuckel mit Blick in kraterähnliches Gelände, in dem sich der zugeschneite Hörnlesee verbirgt. Die letzten Meter zum Gipfelkreuz sind etwas steiler und bei Vereisung unter Umständen heikel. Nordwärts reicht der Blick bis weit in das Alpenvorland.

Abfahrt

Vom Skigipfel fährt man in der Regel direkt über die freien Südosthänge bis ca. 1500 Meter hinab, also deutlich rechts (westlich) der Aufstiegsspur. Wohl dem, der hier Pulverschnee vorfindet! Dann trifft man wieder auf jenen Forstweg, den man fast auf gleicher Höhe 300 Meter ostwärts quert. Weiter entlang der Aufstiegsspur durch den Wald zu den freien Hängen der Buchel Alpe.

Von der Buchel Alpe bietet sich ein herrlicher Blick in das Tannheimer Tal mit weiteren lohnenden Tourenzielen (z. B. Füssener Jöchl, siehe Tour 18 oder Wannenjoch, siehe Tour 48). Grund genug, sich für eine ausgiebige Rast hier niederzulassen, zumal das Logo „Allgäuer Alpgenuss" für eine ehrliche und ursprüngliche Qualität der Speisen birgt. Die Vorfreude auf die Spezialitäten aus dem Hüttenholzherd wächst somit. Der Hefezopf und der mit Dinkelmehl gebackene Kuchen sind ebenso hausgemacht wie die Speck- und Käsknödelsuppe. Das wissen auch Wanderer und Rodler zu schätzen, weshalb hier bei schönem Wetter reger Betrieb herrscht. Nach der Einkehr hat man die finale Abfahrt wahlweise auf dem Hüttenzustieg oder den freien Hängen rasch zurückgelegt.

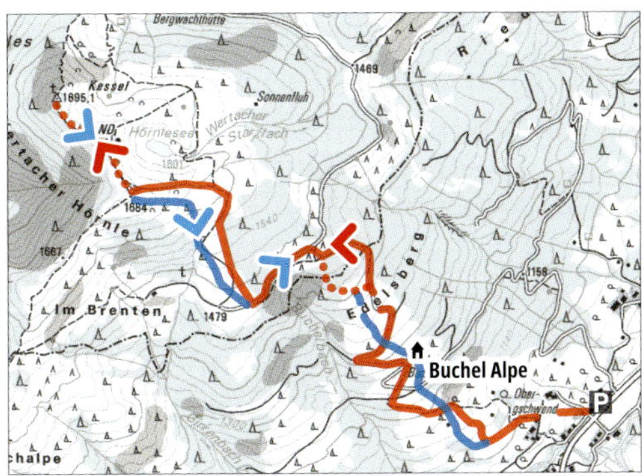

Höhenmeter	760
Gehzeit	2 Std.
Hangexposition	Erst Ost, dann Südost bis Süd
Höhenlage	1030 – 1695 m

Tourencharakter Die ideale Einstiegstour bietet großartige Ausblicke und ist aufgrund des angenehmen Streckenprofils inklusive Einkehr sehr beliebt.

Tourengelände Bis auf den Waldgürtel im Mittelteil freie, wenig bis mäßig steile Südost- bis Südhänge. Vom Skigipfel kann man auf dem teils überwechteten Grat zum Hauptgipfel queren.

Gefahrenpotential Bei vernünftiger Routenwahl kaum objektive Gefahren

Anfahrt

Auto A96 Richtung Lindau, Ausfahrt Buchloe, B12 Richtung Kempten, A7 Richtung Füssen, Ausfahrt Oy-Mittelberg, B310 nach Unterjoch (Ortsteil Obergschwend)

Ausgangspunkt Gebührenpflichtiger Parkplatz in Obergschwend rechts der Straße zum Oberjoch

Navigation N 47.539629°, E 10.414867°

Einkehr Buchel Alpe (1270 m), Tel. +49 8324/7210, Fr. – Mo. 11 – 17 Uhr, in den Weihnachtsferien (ab 26.12.) und während der Faschingszeit täglich, www.buchelalpe.de

Info Tourist-Information Oberjoch, Tel. +49 8324/7709, www.oberjoch.info

Karte Kompass-Wk Allgäuer Alpen Kleinwalsertal, 1:50.000

48 WANNENJOCH | 1907 m | Tannheimer Berge

Traumhafte Osthänge

Wer von Grän entlang der Piste zum Füssener Jöchl hochsteigt (siehe Tour 18), erblickt am westlichen Ende des Tannheimer Tals einen breiten Berg mit auffallend schönen Osthängen. Das herrlich kupierte Gelände ist allenfalls licht bewaldet und leuchtet derart verlockend in der Sonne, dass jedes Skitourengeherherz zu hüpfen beginnt. Auch die Gipfelwanne unterhalb des Grates, von welcher der Berg seinen Namen erhalten hat, ist deutlich auszumachen. Hinzu kommt, dass man bei Bedarf in der unteren Waldzone zumindest bei der Abfahrt die Pisten nutzen kann.

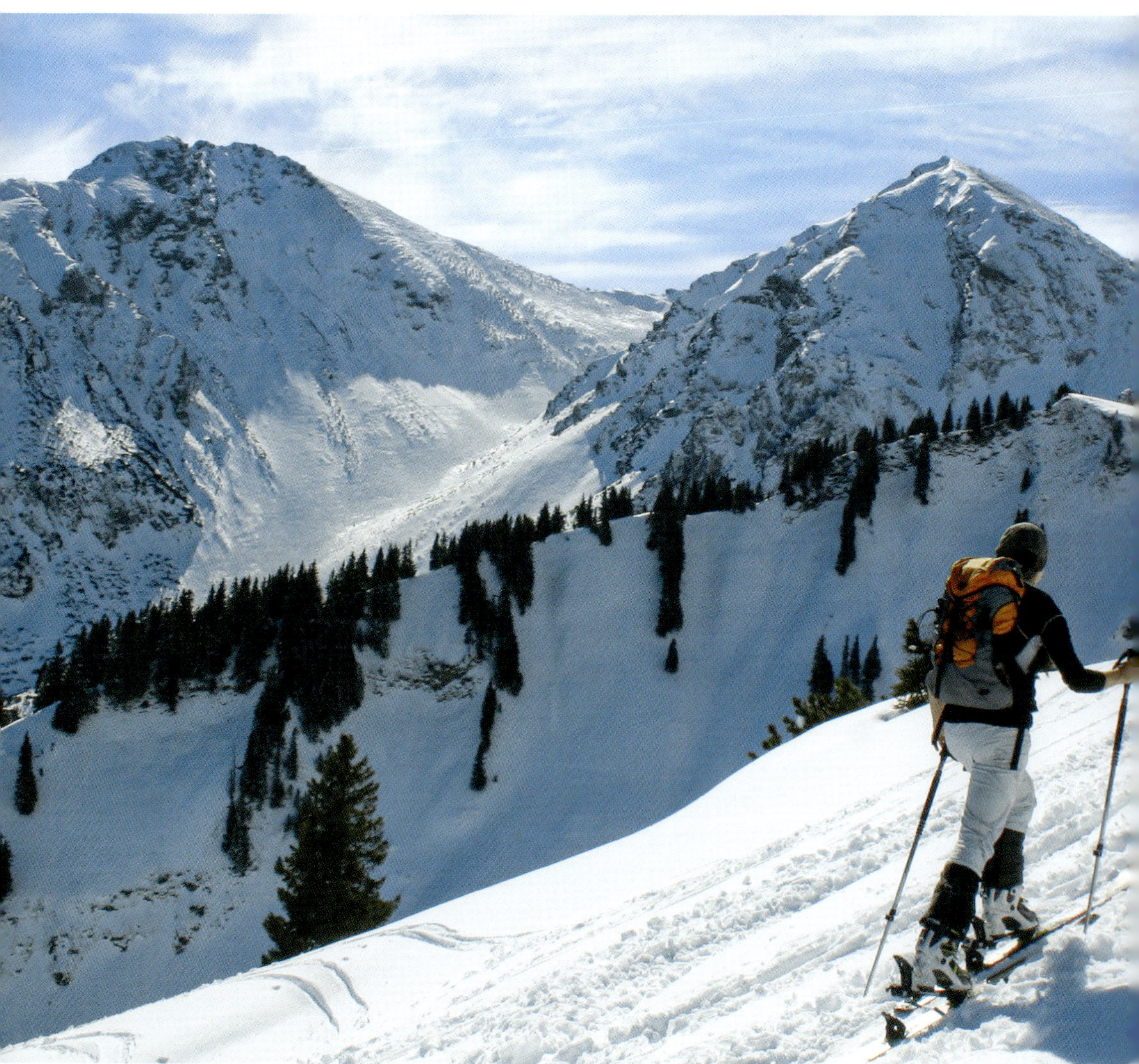

Am Osthang des Wannenjochs mit Blick auf den Bschießer

Wer es sich ganz bequem macht, überwindet die ersten 490 Höhenmeter mit dem Sessellift und beginnt die Tour erst an der Bergstation. Auch der direkte Anstieg auf der mittelschweren Piste verspricht raschen Höhengewinn, sollte aber bereits vor Öffnung der Lifte in Angriff genommen werden. Auch bei wenig Schnee ist der Anstieg über die Piste eine gute Alternative.

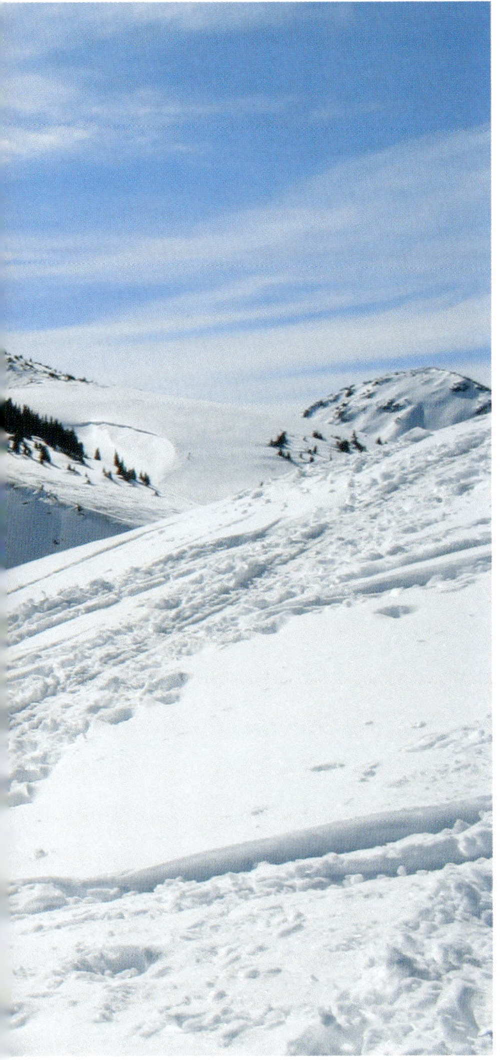

Aufstiegsweg

Wir empfehlen aber den Anstieg abseits des Pistenbetriebs durch das malerische Stubental. Er beginnt am östlichen Ende des Liftparkplatzes direkt am Stuibenbach. Der beschilderte Weg (Ww. Bergstation, Jochstadel) führt relativ eben am Bach entlang über eine Brücke auf die andere Bachseite. Etwas oberhalb haben wir an einer weiteren Brücke zwei Möglichkeiten: Entweder folgen wir der Aufstiegsspur an der linken (östlichen) Bachseite auf einem schönen Waldweg mit teils überwältigendem Schluchtblick, eine Forststraße geradeaus überquerend, zur Piste (P. 1313 m), auf der wir rechts bequem in den etwas tiefer gelegenen Talgrund mit Schlepplift gelangen. Oder wir überqueren den Bach nochmals und steigen etwas direkter und steiler rechts (östlich) auf einem mittelbreiten Weg zur Piste empor. Unterwegs genießen wir einen herrlichen Blick auf die 2000 Meter hohe Berggestalt des Bschießers!

Die Piste führt in nordwestliche Richtung in einigen Kehren – unterwegs auf die mittelschwere Piste treffend, die wir später als Abfahrt nutzen können – zur Bergstation der Wannenjochlifte. Etwas südlich verlassen wir an der letzten Kehre die Piste nach links und stoßen auf die freie Aufstiegsspur. Man kann die Piste jedoch bereits nach wenigen Metern im Talgrund nach links verlassen und am Waldrand durch freies Almgelände bis in Sichtweite der Station hochsteigen.

Fortan bewegen wir uns endgültig abseits der gesicherten Pisten und müssen trotz des insgesamt wenig steilen Geländes vor etwaigen Lawinen auf der Hut sein. Vor allem bei der ersten Hangquerung in südöstliche Richtung sollte man die Spur um die steilsten Passagen herum setzen. Man erreicht einen flacheren Geländerücken, hält sich etwas rechts und

48 WANNENJOCH | 1907 m | Tannheimer Berge

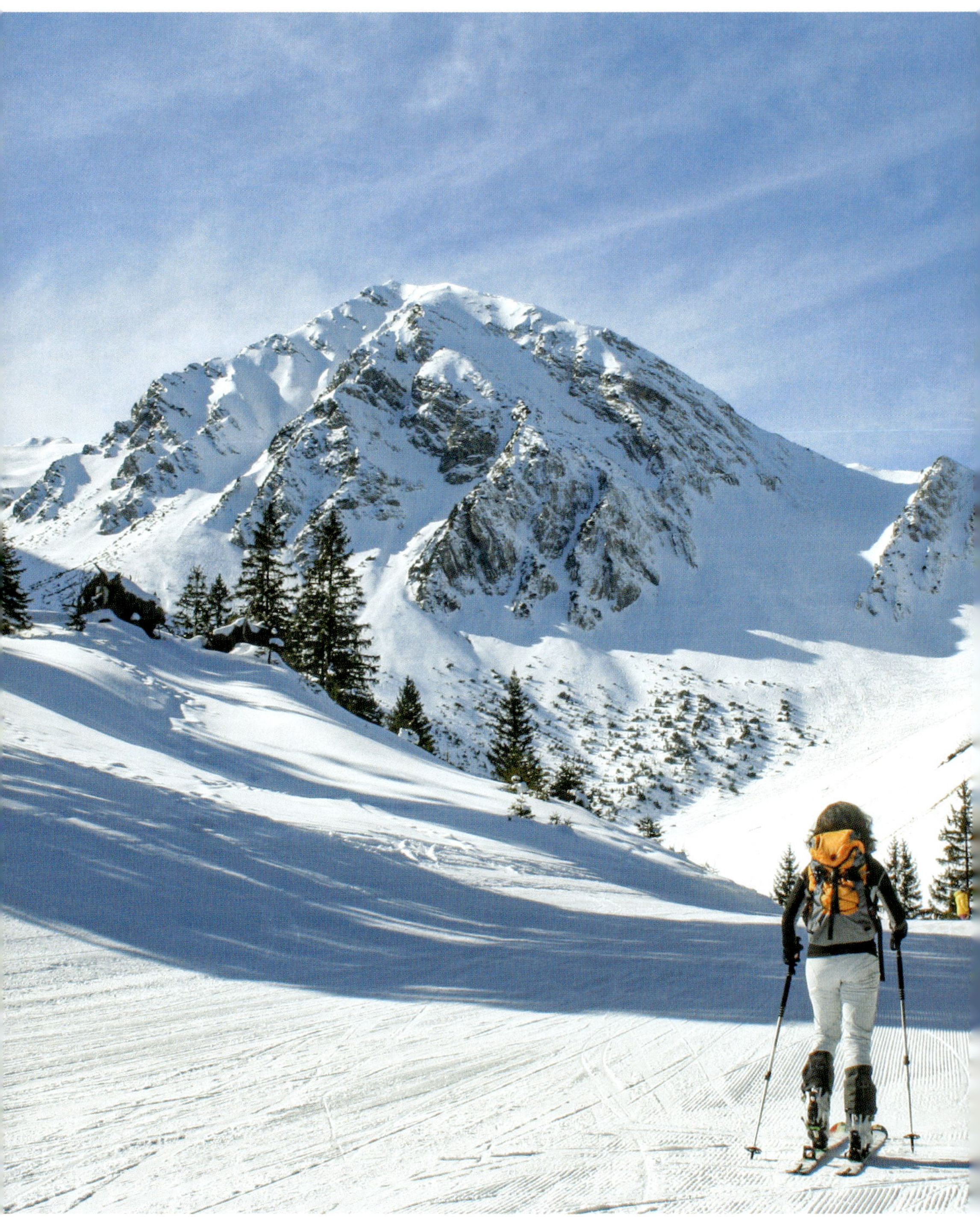

Der Bschießer schließt das Stuibental ab.

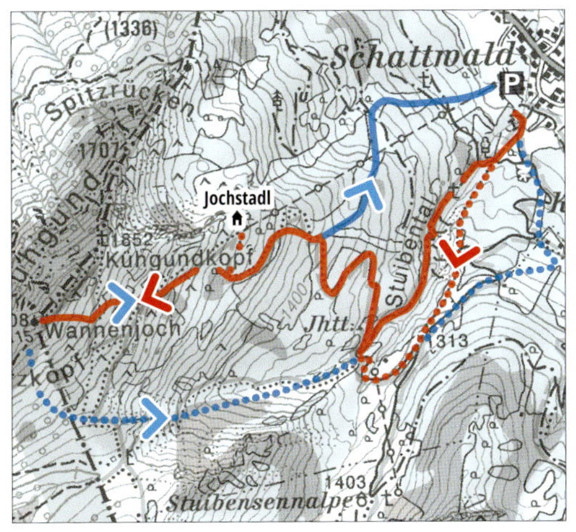

zieht über den mit Latschen bewachsenen Hang vis-à-vis einer „Wanne“ zum nahen Grat hinüber. Hier geht es nach rechts in wenigen Minuten zum 1907 Meter hohen Wannenjoch hinauf. Die Aussicht auf die Tannheimer und Allgäuer Berge ist vom Gipfel überwältigend.

Abfahrt

Entweder fährt man entlang der Aufstiegsspur in Richtung des bald auftauchenden Pistengeländes und anschließend auf der mittelschweren Piste nach Schattwald hinab. Insbesondere bei sicheren Verhältnissen und gutem Schnee – es sollte aber so viel vorhanden sein, dass die Latschen nicht mehr hervorlugen! – lohnt jedoch die direkte Abfahrt über die freien Südosthänge zur Unteren Stuibenalpe (1309 m). Hier münden wir in vom Aufstieg bereits bekanntes Pistengebiet, überwinden an der Talstation des Schlepplifts rechts haltend einen kurzen Gegenanstieg und fahren auf leichter Piste nach Schattwald hinab.

Höhenmeter	850
Gehzeit	3 Std.
Hangexposition	Meist Nordost bis Ost
Höhenlage	1080 – 1907 m

Tourencharakter Kombinierte Ski- und Pistentour im Stuibental inklusive Besteigung eines herrlichen Aussichtsbergs

Tourengelände Von Schattwald bis in das Pistengebiet einsame Aufstiegstrasse im Stuibenbachtal, kurzer Pistenabschnitt, oberhalb der Waldgrenze mäßig steile, mit Wannen durchsetzte Südosthänge

Gefahrenpotential Oberhalb der Wannenjochbahn-Bergstation ist der Osthang in kurzen Abschnitten > 30° steil.

Anfahrt

Auto A 96 Richtung Lindau, Ausfahrt Buchloe, B 12 Richtung Kempten, A 7 Richtung Füssen, Ausfahrt Oy-Mittelberg, B 310 nach Oberjoch, B 308 bzw. B 199 in das Tannheimer Tal bis Schattwald

Ausgangspunkt Gebührenpflichtiger Parkplatz an der Talstation des Wannenjoch-Skigebiets; möglichst am Stuibenbach (südöstliches Ende) parken

Navigation N 47.512462°, E 10.459628°

Einkehr Jochstadl (Bergstation Wannenjochlifte, 1570 m), Tel. +43 56 75 / 66 45, geöffnet wie Liftbetrieb

Info Tourismusverband Tannheimer Tal, Oberhöfen 110, Tannheim, Tel. +43 56 75 / 622 00, www.tannheimertal.com

Karte Kompass-Wk Allgäuer Alpen Kleinwalsertal, 1:50.000

49 GALTJOCH | 2109 m | Lechtaler Alpen

Tagestour mit Einkehrschwung und Waldslalom

Den Skibergsteiger im Voralpenraum führt der Weg zum Gipfel zwangsläufig auch durch mehr oder weniger ausgedehnte Waldpassagen. Die in diesem Buch vorgestellten Touren verzichten fast ausnahmslos auf Vorschläge mit engen und schwierigen Walddurchfahrten. Eine Ausnahme aber bildet die Tour auf das Galtjoch. Gut einhundert Höhenmeter Waldbereich leichter Schwierigkeit sind bei dieser Abfahrtsroute zu durchfahren. Eine perfekte Übung, um sich auch in dieser Disziplin zu beweisen. Mit dem Glücksgefühl der bewältigten Gipfelhänge lässt sich diese Aufgabe auch für diejenigen, die sich nicht zu den Slalomartisten zählen, mit Bravour meistern. Doch bei der Abfahrt unbedingt auf den Jungwald achten!

Aufstiegsweg

Die Tour beginnt mit einer kleinen Besonderheit: einer Abfahrt. Vom Skilift-Parkplatz am Ortsende Richtung Namlos fahren wir mit geschlossener Bindung die gegenüberliegenden Wiesenhänge nach Rauth hinab. Da der Parkplatz relativ klein ist, bieten sich noch zwei weitere Ausgangmöglichkeiten an: Nach der Ortseinfahrt nach Rinnen rechts abbiegen und an der Kapelle vorbei hinab bis zu einem kleinen Parkplatz am Berghaus Rinnen (1270 m, AV Friedberg). Wenige Meter unterhalb des Berghauses links in die beschriebenen Wiesenhänge hineinqueren, dabei aber nicht durch den Jungwald abfahren! Oder mit dem Auto am Berghaus Rinnen vorbei das schmale, steile Sträßchen bis nach Rauth hinunterfahren und sich einen der wenigen Parkplätze im engen Talgrund ergattern.

In Rauth folgt man zunächst dem Almweg ca. 500 Meter links des Rotlechbaches Richtung Süden. Bei einer Brücke erinnert uns der LVS-Check-Point noch einmal an die Prüfung der Sicherheitsausrüstung, bevor wir den ansteigenden Almweg Richtung Rotbachwiesen einschlagen. Bereits bei der ersten Hütte (ca. 1350 m) quert man rechts in den Wiesenhang, um kurz darauf wieder auf den Almweg zu stoßen. Diesem folgen wir wenige Meter und zweigen links in eine Waldschneise ab – bei geringer Schneelage kann alternativ auch in einem weiten Bogen auf dem Forstweg aufgestiegen werden. Etwas oberhalb quert die Aufstiegsspur nochmals einen Almweg, dann stoßen wir auf die Skitourenbeschilderung zum Galtjoch. Die Route führt uns jetzt westlich durch ein etwas steiler werdendes Waldstück und nach einer kurzen Flachpassage wieder nördlich durch dichteren Wald zur Ehenbichler Alm (1694 m). Vor der Alm, Richtung Südwesten haltend, weist uns nochmals eine Skiroutenmarkierung den vorgeschriebenen Weg. Durch den sehr lichten steileren Wald empor; wir queren einen Graben und erreichen die freien Hänge zwischen Abendspitze und Galtjoch. Weiter Richtung Westen zum Gratrücken und auf diesem zum Gipfel (2109 m). Ein breites Plateau mit einem hölzernen Kreuz bietet auch bei etwaigem Wochenendandrang genügend Platz, um die Gipfelschau in Ruhe genießen zu können.

Abfahrt

Bis zur Ehenbichler Alm entlang der Aufstiegsspur, wobei vor allem die Hänge entlang des Gratrückens zum entspannten Variantenfahren einladen. Den Einkehrschwung an der Alm

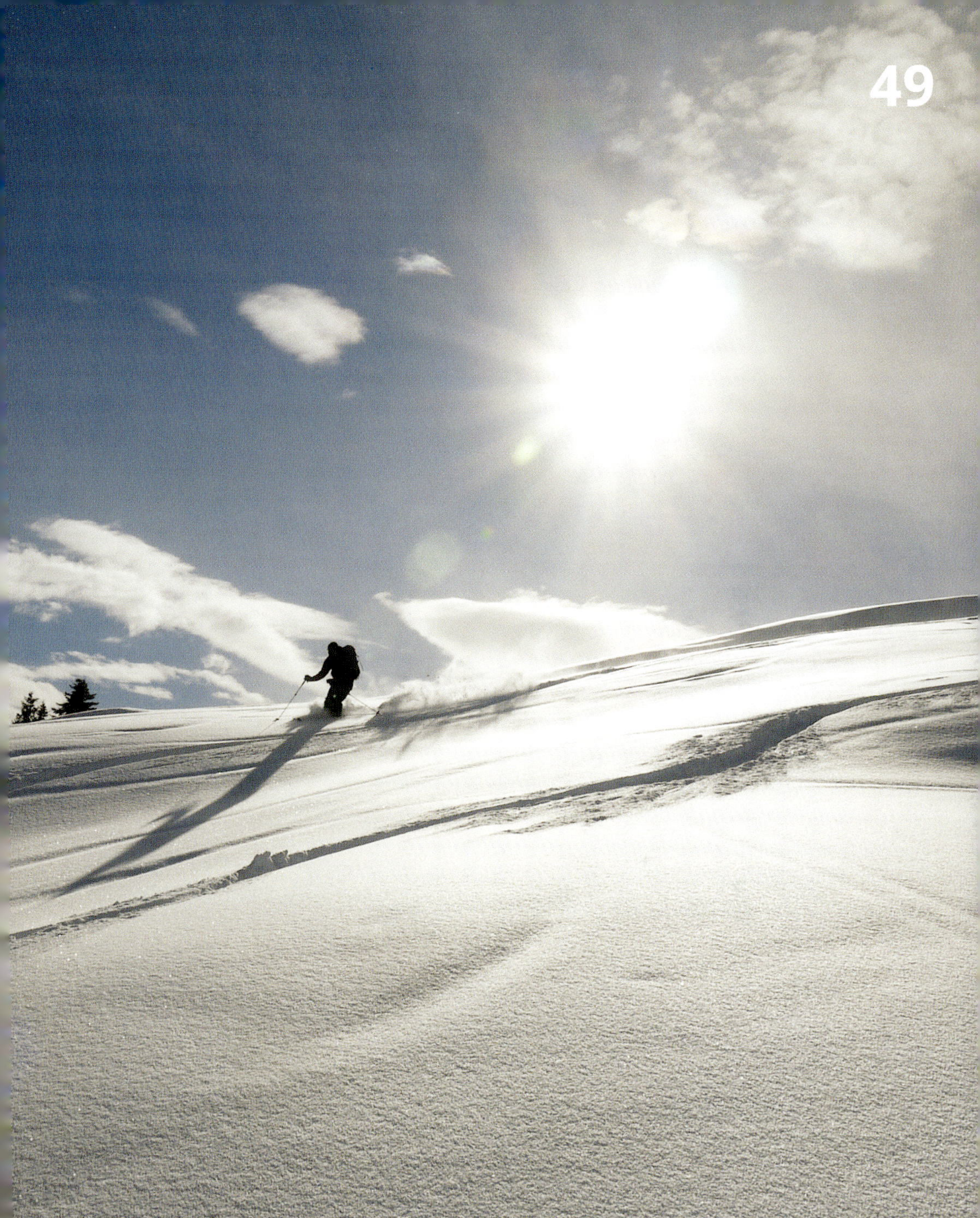

Perfekter Pulverschnee und exzellente Skitechnik – ein Traum.

49 GALTJOCH | 2109 m | Lechtaler Alpen

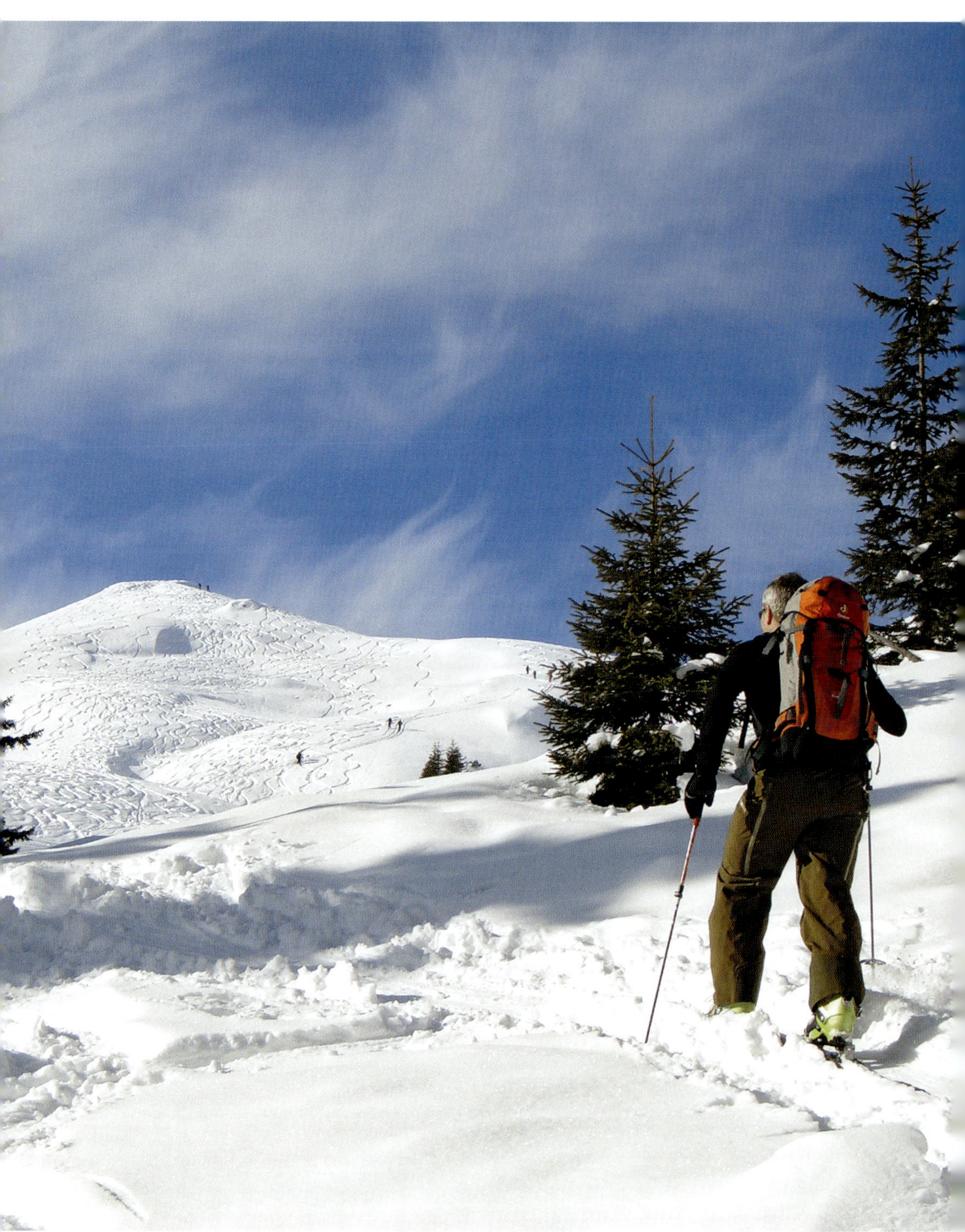

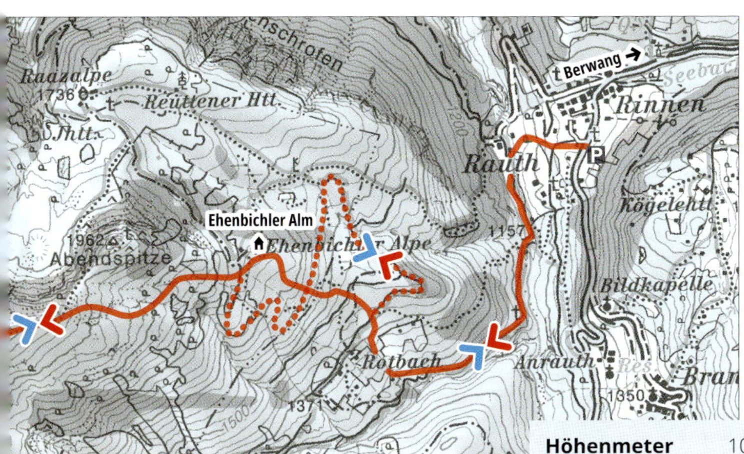

sollte man sich schon wegen der Aussicht und der freundlichen Begrüßung durch die Hüttenwirte nicht verkneifen.

Die Abfahrt erfolgt entlang des Aufstiegsweges durch die Waldpassage oder alternativ auf dem Forstweg mit kleineren Gegenanstiegen bis zu den Rotbachwiesen. Diese überqueren und weiter wieder den Forstweg hinunter nach Rauth. Wohl dem, der sich für die gut 100 Höhenmeter Gegenanstieg nach Rinnen noch ein paar Körner aufgespart hat.

An der oberen Waldgrenze mit Blick auf die Gipfelhänge

Höhenmeter	1080
Gehzeit	3 Std.
Hangexposition	Ost bis Südost
Höhenlage	1150 m – 2109 m

Tourencharakter Sehr beliebte, kurzweilige Tour auf einen Vorzeige-Skitourenberg, einziger Wehrmutstropfen ist ein kurzes Stück Waldpassage. Je nach Parkplatz beginnt der Aufstieg ggf. mit einer Abfahrt.

Tourengelände Breite Forststraße, freie, ideal geneigte Hänge und eine nicht zu enge Waldpassage hoch zur Ehenbichler Alpe

Gefahrenpotential Die flankierenden Hänge der Abendspitze sind > 30° steil und sollten bei der Tourenplanung beachtet werden.

Anfahrt

Auto A 95 und B 2 nach Garmisch-Partenkirchen, B 23 Richtung Fernpass über Lermoos, Bichlbach und Berwang nach Rinnen

Ausgangspunkt Skilift-Parkplatz am Ortsende von Rinnen Richtung Kelmen / Namlos

Navigation N 47.402503°, E 10.717978°

Einkehr / Übernachtung Ehenbichler Alm (1694 m), Tel. +43 676 / 35 11 68 1, www.ehenbichler-alm.com

Info Tourismusverband Berwang, HNr. 82, Berwang, Tel. +43 56 73 / 20 00 04 00, www.berwang.tirol und www.zugspitzarena.com/de/Orte-Region/Berwang

Karte Kompass Karte 4, Füssen Außerfern, 1:50.000

50 KREUZJOCH, MITTERZEIGERKOPF | 2556 m, 2629 m | Kühtai

Vorzeigetour am Skidorf Kühtai

Mit 2016 Metern Meereshöhe ist der Tiroler Ort Kühtai die höchstgelegene Skistation Österreichs. Keimzelle der touristischen Entwicklung war die Chutay (Kuhalm), die bereits im 13. Jahrhundert im Grundsteuerbuch der Grafen von Tirol Erwähnung fand. Von Erzherzog Leopold V mit einem Fahrweg erschlossen, diente der zum Jagdschloss umgebaute Schwaighof der blaublutigen Gesellschaft als Jagdstützpunkt. Um das heutige Schlosshotel – Inhaber ist übrigens der Urenkel des österreichischen Kaisers Franz Josef I und Kaiserin Sissi – wuchs nach dem zweiten Weltkrieg das Hoteldorf.

Folgerichtig prägen die Lifterschließungen der 1960er und 1970er Jahre das Landschaftsbild um Kühtai. Zur reinen Event-Arena ist die ehemalige Kuhalm aber nach wie vor nicht verkommen. Die groß angelegten Erschließungskonzepte vom Pirchkogel zu den Feldringer Böden nach Silz ins Inntal wurden immer wieder auf Eis gelegt und die eher traditionelle, familienorientierte Ausrichtung halten den Partytourismus erst einmal fern. An geeigneten Übernachtungsmöglichkeiten herrscht trotzdem kein Mangel: Die Palette reicht vom Viersternehotel über die Alpenvereinshütte bis zum Igludorf.

Unsere Tour, eine Paradetour der Sellrainer Skiberge, steht stellvertretend für die schier unerschöpflichen Tourenmöglichkeiten in diesem Teil der Stubaier Alpen. Speziell am Kühtaisattel bieten sich mit den Lifterschließungen auch einige interessante Kombinationsmöglichkeiten für Pistengeher an. Vom Saisonstart mit erstem Pulverschneekontakt Ende November bis zu den Butterfirnabfahrten im Mai – der Mitterzeigerkopf und seine Nachbarn eignen sich während der gesamten Saison als Gipfelziele.

Aufstiegsweg

Vom Ausgangspunkt ca. drei Kilometer vor Kühtai zwischen zwei Lawinengalerien geht man direkt vor der Klammbrücke in den latschenbewachsenen Hang. In wenigen Kehren über diesen ersten Aufschwung hinauf – das Gelände lehnt sich schon kurz darauf wieder zurück. Wir stehen rechts oberhalb des Klammbaches und blicken in die für die Sellrainer Seitentäler typischen gletscherfreien, sanft ansteigenden Böden Richtung Mitterzeigerkopf. Wir folgen dem Bachlauf taleinwärts. Auf einer Höhe von ca. 2080 Metern überwindet man eine Engstelle im Bachbett, bleibt meist an der linken Hangseite und folgt weiter dem Talboden zu den Hängen der Oberen Zirmbachalm. Bei guten Bedingungen kann man von hier die aus dem Skigebiet startenden Freerider während ihrer gesamten Abfahrt über die steilen Osthänge beobachten.

Unsere Aufstiegsroute verlässt nun den flachen Bachgrund und wendet sich in langen Kehren nach Nordosten über die Almflächen der Oberen Zirmbachalm in Richtung der Zirmbacher Narren böden. Beim Höhenpunkt 2310 Meter halten wir uns scharf links und gehen über wunderbares Skigelände hinauf zum Kreuzjoch (2556 m). Geradeaus geht es ebenfalls zu einem Sellrainer Paradeberg, dem Rietzer Grießkogel, der für Konditionsbolzen auch gut mit unserer Tour zu verbinden ist.

Den letzten Teil des Anstiegs vom Kreuzjoch zum Mitterzeigerkopf nehmen wir ohne Ski in Angriff. Etwas Aufmerksamkeit erfordert der zwar relativ leichte, aber meist verwechtete Blockgrat zum Gipfel allerdings schon.

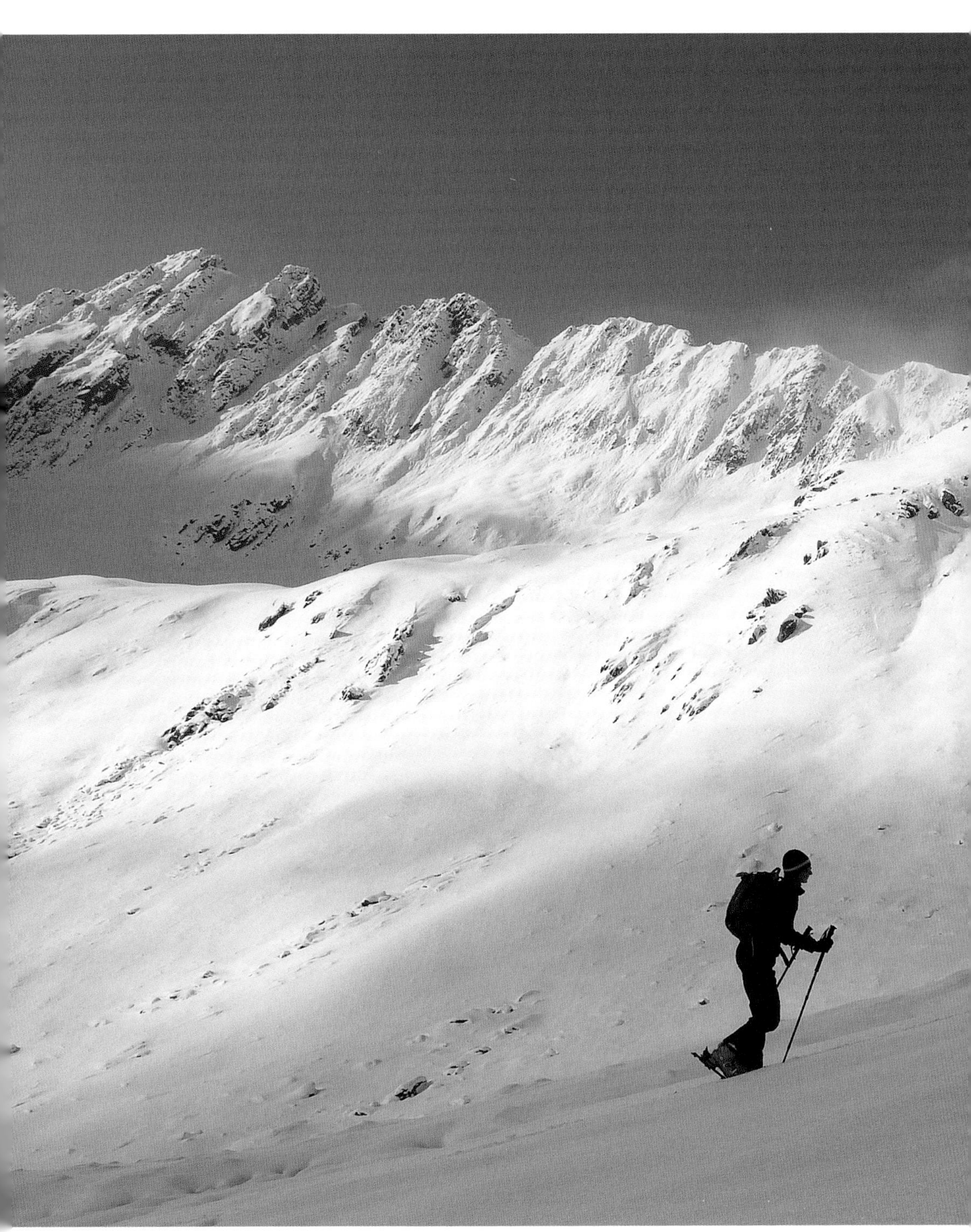

Aufstieg über den Oberen Zirmbachgraben

50 KREUZJOCH, MITTERZEIGERKOPF | 2556 m, 2629 m | Kühtai

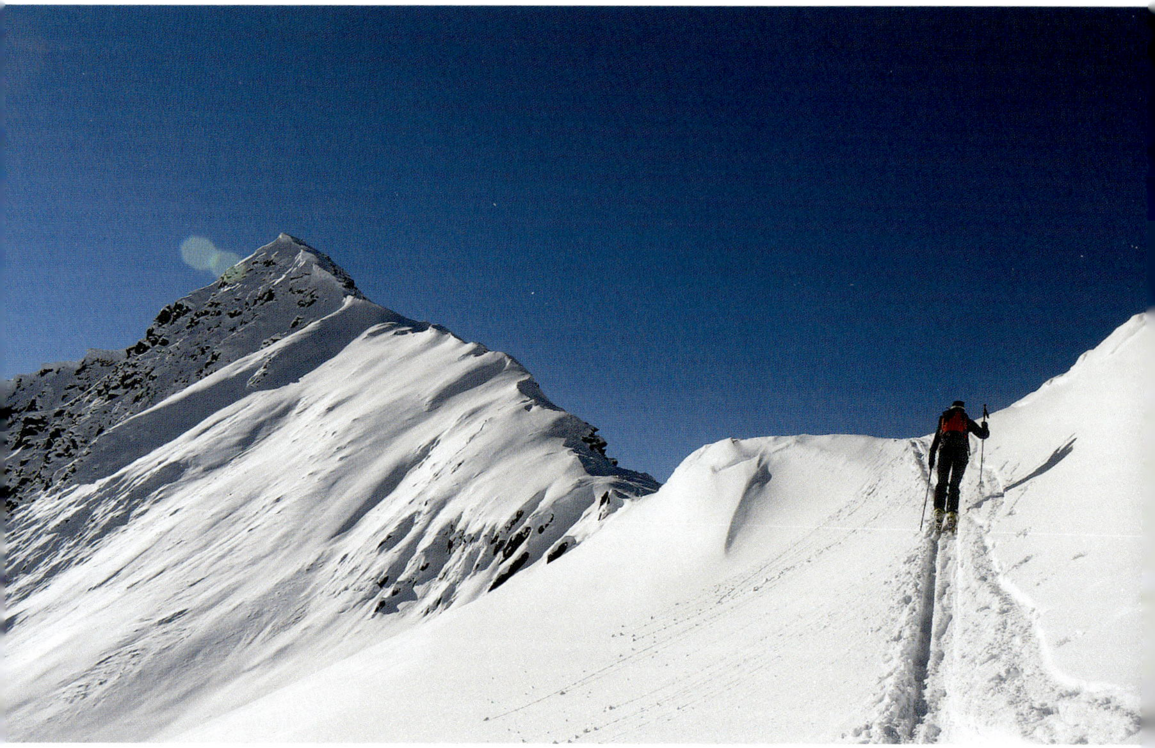

Die letzten Aufstiegsmeter unter dem Kreuzjoch – im Hintergrund der Gratanstieg zum Gipfel des Mitterzeigerkopfes

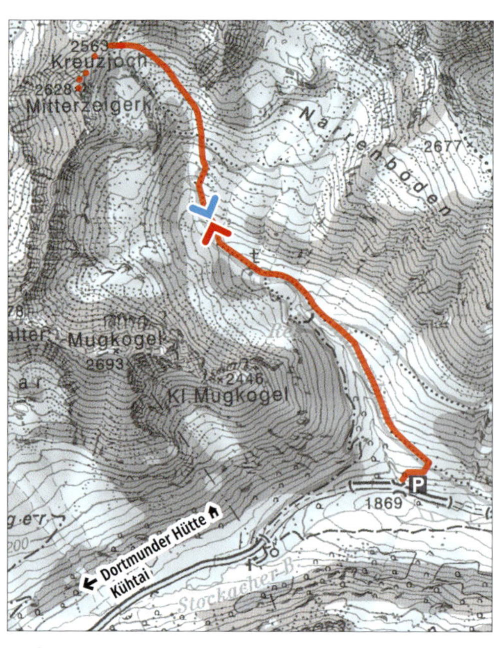

Abfahrt

Im Gegensatz zu manchen Voralpentouren verlangt die Abfahrt vom Kreuzjoch keinen großartigen Orientierungssinn. Ohne jegliche Hindernisse schwingt man erst in die herrliche Mulde unterhalb des Jochs hinein. Dann mit vielen Variantenmöglichkeiten über die flacheren Böden der Oberen Zirmbachalm und in langer Schrägfahrt à la Arnold Franks „Weißer Rausch“ wieder hinaus zum Ausgangspunkt.

Höhenmeter	770
Gehzeit	2 ½ Std.
Hangexposition	Vorwiegend Südost
Höhenlage	1860 – 2629 m

Tourencharakter Ideal geneigte Hänge bis zum Skidepot und ein alpiner, meist verwechteter, kurzer Gipfelgrat

Tourengelände Kurzer Steilaufschwung von der Straße in das freie Gelände, in relativ flacher Aufstiegsspur zu den Almböden der Oberen Zirmbachalm und durch eine herrliche Mulde zum Kreuzjoch (Skidepot, 2556 m)

Gefahrenpotential Der Zustieg entlang des Klammbaches wird von teilweise > 30° steilen Hängen flankiert. Auch der Südhang des Kreuzjochkogels, welcher sich oberhalb der „Skimulde" befindet, ist > 30° (Abfahrtsvariante bei guten Verhältnissen)

Anfahrt

Auto A 96 und B 2 über Garmisch und Zirler Berg in das Inntal oder über die Inntalautobahn Ausfahrt Kematen / Sellrain Richtung Kühtai

Ausgangspunkt Parkmöglichkeit zwischen Haggen und Kühtai nach einer Lawinengalerie und vor der Klammbrücke an der rechten Straßenseite

Navigation N 47.223692°, E 11.056167°

Übernachtung Dortmunder Hütte (DAV), Kühtai, info@dortmunderhuette.at, www.dortmunderhuette.at

Info Tourismusbüro Kühtai, Kühtai 42, Tel. + 43 512 / 53 56 - 61 83, www.kuehtai.info

Karte AV-Karte Nr. 31 / 2, Sellrain, 1:25.000

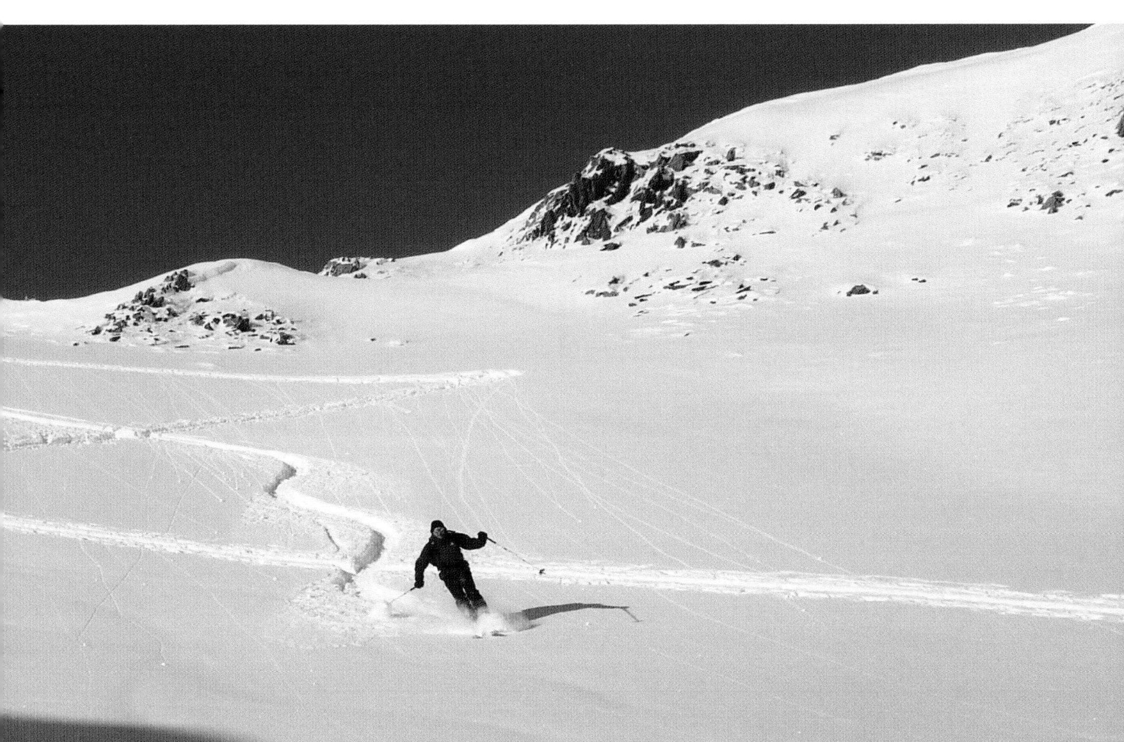

Abfahrt durch die windgeschützte Mulde direkt unter dem Kreuzjoch

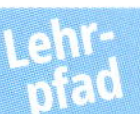

Alpines Tourenziel mit Gratisunterweisung

Ausgelöst durch den nicht zu leugnenden Skitourenboom sind in den letzten Jahren im Alpenraum und speziell in unserem Tourengebiet mehrere Skitouren-Lehrpfade entstanden. In Anlehnung an die klassischen Naturlehrpfade sollen dem Tourengeher anhand mehrerer Schautafeln im Gelände die unterschiedlichen Aspekte des Skitourengehens erläutert werden.

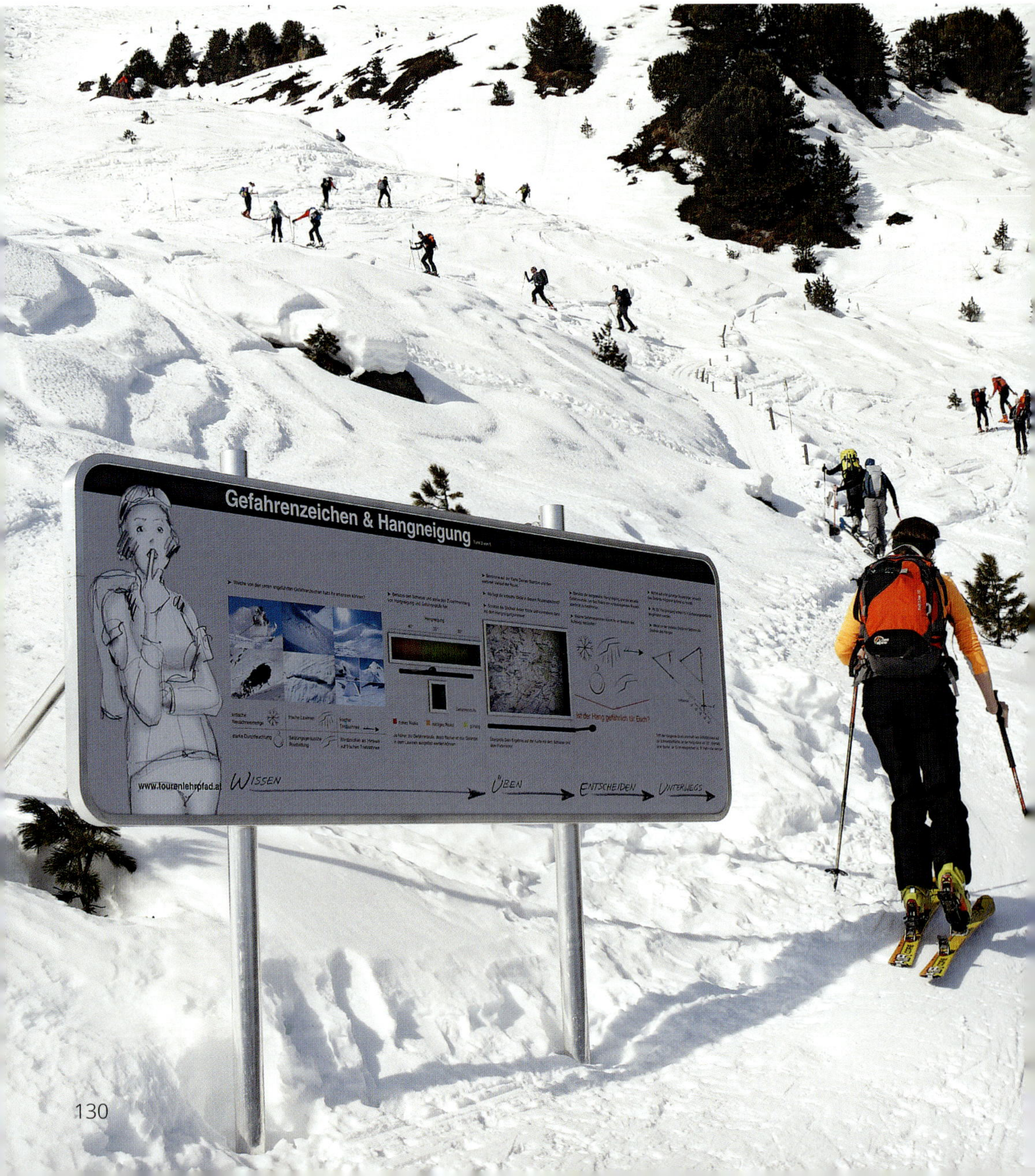

Unabhängig vom pädagogischen Anspruch der Wissensvermittlung zum Thema „Lawinen und das Verhalten auf Tour" bietet der Lampsenspitz noch weitere Reize: Zum einen lockt das nahezu ideale Tourengelände in einem schon deutlich alpinen Umfeld und zum anderen ein immerhin 2875 Meter hohes Gipfelziel mit grandioser Aussicht inmitten der Stubaier Alpen. Somit ist der Berg nicht nur für den Anfänger, sondern auch für den fortgeschrittenen Tourengeher sehr geeignet. Da mit dem Skitouren-Lehrpfad die Attraktivität des alten Tourenklassikers jedoch nochmal kräftig zugelegt hat, ist ein zeitiger Aufbruch ins Sellraintal nach Praxmar anzuraten.

Aufstiegsweg

Am Ortsende folgen wir, die kleine Ausbildungshütte und die Tafel 1 des Skitouren-Lehrpfades passierend, nordwestlich dem Weg zum rechten Schlepplift, von dem die flache Piste hinauf zum Waldrand und rechts haltend zum Almweg führt. Weiter ostwärts geht es in eine Waldschneise und durch lichte Waldpassagen. Auch in diesem Bereich kreuzt man, die Ostrichtung beibehaltend, mehrfach den Almweg. In einer Höhe von ca. 2000 Metern erreichen wir die Tafel 2 „Gefahrenzeichen und Hangneigung" des Lehrpfades und blicken in den ersten freien Hang hinein. Jetzt südöstlich hinauf zu einem großen Steinmann am südlichen Ende des Aufschwungs. Weiter östlich Richtung Schönbichl treffen wir auf die Tafel 3 „Verhältnisse und Geländeform" und etwas oberhalb auf die Tafel 4 „Faktor Mensch und Risikocheck". Das neben der Tafel angebrachte Fixfernrohr weist den Weiterweg durch eine Rinne und weiter über gestuftes Gelände zum Satteljoch (2734 m) hinauf. Hier erreichen wir unser Skidepot südlich unseres Tourenziels und gleichzeitig auch die letzte der fünf Tafeln „Abfahrt und Risikocheck". Sowohl die sinnvolle Positionierung im Tourengelände als auch die interaktive Nutzung der Lehrtafeln vor Ort versorgen alle Tourengeher mit wichtigen Informationen und Hilfsmitteln. Die letzten Höhenmeter werden zu Fuß auf meist gespurter Trasse unschwierig zum Gipfel des Lampsenspitz (2875 m) erklommen. Am stählernen Gipfelkreuz genießen wir das Panorama vom Karwendelgebirge über die Mieminger Kette bis zu den Lechtaler und Stubaier Alpen. Die Pforzheimer Hütte tief unter uns präsentiert ihr gesamtes Tourengebiet und weckt neue, auch schwierigere Gipfelziele.

Abfahrt

Die Abfahrt folgt mehr oder weniger der Aufstiegsspur. Im weitläufigen Gelände oberhalb von 2000 Metern finden sich natürlich zahlreiche Abfahrtsvarianten. Bei guten Verhältnissen lässt es sich bis auf eine Höhe von ca. 1950 Metern im freien Gelände abfahren. Ansonsten gleiten wir schon etwas früher auf dem Alm- bzw. Rodelweg bis zum Skilift und über die kurze Piste zum Ausgangpunkt zurück.

Der Skitouren-Lehrpfad an einem schönen Wochenendtag

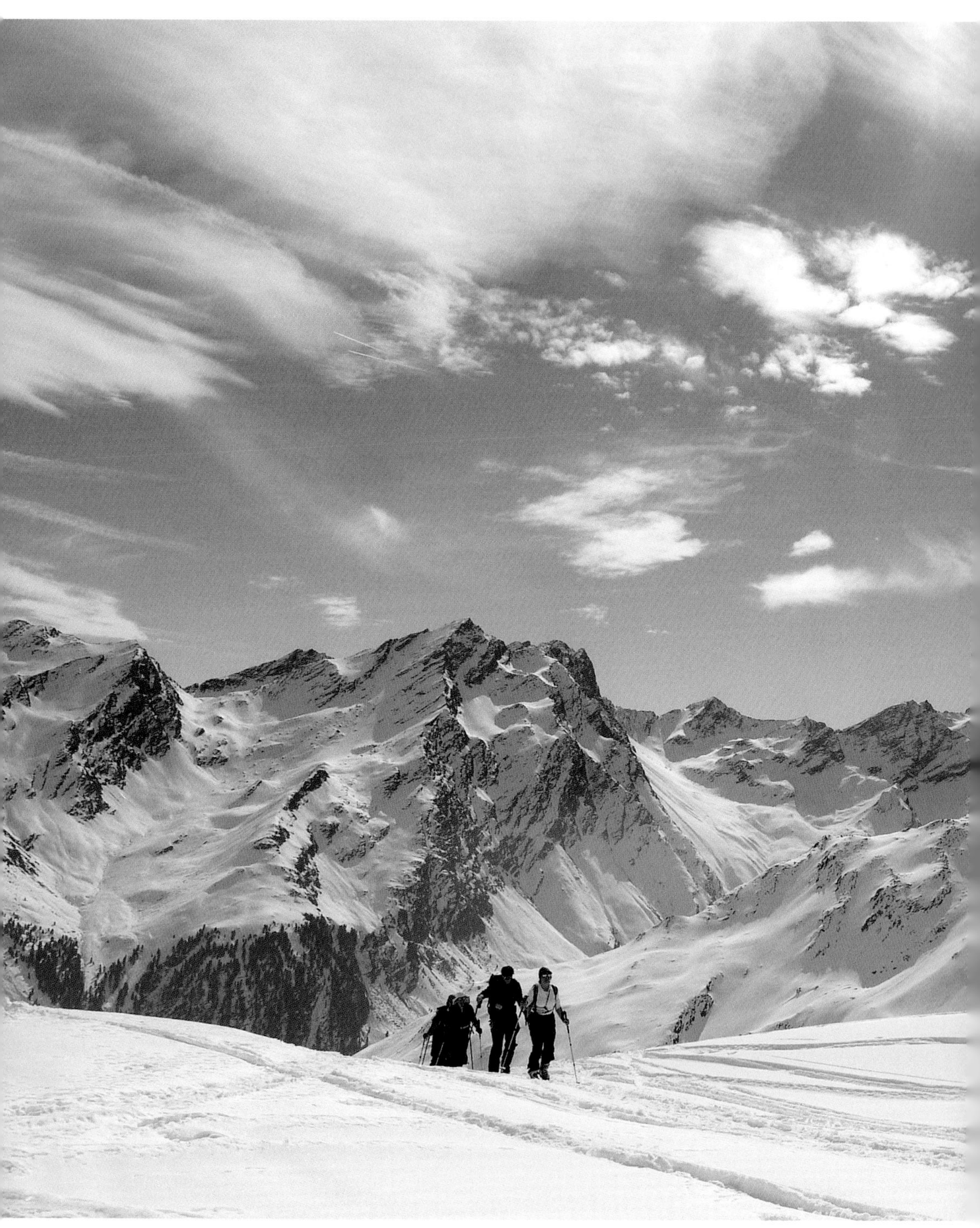

Hochalpine Szenerie beim Aufstieg

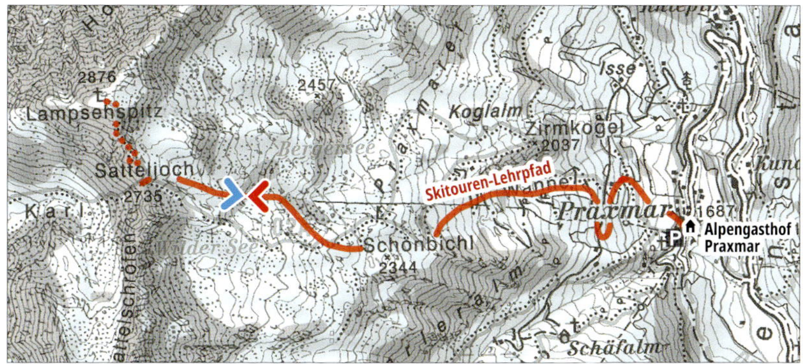

Höhenmeter	1200
Gehzeit	3 - 4 Std.
Hangexposition	Vorwiegend Ost
Höhenlage	1687 m - 2875 m

Tourencharakter Tour auf fast 3000 m; sehr beliebte und schneesichere Skitour. Interaktiver Tourenlehrpfad

Tourengelände Ideale mittelsteile Hänge in unterschiedlich kupiertem Gelände; Skidepot am Satteljoch (2734 m)

Gefahrenpotential Hangneigung im Bereich unterhalb Schönbichl zw. 2200 m und 2300 m > 30° und bei ca. 2500 m unterhalb des Kuhwächter > 30°

Anfahrt

Auto Über den Zirler Berg oder über die Inntalautobahn Ausfahrt „Kematen / Sellrain" in das Sellraintal bis Gries im Sellrain. Alternativ aus dem Ötztal nach Kühtai und weiter nach Gries. In Gries links ab nach Praxmar / Lüsens.

ÖPNV Regiobus Sellraintal, , Linie 4166, Fahrplan siehe www.vvt.at

Ausgangspunkt Parkplatz in Praxmar direkt unterhalb der kleinen Skilifte

Navigation N 47.149055°, O 11.133227°

Einkehr Alpengasthof Praxmar am Ausgangs- / Endpunkt der Tour

Übernachtung Alpengasthof Praxmar, Tel. +43 5236 / 212, www.praxmar.at bzw. weitere Pensionen und Gasthäuser in Praxmar oder in Gries im Sellrain

Skitouren-Lehrpfad
www.innsbruck.info/skifahren/skitouren/skitourenvorschlaege/touren/tourenlehrpfad-lampsenspitze.html

Info Tourismusbüro Gries, Gries 17, Tel. +43 512 / 53 56 61 82 www.innsbruck.info

Karte AV Karte Stubaier Alpen - Sellrain 1:25.000

52 LEITNERBERG | 2309 m | Brenner Berge

Obernberger Skitourenschmankerl

Ein Obernberger hat Skigeschichte geschrieben: Heinrich Messner gewann das allererste Skiweltcuprennen im Slalom 1967 und verhalf der Skisportbewegung gleichzeitig zu einem kuriosem Novum: Statt der üblichen 2,20 Meter langen „Latten" hat er sich für deutlich kürzere Skier entschieden und mit seinem Sieg den Coup perfekt gemacht. Obernberg am Brenner selbst ist jedoch keine touristische Hochburg – schon gar nicht im Winter. Obwohl die Region Wipptal als schneesicher gilt, gibt es hier mit der Bergeralm an der Nordostseite des Nösslachjochs nur ein einziges Skigebiet.

Dafür hat das Obernbergtal, obwohl immer noch ein Geheimtipp, die Herzen der Skitourengeher erobert. Aufgrund des Bergbaus blickt das Tal auf eine lange Besiedelungsgeschichte zurück – neben Erz und Kupfer wurde einst auch Silber für die Tiroler Landesfürsten abgebaut. Es ist das letzte westliche Seitental des Wipptals vor dem Brenner und liegt im Landschaftsschutzgebiet Nösslachjoch – Obernberger See – Tribulaune; die südlichen Obernberger Gipfel markieren den Grenzverlauf zu Italien. Klimatisch genießt die Region einen Sonderstatus: Etwaige Polarluft macht sich hier ebenso kaum bemerkbar wie ein heranziehendes Mittelmeertief, weshalb die Einheimischen schon lange nicht mehr auf den Wetterbericht hören.

Zu diesem Thema hätten bestimmt auch jene Bergbauern die eine oder andere Anekdote zu erzählen, die hier bereits seit Jahrhunderten die mäßig geneigten Südhänge mit ihrer regelmäßigen Bergmahd kultivieren; die umfangreiche Vieh- und Milchwirtschaft war einst nicht nur für die Versorgung der Bergleute vor Ort notwendig, vielmehr standen wohl auch die Leheneinnahmen der Landesfürsten im Vordergrund.

Der aktiven Almwirtschaft haben es die Skitourengeher übrigens zu verdanken, dass sie im Tal zwischen lichten Lärchenwäldern relativ viele hindernisfreie Hänge vorfinden. Während die nördliche Bergkette vom Nösslachjoch bis zur Rötenspitze eine Vielzahl an leichten Routen bietet, ist im Süden vor allem die Besteigung des Grubenkopfs zu empfehlen. Der Tourengeher hat somit die angenehme Qual der Wahl und kann hier abgeschieden vom Mainstream in einer der sympathischen Pensionen einen äußerst lohnenden Kurzurlaub verbringen. Und bei ungünstiger Wetter- oder Lawinenlage ist die aufgelassene Piste zur Sattelbergalm nicht weit (siehe Tour 37).

Aufstieg

Gegenüber der Haltestelle Tribulaunblick geht es beim Kreuzingerhof über die Brücke zu den Wiesen hinüber. Hier erst mäßig, dann steiler hinauf zur Außerleite. Vorbei an Almgebäuden über eine freie Fläche zum Waldrand. Weiter in nordwestlicher Richtung durch lichten Wald, bis man kurz darauf auf einen Forstweg trifft. Diesem nur einige Meter nach rechts folgen und nach der Bachquerung wieder nach links Richtung Nordwest hinauf. Immer wieder wird der lichte Wald durch Waldschneisen und Lichtungen durchbrochen. Bei ca. 1800 Metern wird der Wald endgültig entlang einer Waldschneise hinauf zu den freien, weiten Almflächen der Leitneralm verlassen. Das kupierte Gelände im weiten Rechtsbogen ausnutzend, gelangt man von Westen über einen Rücken zum höchsten Punkt des Leitnerberges. Vom Gipfel hat man einen wunderschönen Rundumblick in die Stubaier Berge und natürlich auf die drei mächtigen Tribulaune.

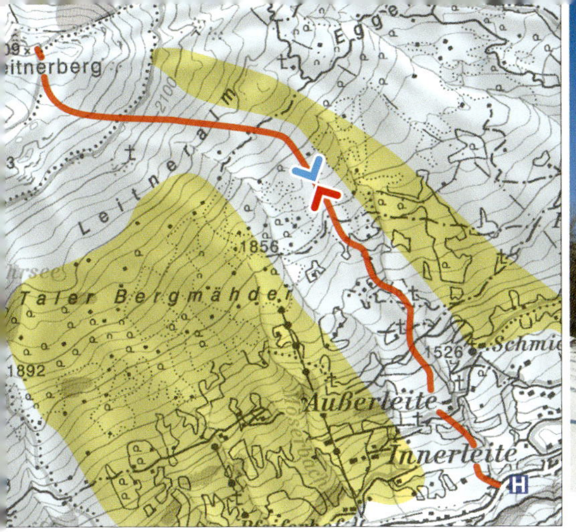

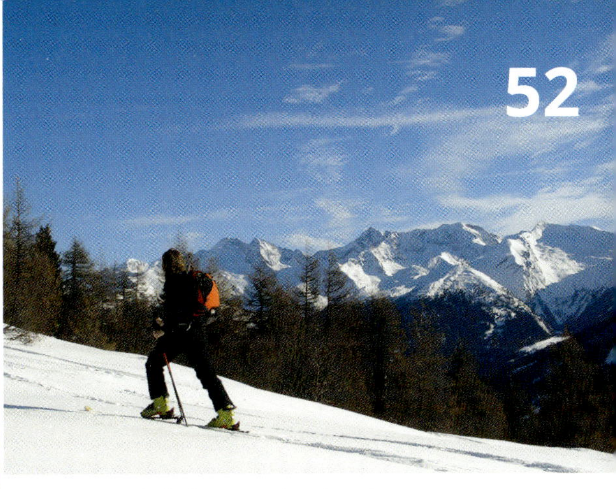

Sanft geneigte Almflächen unter der Leitneralm

Als Variante für „Aufstiegsfaule" bietet sich sogar die Auffahrt mit der Bergbahn von Steinach (Skigebiet Bergeralm) zum Nösslachjoch an, um von dort über Egger Berg und Egger Joch zum Leitnerberg hinüber zu wandern.

Abfahrt

Die Abfahrtsroute folgt im Wesentlichen der Aufstiegsspur, wobei hier die freien Flächen und unterschiedlich steilen Geländeformen hervorragend für Varianten ausgenutzt werden können. Wer möchte, kann alternativ vom Leitnerberg nordöstlich zum Egger Joch abfahren, die 150 Höhenmeter zum Egger Berg aufsteigen und von hier hinunter nach Vinaders fahren. Mit dem Skibus kommt man auch bei dieser Variante wieder bequem zum Ausgangspunkt zurück.

Höhenmeter	930
Gehzeit	3 Std.
Hangexposition	Süd, Südost
Höhenlage	1380 – 2309 m

Tourencharakter Nösslachjoch, Egger Berg und Leitnerberg gehören zu den einfachen Stubaier Skigipfeln. Alle drei flankieren die Strecke vom Wipptal ins Obernbergtal, wobei der Leitnerberg den schönsten Blick zu den Tribulaunen bietet.

Tourengelände Erst über freie Wiesenhänge, dann durch Waldlichtungen bzw. lichten Wald hinauf und über die freien weiten Almflächen der Leitneralm durch schön kupiertes Gelände zum Gipfel.

Skibergsteigen umweltfreundlich Wald-Wild-Schongebiete beidseitig der Aufstiegsroute; längere Querungen im Gelände daher vermeiden

Gefahrenpotential Aufstiegs- und Abfahrtshänge < 30° mit kurzen geringfügig steileren Geländestufen

Anfahrt

Auto Von Innsbruck auf der A 13 Richtung Brenner Ausfahrt Steinach und weiter auf der B 182 zur Bergeralm Talstation und weiter mit dem Skibus.

ÖPNV S 3 ab Innsbruck Hbf bis Steinach am Brenner Bhf., weiter mit dem Bus Nr. 4145 zur Haltestelle Tribulaunblick, zusätzlich Ski-Pendelbus

Ausgangspunkt Startpunkt an der (Ski-)Bushaltestelle Tribulaunblick am Beginn des Obernbergtals (kein öffentl. Parkplatz). Häufige Skibusverbindungen zur Talstation der Bergeralm-Bahn in Steinach am Brenner

Navigation N 47.022873°, E 11.44608°

Übernachtung Almis Berghotel, Aussertal 30, Obernberg, Mobil: +43 664/4340471, www.almis-berghotel.at

Info Tourismusverband Wipptal/Obernberg, Außertal 34 a, Obernberg, Tel. +43 5274/874625, www.wipptal.at oder www.obernberg-tirol.at

Karte AV-Karte Nr. 31/3, Brennerberge, 1:50.000

53 GRÖBNER HALS | 1654 m | Karwendelgebirge

Auf den Spuren der Steinölbrenner

Müsste man die drei besten Einsteigertouren im nördlichen Alpenraum benennen, die Tour zum Gröbner Hals wäre mit Sicherheit eine davon. Wie der Name bereits vermuten lässt, handelt es sich nicht um einen Gipfel, sondern um ein Joch. Genau genommen besteigen wir den wenige Meter höheren Schneemugel nördlich des Gröbner Halses zwischen Zunterspitz und Rether Kopf. Früher diente dieser Übergang den Steinölbrennern aus dem Bächental als Transportweg. Sie trugen Ihre Ölfässer mit Kraxen über den Gröbner Hals ins Unterautal und weiter bis ins Achental. Heute wird der Weg im Sommer auch im Rahmen einer geführten Steinölwanderung genutzt.

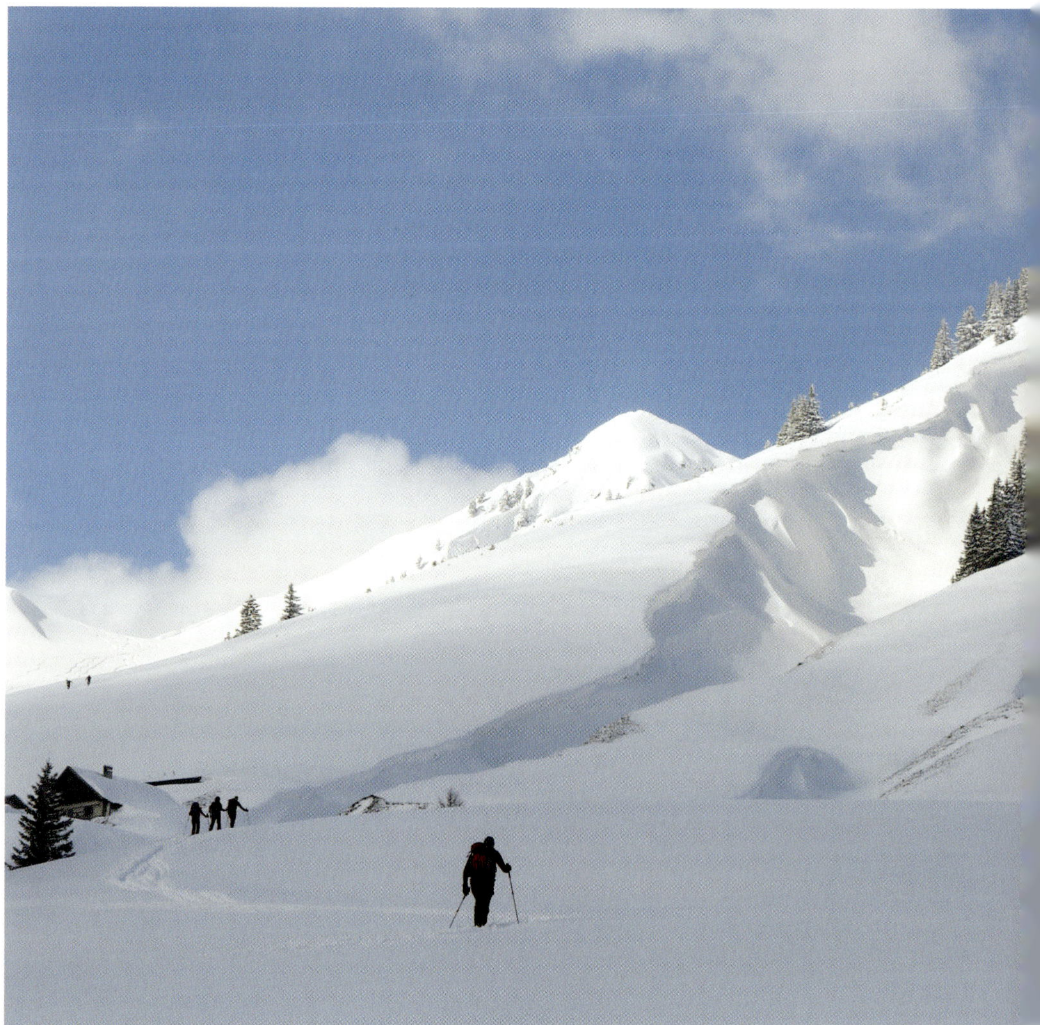

Gröbner Alm mit Blick zum Rether Kopf

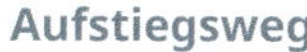

Aufstiegsweg

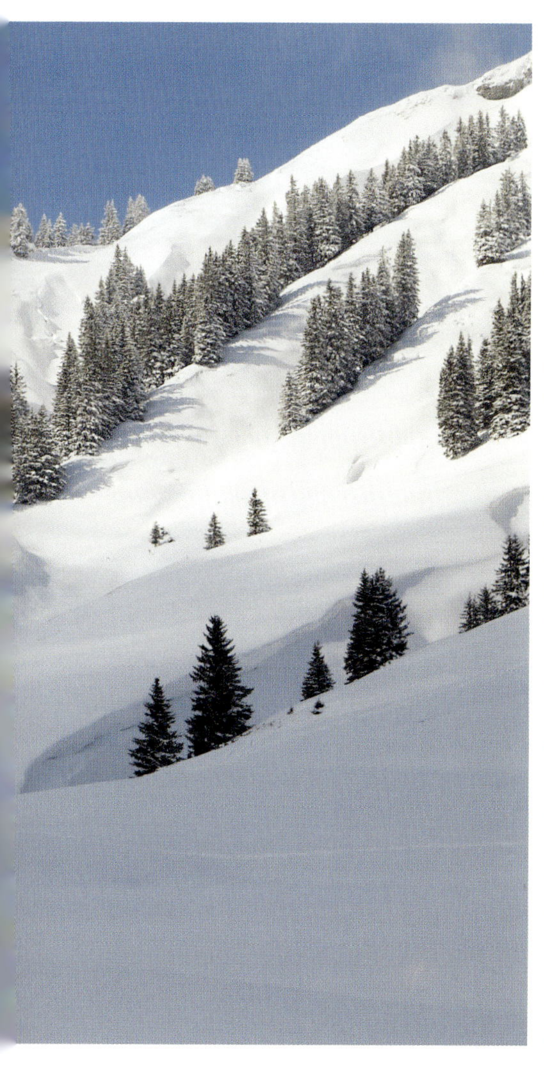

Die Tour führt zu Beginn flach entlang der Loipen und des geräumten Forstweges durch das Unterautal. Die Geräusche vom nahen Skigebiet verstummen schnell. Das Tal ist nicht sehr breit, dafür kann es dort nach klarer Nacht sehr „zapfig" sein. Während sich im Hochwinter der als Winterwanderweg genutzte Forstweg sehr gut begehen lässt, kann man am Ende der Tourensaison auch auf die nicht mehr genutzte Skatingloipe ausweichen. Hierfür muss man am Talende, kurz vor dem Holzplatz, einen kleinen Bach überqueren. Am Holz- und Wendeplatz des Räumfahrzeugs zweigt auch der Steinölwanderweg ab, wir folgen aber weiter dem jetzt schmaleren Almweg. Der nun ungeräumte Weg steigt gemütlich nach rechts an, langsam gewinnen wir in langgezogenen Kehren an Höhe. Wir folgen dem Forstweg bis zu einer freien Almfläche auf etwa 1320 Meter Höhe und queren in den Hang in Richtung einer Wetter-Messstation. Vorbei an einer kleinen Hütte in gemütlichen Kehren stets gen Westen bis zur Gröbenalm. Bereits vor der Alm hat man das Tourenziel im Blick. Auf der linken Seite lassen die durchaus beeindruckenden Steilhänge der Zunterspitz alpine Gefühle aufkommen – gut, dass unsere Route respektvoll Abstand hält. Die Pause an der Gröbenalm verkneifen wir uns lieber, die Hänge oberhalb der Alm sind doch zu verlockend und bei größerem Andrang schnell verspurt. Der Weg führt zwischen Stall und Wohnhaus Richtung Westen zum Rether Joch, ein kleiner Sattel zwischen Rether Kopf und dem Schneemugel. Letzteren erreichen wir wieder etwas steiler, aber ohne technische Schwierigkeiten in Richtung Süden. Obwohl die unmittelbaren Bergnachbarn Zunterspitz, die in manchen Karten auch als Sonntagsspitze bezeichnet wird, und Rether Kopf den Blick begrenzen, genießen wir unseren „Gipfel" mit einem schönen Weitblick zu Unnutz und Guffert sowie auf das gegenüberliegende Karwendelgebirge.

Abfahrt

Die einfachste Abfahrtsroute, und die wählen wir heute, folgt mehr oder weniger unserer Aufstiegsspur. Bis zum Almweg unterhalb der Messstation haben wir bei guten Schneeverhältnissen über 300 Höhenmeter Gelegenheit für Tiefschneeschwünge bei idealer Hangneigung. Nach der Messstation gibt es für gute Abfahrer eine kleine Variante: Sie quert den Almweg, führt in eine kleine Lichtung und folgt im Linksbogen (Osten) einer Waldschneise zur Hochstegenalm (1159 m). Nach der Alm und einem kurzen Gegenanstieg über die Almzufahrt stößt die Variante wieder auf den Aufstiegsweg. Hier treffen wir auf unsere gemütlichen Abfahrer und gleiten zusammen hinunter bis zum Holzplatz. Bei einigermaßen guten Schneeverhältnissen stellt auch die restliche Talabfahrt keine Ansprüche an die Armmuskulatur. Sollte dies doch einmal der Fall sein und ein stumpfer Schnee zwingt zur Schiebearbeit, so verschafft das eingangs erwähnte Steinöl wohltuende Linderung nach einem gelungenen Tourentag.

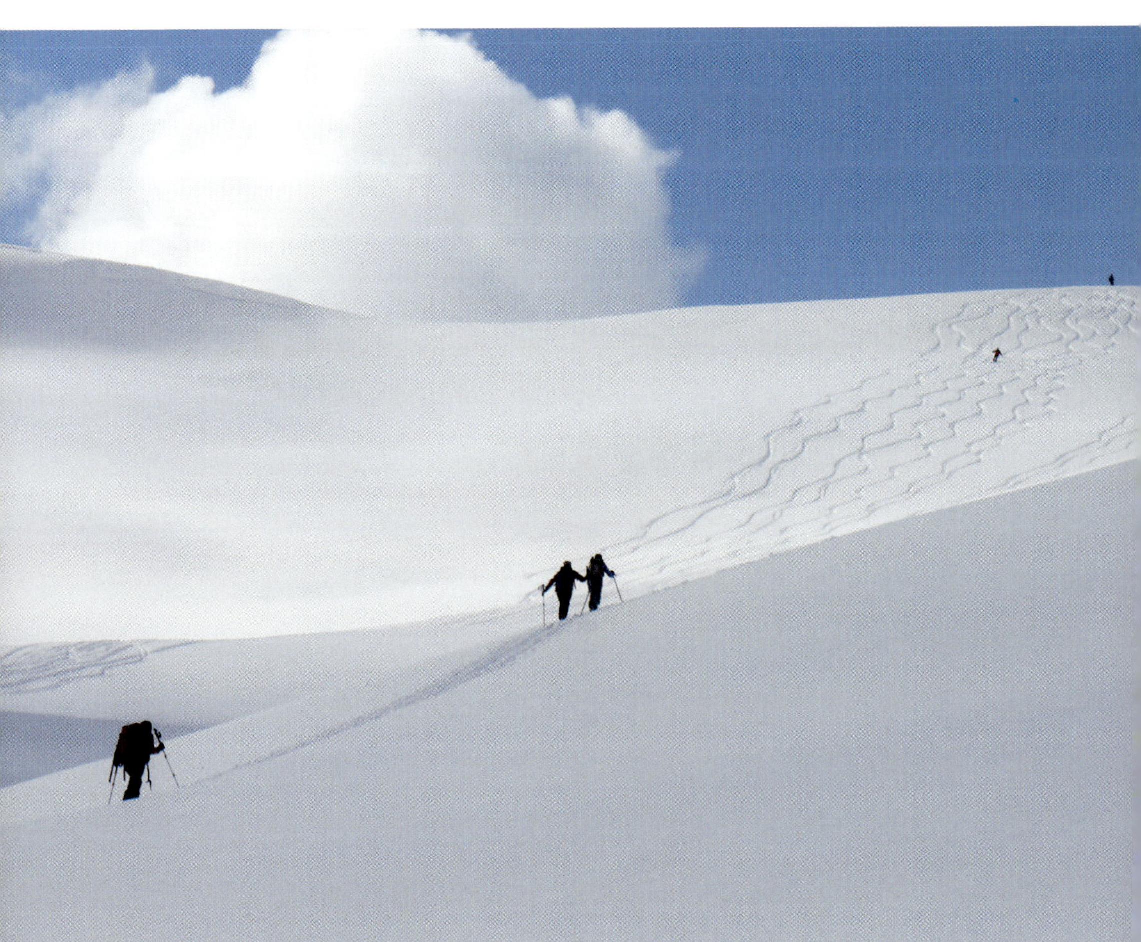

Der fast unverspurte „Gipfelhang“

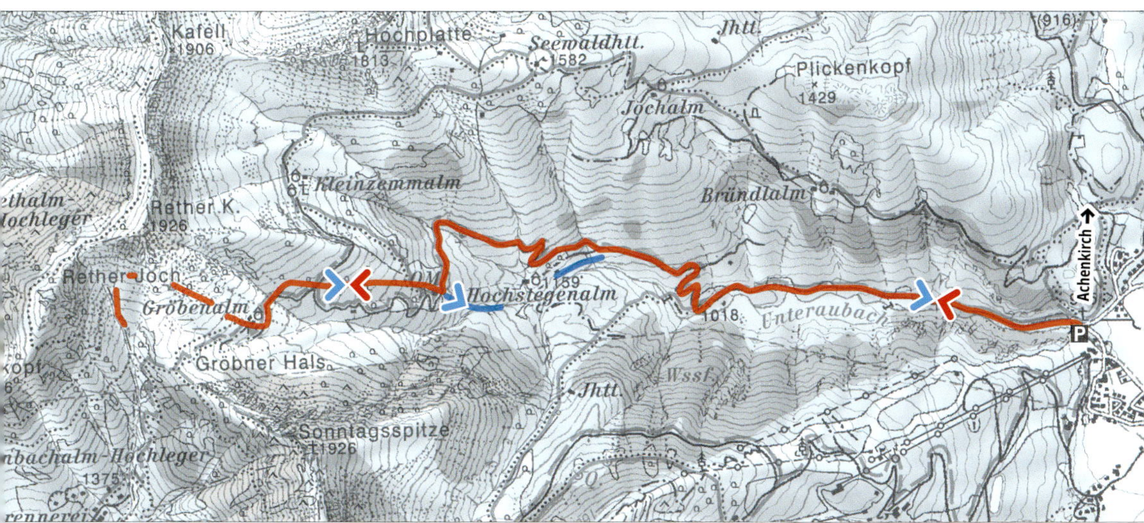

Höhenmeter	740
Gehzeit	2 ½ Std.
Hangexposition	Ost
Höhenlage	916 – 1654 m

Tourencharakter Einfache und sehr beliebte Eingehtour über Forstwege und freie Almflächen abseits des Christlumer Skigebietes

Tourengelände Zu Beginn über einen breiten Forstweg durch das Unterautal, bis die freien Hänge der Gröbenalm beginnen. Der Forstweg kann bis zur Hochstegenalm in der Abfahrt abgekürzt werden.

Gefahrenpotential Entlang der Aufstiegsspur sehr gering. Die flankierenden Hänge der Zunterspitz (Sonntagsspitz) sowie des Rether Kopfs im oberen Bereich sollten bei widrigen Verhältnissen gemieden werden.

Anfahrt

Auto A8 Richtung Salzburg, Ausfahrt Holzkirchen, B307 über Tegernsee nach Achenkirch, der Beschilderung zum Skigebiet Christelum folgen, vorbei am Parkplatz des Hochalmlifts in das Unterautal

Ausgangspunkt kostenpflichtiger (Loipen-)parkplatz am Beginn des Unterautals

Navigation N 47.514559°, E 11.69633°

Info Achensee Tourismus, Achenseestraße 63, Maurach am Achensee, Tel. +43 59/5300-0, www.achensee.com

Karte AV-Karte BY 14, Mangfallgebirge Süd, 1:25.000

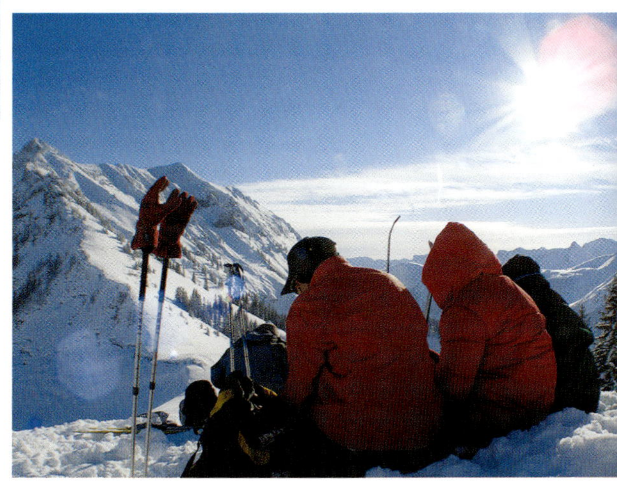

„Gipfelrast" vor der Zunterspitz – im Hintergrund die Silhouette der Karwendelgruppe

54 SCHATZBERG | 1898 m | Kitzbüheler Alpen

Skitour für Pistenschnorrer

Was zunächst widersprüchlich erscheint, erweist sich unter bestimmten Bedingungen auch als sinnvoll. Nicht jeder Skitouren-Aspirant kann sein Tiefschneekönnen zuverlässig einschätzen. Der Schatzberg bietet die Möglichkeit, einen klassischen leichten Skitourenanstieg mit der Talabfahrt im Skigebiet zu kombinieren. Anschließendes Fahrtraining auf der Piste nicht ausgeschlossen.

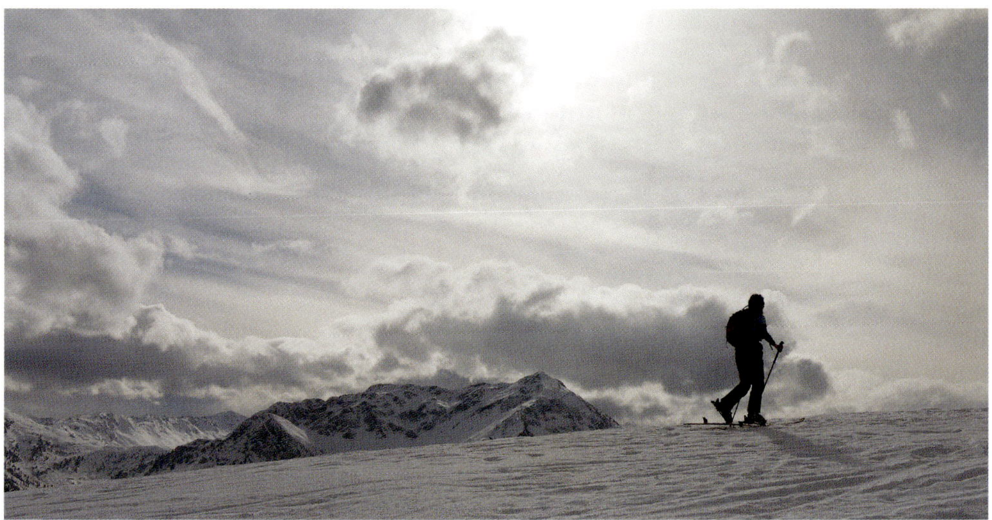

Über den einsamen Gratrücken am Gern erreicht man kurze Zeit später das Skigebiet am Schatzberg.

Aufstiegsweg

Vom Parkplatz der Schatzbergbahnen an das südliche Ortsende Richtung Schwarzenau. Nach knapp 500 Metern zweigt man rechts in das Aschbachtal ab und folgt der schmalen Straße bis zum Beginn des geräumten Winterwanderweges. Spätestens hier können wir die Ski anschnallen und den gemütlich ansteigenden Forstweg weiter folgen.

Wir erreichen das Gelände der Niederkaseralm und folgen entweder dem Sommerweg Nr.45/8 oder kürzen die Kehren des Almweges über freie Wiesen bis zur Talsalm (1410 m) ab. Oberhalb der Talsalm – die in manchen Karten auch Talstner-Niederalm heißt – wird das Gelände merklich steiler. Zwar nutzen wir für unsere Aufstiegsspur wieder die Serpentinen des Wirtschaftsweges, doch ist man auch hier keinesfalls vor etwaigen Lawinen sicher. Die Grasingalm (1670 m) lädt mit Ihrem herrlichen Blick in das Tal der Wildschönauer Ache zu einer kleinen Verschnaufpause ein. Unser Ziel vor Augen, folgen wir noch ein kurzes Stück dem Sommerweg zu einem Kreuz oberhalb der Alm. Wir nehmen nicht den Weg zur Gernalm, sondern bleiben auf dem breiten Rücken Richtung Gern (1853 m) – eine Erhebung zwischen Schatzberg und Joelspitze, die schon wegen des schönen Panoramablicks zum Galtenberg und Wiedersberger Horn einen Besuch lohnt.

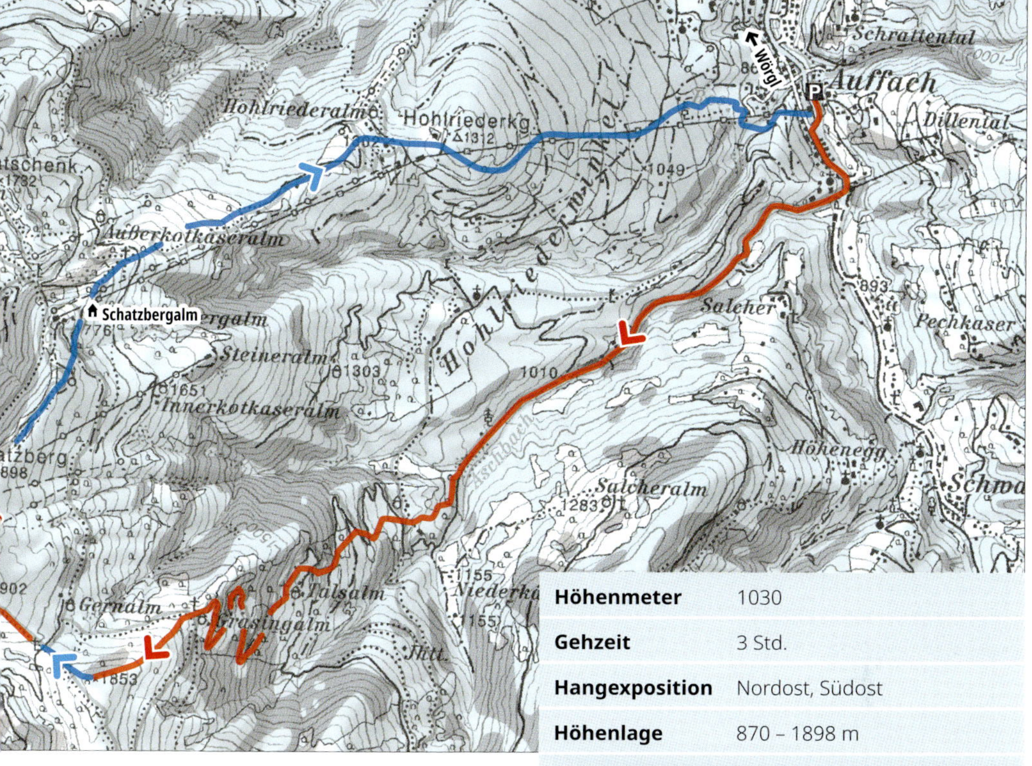

54

Höhenmeter	1030
Gehzeit	3 Std.
Hangexposition	Nordost, Südost
Höhenlage	870 – 1898 m

Tourencharakter Ein stiller Aufstieg abseits des Skigebietes, mit der Möglichkeit, dennoch die präparierte Piste für die Abfahrt zu nutzen.

Tourengelände Bis zur Grasingalm überwiegend auf Fahr- und Almwegen, dann über einen freien Rücken zum Gern und ein kurzer Anstieg neben der Piste zum Schatzberg. Bei der Abfahrt auf dem Aufstiegsweg kann der Almfahrweg immer wieder über freie Hänge abgekürzt werden.

Gefahrenpotential Bis zur Talsalm gering, zwischen Talsalm und Grasingalm durchzieht der Almweg mehr als 30° steile Hänge

Anfahrt

Auto Inntalautobahn Ausfahrt Wörgl/Wildschönau, L 170 nach Hopfgarten, L 41 über Niederau nach Auffach

ÖPNV Bus Nr. 4064 ab Wörgl Hbf bis Auffach, Schatzbergbahn

Ausgangspunkt Parkplatz an der Talstation der Schatzbergbahn

Navigation N 47.407165°, E 12.037915°

Einkehr Schatzbergalm (im Skigebiet), Tel. +43 5339/8835, www.schatzbergalm.net

Info
- Skigebiet: www.skijuwel.com/de
- Tourismusinformation Wildschönau, Oberau 337, Tel. +43 5339/8255, www.wildschoenau.com

Karte AV-Karte Nr. 34/1, Kitzbüheler Alpen West, 1:50.000

Vom Gern fahren wir ohne abzufellen wenige Meter zu einem Marterl Richtung Schatzberg hinab. Hier münden wir in das Schatzberg Skigebiet und gehen die letzten Höhenmeter bequem auf einem breiten Rücken neben der Piste zur Bergstation.

Abfahrt

Die Überschrift verrät schon unser heutiges Abfahrtsmotto: Wir nehmen die gut tausend Höhenmeter Talabfahrt unter die Bretter, allerdings nicht ohne den obligatorischen Einkehrschwung in der Schatzbergalm. Tourengeher, die erst im späteren Tagesverlauf aufbrechen, müssen infolge der Pistenpräparierung im Schatzberg Skigebiet zwischen 17 und 8.30 Uhr unbedingt die Gefahrenhinweise der Pistenbetreiber beachten. Alternativ kann bei guten Schneeverhältnissen auch über die Aufstiegsspur abgefahren werden. In diesem Fall sind nach der Niederkaseralm der Forstweg und später die kleine Straße hinauszufahren.

55 SCHWARZKOGEL | 2030 m | Kitzbüheler Alpen

Tourenklassiker mit Pistenanschluss

Als sich vor mehr als 100 Jahren in Kitzbühel und Umgebung die ersten Skisportler etablierten, war das damalige sogenannte Skilaufen mangels mechanischer Aufstiegshilfen ein im heutigen Sinn klassischer Skitourensport. Mit den Pistenerschließungen kam dann auch die Trennung in Alpinskifahren und Tourengehen. So sind die Hänge zwischen Hahnenkamm und Pengelstein fest im Griff der Abfahrtsläufer. Die strikte Trennung zeigt aber mittlerweile starke Auflösungserscheinungen, da immer mehr Tourengeher auch Skipisten oder Teilbereiche der Pistenanlagen für Ihre sportlichen Aktivitäten nutzen können. Der Schwarzkogel am südlichen Rand der Kitzbüheler Skiarena bietet uns eine solche interessante Kombinationsmöglichkeit. Mit einer sicheren Abfahrtsoption in petto lässt sich der Touren-Neuling ohne Angstgefühle in die winterliche Gebirgslandschaft entführen. Und wer Lust auf mehr verspürt, dem bietet das Spertental südlich von Aschau mit Spießnägel, Brechhorn und Floch eine ganze Reihe „richtiger" Skitouren an. Die Oberlandhütte der gleichnamigen Münchener Alpenvereinssektion eignet sich hervorragend als Basislager und Ausgangspunkt gleich mehrerer lohnender Touren.

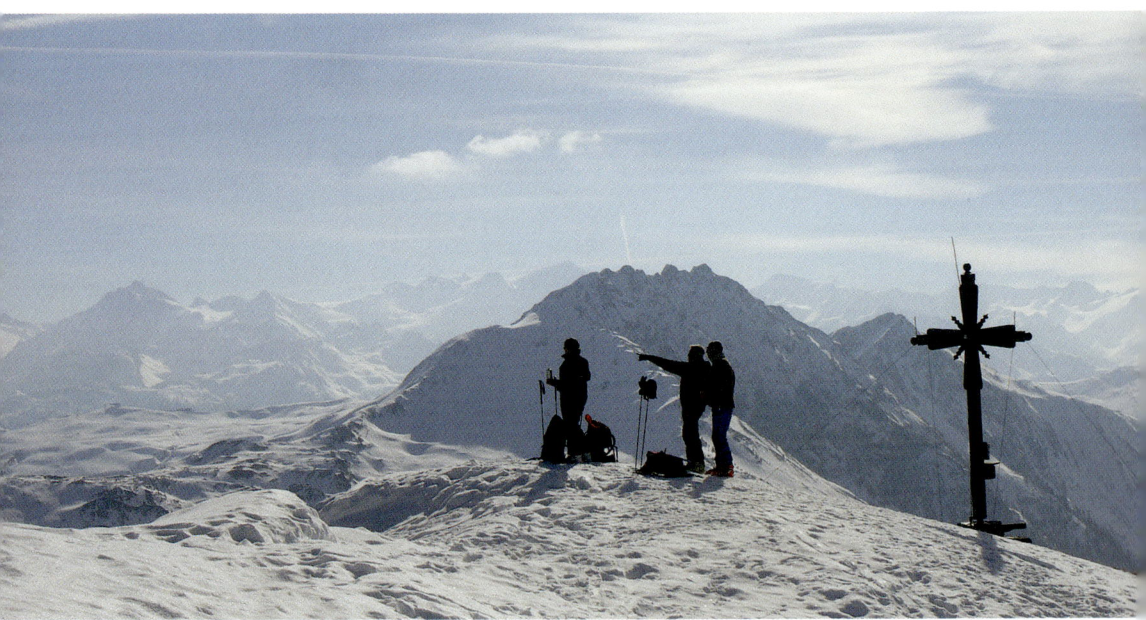

Gipfelschau am Schwarzkogel

Aufstiegsweg

Vom Aschauer Ortszentrum am linken Rand des Übungshanges Richtung Westen hinauf. Am oberen Ende des kleinen Hanges nördlich Richtung Pengelsteinabfahrt und Sommerweg. Nun erst einmal dem sich aufsteilenden Pistenverlauf weiter folgen. Die Talabfahrt aus dem Skigebiet nach Aschau herunter ist in der Regel erst am Nachmittag stärker frequentiert. In den kühlen Morgenstunden hingegen erfordert eine frisch präparierte Piste ab und an auch die Zuhilfenahme der Harscheisen. Nach gut 300 Höhenmeter Aufstieg verlassen wir auf einer Höhe von 1356 Metern die Piste nach rechts auf dem Sommerweg zum Schwarzkogel. Hier befindet sich auch eine Skiroutenmarkierung: So gelangt man ohne Orientierungsprobleme bis zu den Almgebäuden der Kleinmoos Niederalm (1624 m). Von hier wieder östlich Richtung der verfallenen Oberen Kleinmoosalm, links an einem felsigen Vorsprung vorbei und bei ca. 1700 Metern in einem Rechtsbogen in südlicher Richtung hinauf auf einen kleinen Sattel. Aus dem Sattel dann über den steiler werdenden Rücken bis zu einem Vorgipfel (1829 m). Anschließend südöstlich über den zunächst breiten, oben etwas schmaler werdenden Gratrücken zum Gipfel (2030 m).

Abfahrt

Die Abfahrt lässt sich komplett entlang der Aufstiegsroute bewältigen. Für weniger geübte Tiefschneefahrer bietet sich die Möglichkeit, bereits vom Sattel Richtung Norden, parallel des Verbindungsgrates Pengelstein-Schwarzkogel, auf die Piste der Pengelsteinabfahrt zu queren und so nach Aschau abzufahren.

Höhenmeter	1020
Gehzeit	3 Std.
Hangexposition	Nord, Nordwest
Höhenlage	1013 – 2030 m

Tourencharakter Ein herrlicher Aussichtsberg am Rande des Kirchberger Skigebietes, der bei schlechten Schneeverhältnissen auch eine Pistenabfahrt bietet.

Tourengelände Im unteren Teil Piste, dann mäßig steiles Gelände bis zum Vorgipfel und auf den oft verwechteten Grat zum Gipfel

Gefahrenpotential Der Nord-Nordwesthang des Schwarzkogel-Vorgipfels ist bei ungünstigen Verhältnissen zu beachten.

Anfahrt

Auto Inntalautobahn Ausfahrt Wörgl Ost, L 170 nach Kirchberg, L 203 Aschau, im Ort hinauf Richtung Kirche und nach rechts zum Skilift

ÖPNV (Ski-)Bus Nr. 4004 ab Kirchberg in Tirol Bhf. bis Aschau bei Kitzbühel Dorf

Ausgangspunkt Begrenzte Parkmöglichkeiten am Schlepplift in Aschau. Ein Wanderparkplatz befindet sich südlich der Oberlandhütte direkt vor der Mautstraße in den Unteren Grund. Von hier kann über die freien Wiesen (Loipen) zur Piste hinübergequert werden.

Navigation N 47.381327°, E 12.310036°

Übernachtung Oberlandhütte (1014 m), AV-Hütte, Tel. +43 5357/8113, www.alpenverein-muenchen-oberland.de/huetten/alpenvereinshuetten/oberlandhuette

Info Tourismusverband Kitzbüheler Alpen-Brixental, Dorfstraße 11, Kirchberg in Tirol, Tel. +43 57507/2100, www.kitzbueheler-alpen.com

Karte AV-Karte Nr. 34/2, Kitzbüheler Alpen Ost, 1:50.000

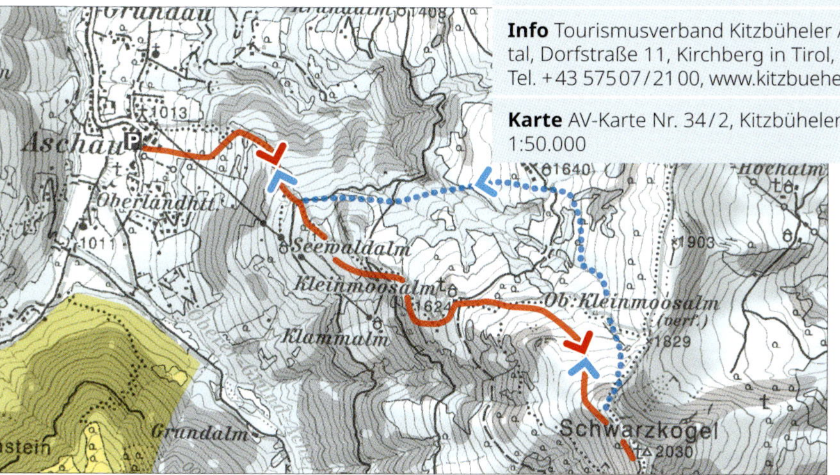

Kein Mitglied der Kitzbüheler „High Society“

Im März 1893 gelang dem Skipionier Franz Reisch die erste hochalpine Skiabfahrt vom Kitzbüheler Horn. „Sepp, i muaß dir oane oberhaun, damit du woaßt, wie schön es war!“ soll er der Überlieferung nach zu seinem Freund Josef Herold gesagt haben. Unsere Tourenpartner müssen diese überschwängliche Glücksbekundung zwar nicht fürchten, schön wird die Tour auf den Hundskopf aber allemal. Und da der Berg sich nicht unbedingt in die „High Society“ der Kitzbüheler Skitourenziele einreiht, genießen wir dort ab und zu auch einsame Stunden – so wie damals Franz Reisch am Kitzbüheler Horn ...

Aufstiegsweg

Vom Feuerwehrhaus an der Windauer Ache folgt man dem Wanderweg Nr. 89 Richtung Kienzlingalm und Käsealm Straubing. Bei einem Abzweig bleiben wir auf dem Forstweg Richtung Kienzlingalm und erreichen kurz darauf das Forsthaus mit der Bezeichnung Windau 10. Von dort geht es südwestlich entlang des Almweges weiter oder auf einer Tourenspur in den angrenzenden Almwiesen. In einer Linkskurve können wir bei entsprechenden Schneeverhältnissen die Kehren des Almweges abkürzen und erreichen so das Stallgebäude der Scharlingtalalm.

Weiter geht es Richtung Westen und nur wenige Minuten später am Wohngebäude der Scharlingtalalm vorbei. Kurz nach dem Häuschen queren wir links in den Hang. Am Ende des Hanges passiert man ein kurzes Waldstück und gelangt anschließend wieder in freies Gelände unterhalb der Äußeren Hartkaseralm. Hier können wir unser Gipfelziel in Augenschein nehmen und erblicken dahinter auch den prominenten Gipfelnachbarn Lodron. Bereits unterhalb der Äußeren Hartkaseralm (1381 m) führt unsere Route nun westlich in einer breiten Waldschneise hinauf zum Hartkaserjoch (1639 m).

Am Hartkaserjoch, das uns bereits mit einem freien Blick Richtung Osten auf Brechhorn und Floch belohnt, ergeben sich hinsichtlich

Aussicht zum Großen Rettenstein beim Gipfelanstieg

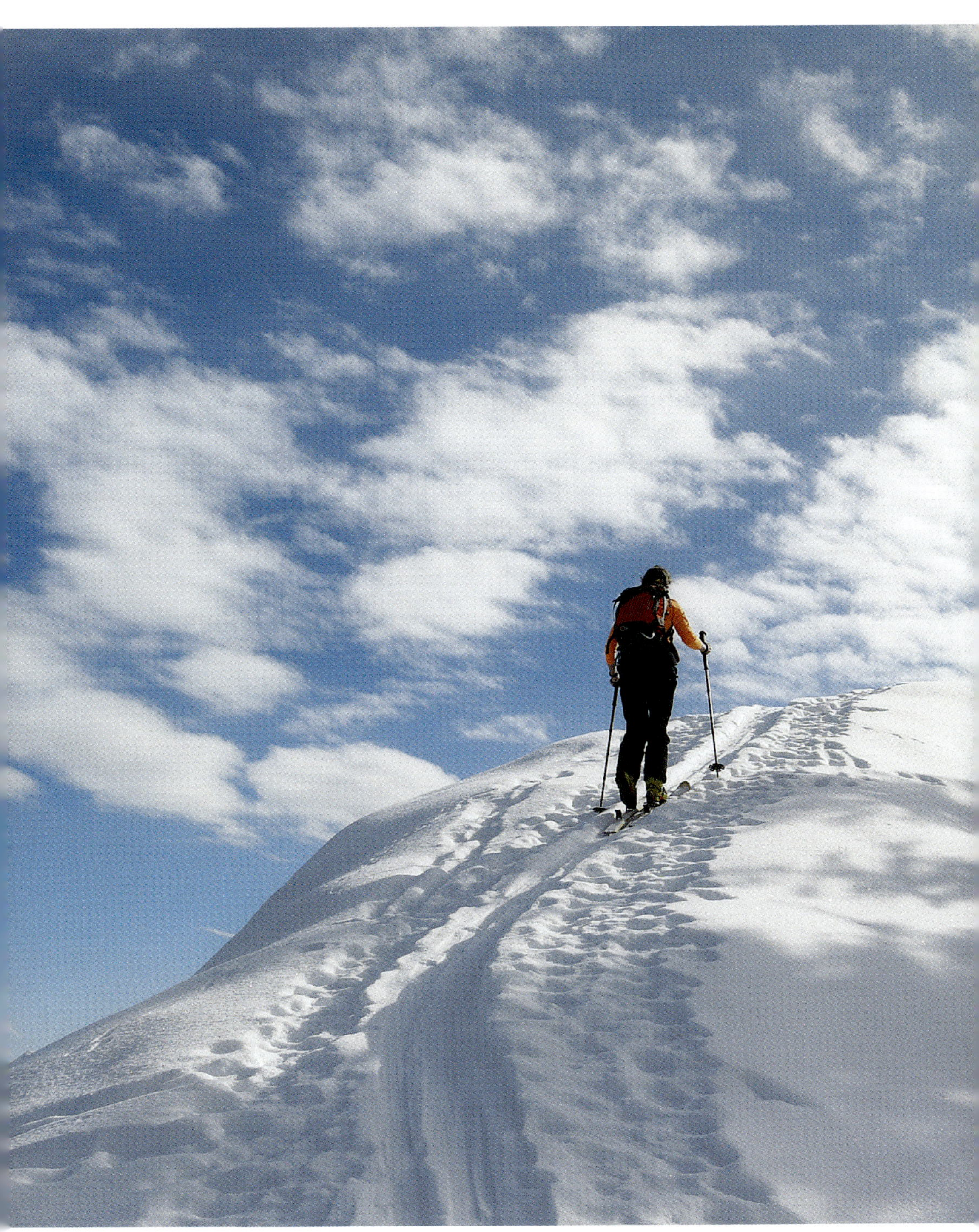

Länge und Schwierigkeit mehrere Alternativen. Für diejenigen, die mit gut 800 Höhenmetern ausreichend bedient sind, empfiehlt sich eine genussreiche Abfahrt entlang der Aufstiegsspur. Wer sich ohne Gipfel nicht zufrieden geben möchte, folgt der weiteren Beschreibung zum Hundskopf. Und jene, die gleich zum Gipfelsammler avancieren, können den Hundskopf überschreiten und den benachbarten Lodron auf dem unschwierigen Gratrücken gleich „mitnehmen". Für diese Zugabe sind nochmal gut 100 Höhenmeter extra einzukalkulieren. Vom Joch geht es nun wieder südlich auf dem erst noch bewaldeten, später freien und breiten Gratrücken zum Hundskopf empor. Bereits vor dem weitläufigen Gipfelplateau erblicken wir die markante Felspyramide des Großen Rettensteins. Und der Lodron ist zum Greifen nah ...

Abfahrt

Richtung Südosten in die ausgedehnten Hänge zwischen Lodron und Hundskopf hinein. Dann im großen Linksbogen nordöstlich Richtung Hartkaser. Hier aber nicht zu früh nach Norden schwenken, sondern den sich nähernden Graben ganz oben (südlich) queren. Nun am Waldrand entlang bis zu einem Forstweg hinunter, auf diesem zu den Hartkaseralmen queren und weiter entlang der Aufstiegsspur Richtung Norden. In den kurzen Walddurchschlupf oberhalb der Scharlingtalalm möglichst spät abbiegen und danach wieder in die freien Hänge hinab. Bei guten Bedingungen müssen wir erst auf einer Höhe von etwa 1000 Metern wieder auf den Almweg.

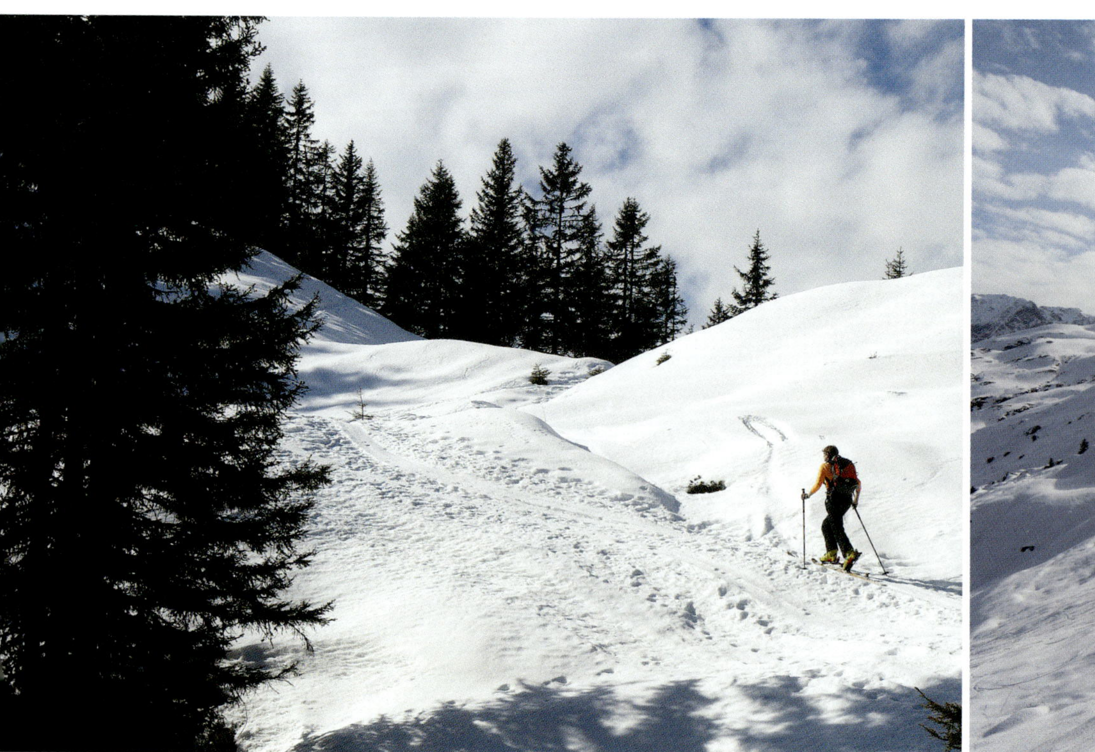

Aufstiegsweg unterhalb des Hartkaserjochs

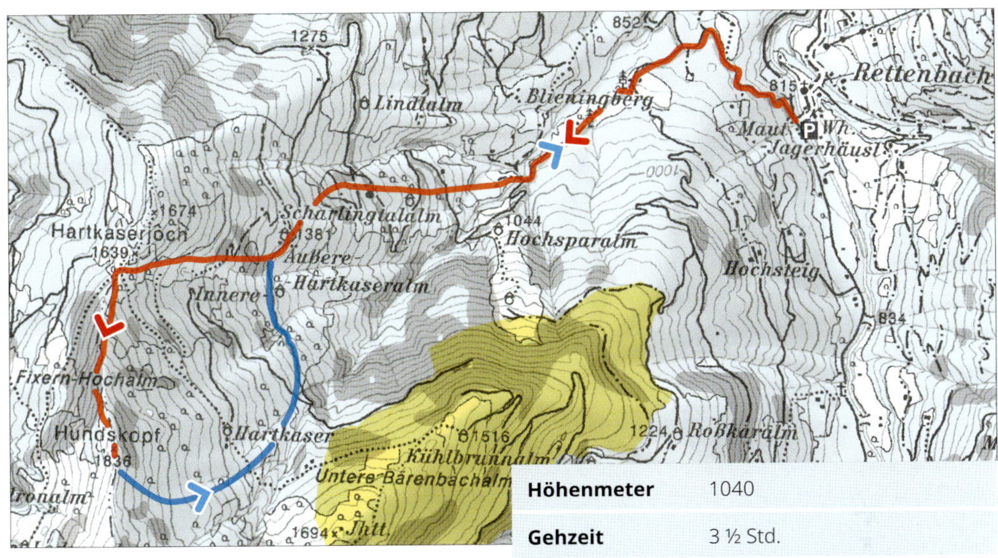

Die Hänge zwischen Lodron und Hundskopf bieten jede Menge Abfahrtsvarianten.

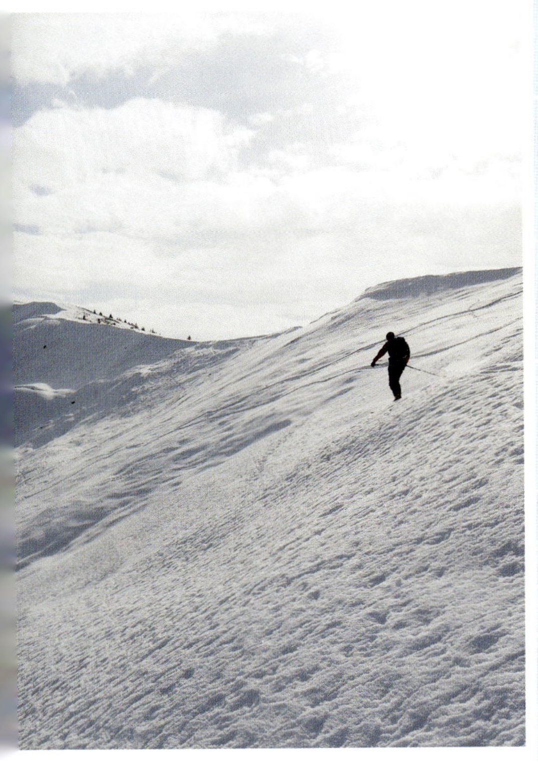

Höhenmeter	1040
Gehzeit	3 ½ Std.
Hangexposition	Nordost, Ost
Höhenlage	803 – 1836 m

Tourencharakter Sehr schöne und aussichtsreiche Gratwanderung vom Hartkaserjoch auf den Hundskopf. Die lange Tour ist um einen Modegipfel erweiterbar.

Tourengelände Im unteren Teil Forstweg, ansonsten freie Hänge, die durch einen kurzen Walddurchschlupf unterbrochen werden. Der Gratweg verläuft zu Beginn im lichten Wald und zuletzt über einen freien Rücken zum Gipfel.

Gefahrenpotential Der Osthang des Lodron sowie der Hang direkt hinunter vom Hundskopf müssen der Lawinensituation angepasst abgefahren werden.

Anfahrt

Auto A 12 Inntalautobahn Ausfahrt Wörgl, L 170 über Hopfgarten nach Westendorf, im Ort weiter Richtung Windau / Rettenbach

Ausgangspunkt Am Jägerhäusl über die Brücke der Windauer Ache, der Parkplatz befindet sich gleich rechts unterhalb des Feuerwehrhauses.

Navigation N 47.387248°, E 12.216778°

Info Tourismusverband Westendorf, Schulgasse 2, Westendorf, Tel. +43 575 07 / 23 00, www.kitzbueheler-alpen.com

Karte AV-Karte Nr. 34 / 1, Kitzbühel West, 1:50.000

57 HINTERER DAUNKOPF | 3225 m | Stubaier Alpen

Frühjahrsfirn über der Amberger Hütte

Der Tourenvorschlag zum Hinteren Daunkopf bewegt sich zwar nicht mehr ganz in dem vom Titel vorgegebenen Rahmen. Trotzdem sollen die beiden hier vorgestellten leichten Skihochtouren einen weiteren Aspekt des Skitourengehens aufzeigen und gleichzeitig einen Ausblick auf ambitioniertere Tourenziele eröffnen. Wer die Möglichkeit hat, sich als Touren-Neuling einer Gruppe erfahrener Skibergsteiger anzuschließen, für den ist die großartige Besteigung des Hinteren Daunkopfs mehr als der krönende Abschluss einer Saison. Da die Gipfelziele jenseits der 3000-Meter-Grenze besonders stark von den vorherrschenden Witterungs- und Schneebedingungen abhängig sind, empfehlen wir das Frühjahr abzuwarten. Dann ist auch die Lawinengefahr bei günstigen Verhältnissen entsprechend reduziert, zumal die Route nur kurze Stellen jenseits der 30-Grad-Grenze aufweist.

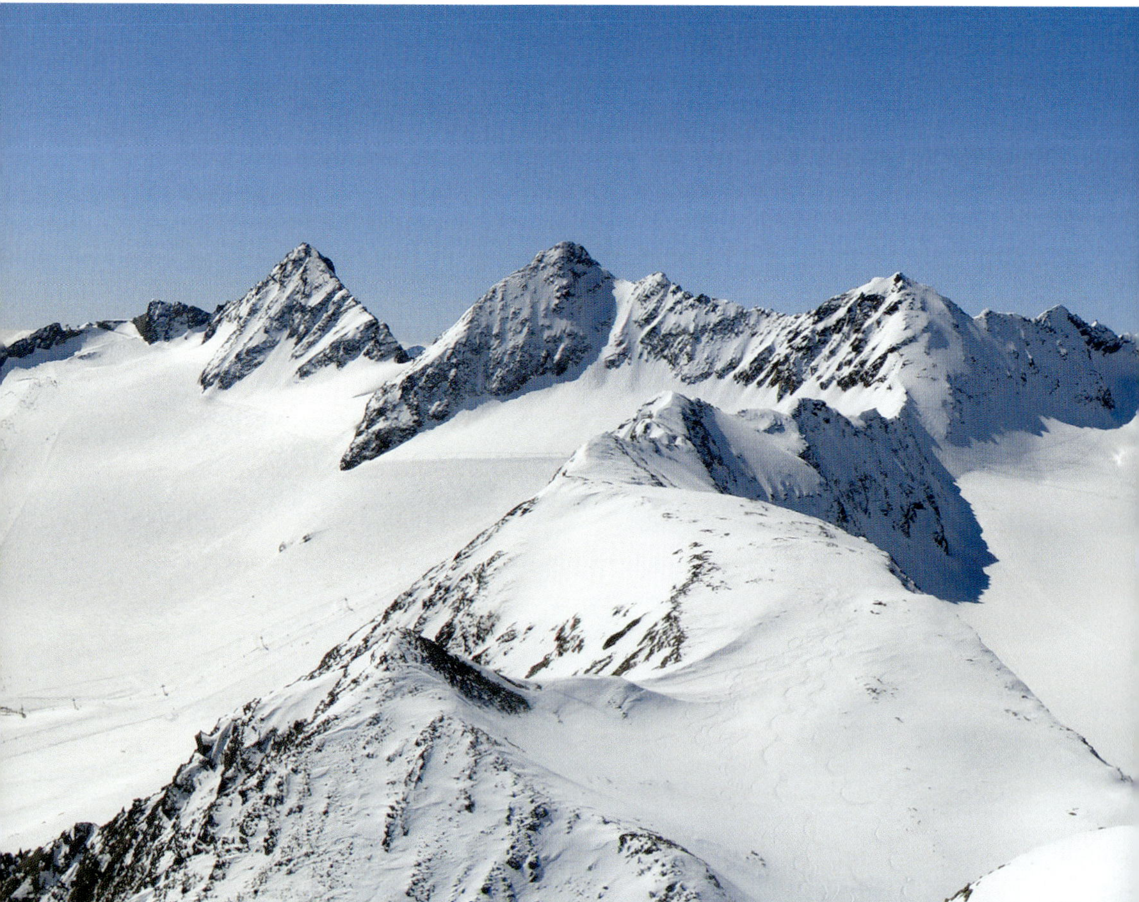

Blick nach Süden auf das Stubaier Gipfelpanorama – am linken Bildrand erkennt man das Gletscherskigebiet am Fuß der Stubaier Wildspitz.

Die Gletscherberührung beschränkt sich bei der vorgeschlagenen Route auf die schon von der Amberger Hütte aus teilweise einsehbare Firnmulde unterhalb des Gipfels. Davon abgesehen stellt der Hintere Daunkopf kaum technische Ansprüche und auch die insgesamt über 1600 Höhenmeter Aufstieg sind bei guter Kondition machbar. Aufgrund der Länge der Tour empfiehlt sich jedoch die Übernachtung auf der Amberger Hütte: Die freundliche Bewirtung und ein auf die Bedürfnisse der Tourengeher eingestelltes Hüttenteam lassen auch bei einem mehrtägigen Aufenthalt keine Wünsche offen.

Aufstiegsweg

Ein Märztag im schneearmen Frühjahr 2011: Kein Schnee am Parkplatz. Also werden die Skier samt Stiefel erst einmal am Rucksack befestigt. Das bringt zwar ein erhebliches Zusatzgewicht, die ersten 400 Höhenmeter und 3,5 Kilometer Wegstrecke zur Vorderen Sulztalalm lassen sich so aber wesentlich

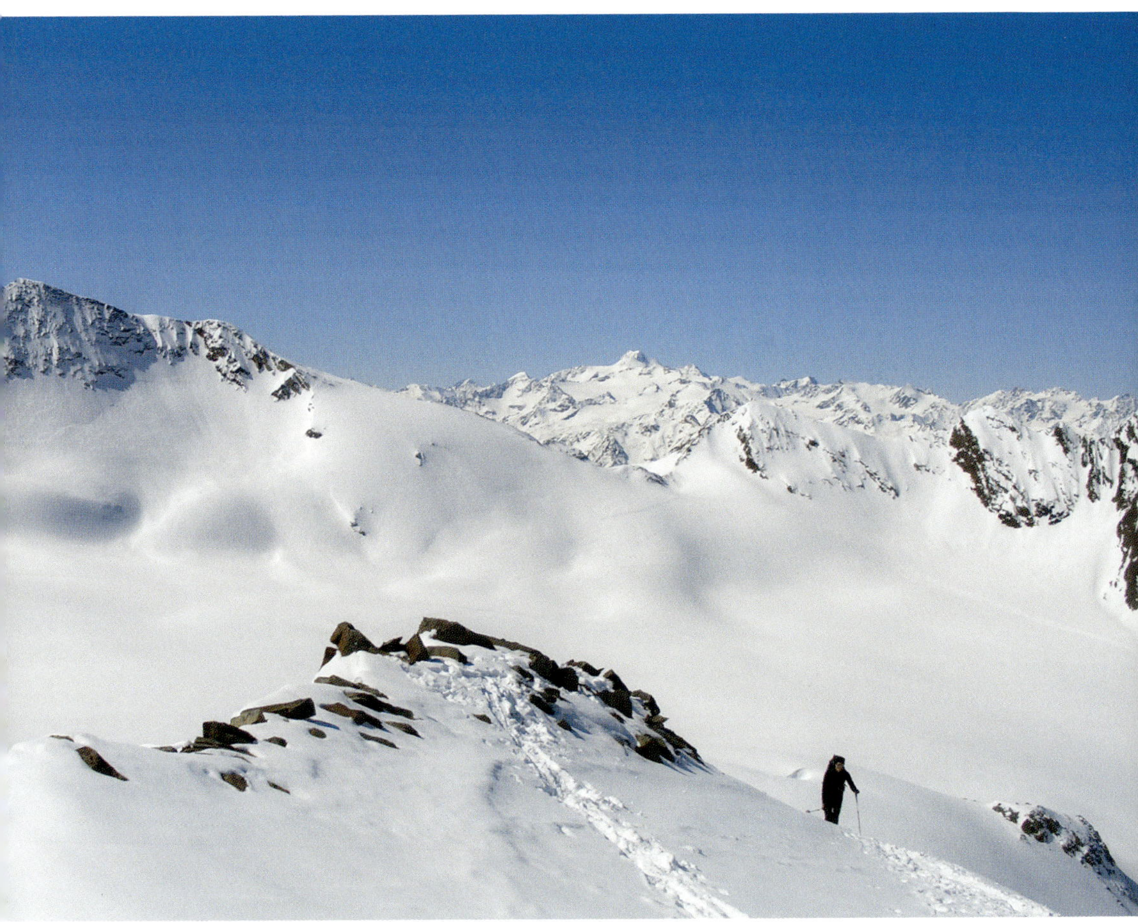

57 HINTERER DAUNKOPF | 3225 m | Stubaier Alpen

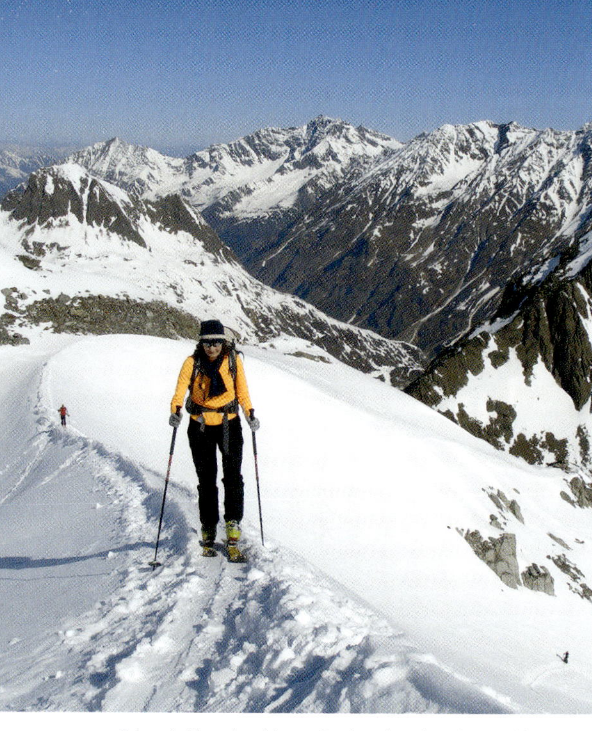

Schmale Firnschneide am Beginn der Gletschermulde

angenehmer zurücklegen. In der Regel findet sich im engeren Tal oberhalb der Alm dann auch genügend Schnee, um den Aufstieg bis zur Amberger Hütte in klassischer Skitourenmanier fortzusetzen.

Die hohe Kunst, die richtige Konsistenz des Abfahrtsfirns zu treffen, setzt einen rechtzeitigen Aufbruch voraus. Wir starten am nächsten Morgen zeitig in den breiten, fast ebenen Grund unterhalb der Amberger Hütte, die sogenannte Sulze. Den ersten Aufschwung bildet nach ca. zwei Kilometer eine Engstelle am Fuße des Bockkogls. Wir halten uns auf der rechten Hangseite des Sulztalfernerabflusses und gelangen so in den Talgrund unterhalb des Sulztalferners. Zunächst folgt man dem Talgrund noch ca. einen Kilometer weiter Richtung Süden. Auf ca. 2450 Metern Höhe wenden wir uns dann nach Osten in den ersten Hang unterhalb des Bockkares. Nach dieser Steilstufe weiter durch den flachen Grund des Kares gegen den Nördlichen Daunkopf und unmittelbar unter dessen Felswänden auf 2800 Metern in die zunächst mäßig steile Gletschermulde nach Süden. Die Aufstiegsroute wird jetzt zunehmend steiler und endet am rechten Rand der Mulde auf einer kleinen Firnschneide. Über diese Schneide wechselt man an den östlichen Rand der Gletscherfläche und geht dort weiter Richtung Süden bis zu einem Absatz (ca. 3150 m). Wir wenden uns nach Osten in den ideal geneigten Gipfelhang und steigen auch die letzten Höhenmeter mit den Skiern bis zum Gipfelkreuz. Vor unserem Aussichtsbalkon präsentiert sich von Ötztaler Wildspitze bis Wilder Freiger das Nonplusultra der weitläufigen Gletscherarena.

Abfahrt

Wer glaubt, den richtigen Zeitpunkt für den idealen Firn zu kennen, gibt das Zeichen zum Aufbruch und mit etwas Glück erwischen wir so den oft zitierten „Butterfirn". Wir halten uns aus Sicherheitsgründen im oberen Teil entlang unserer Aufstiegsspur und schwingen nach der Gletschermulde über schön strukturiertes Gelände hinunter zur Amberger Hütte.

Der rechtzeitige morgendliche Aufbruch zahlt sich aus und gibt uns vor der Talabfahrt Gelegenheit für eine ausgiebige Mittagspause. Mit viel „Gespür für Schnee" findet sich bis hinunter zur Vorderen Sulztalalm noch eine brauchbare Abfahrtsspur. Die letzten Meter nach Gries nehmen wir unser Wintersportgerät noch einmal auf den Rücken und wandern zurück in den Frühling.

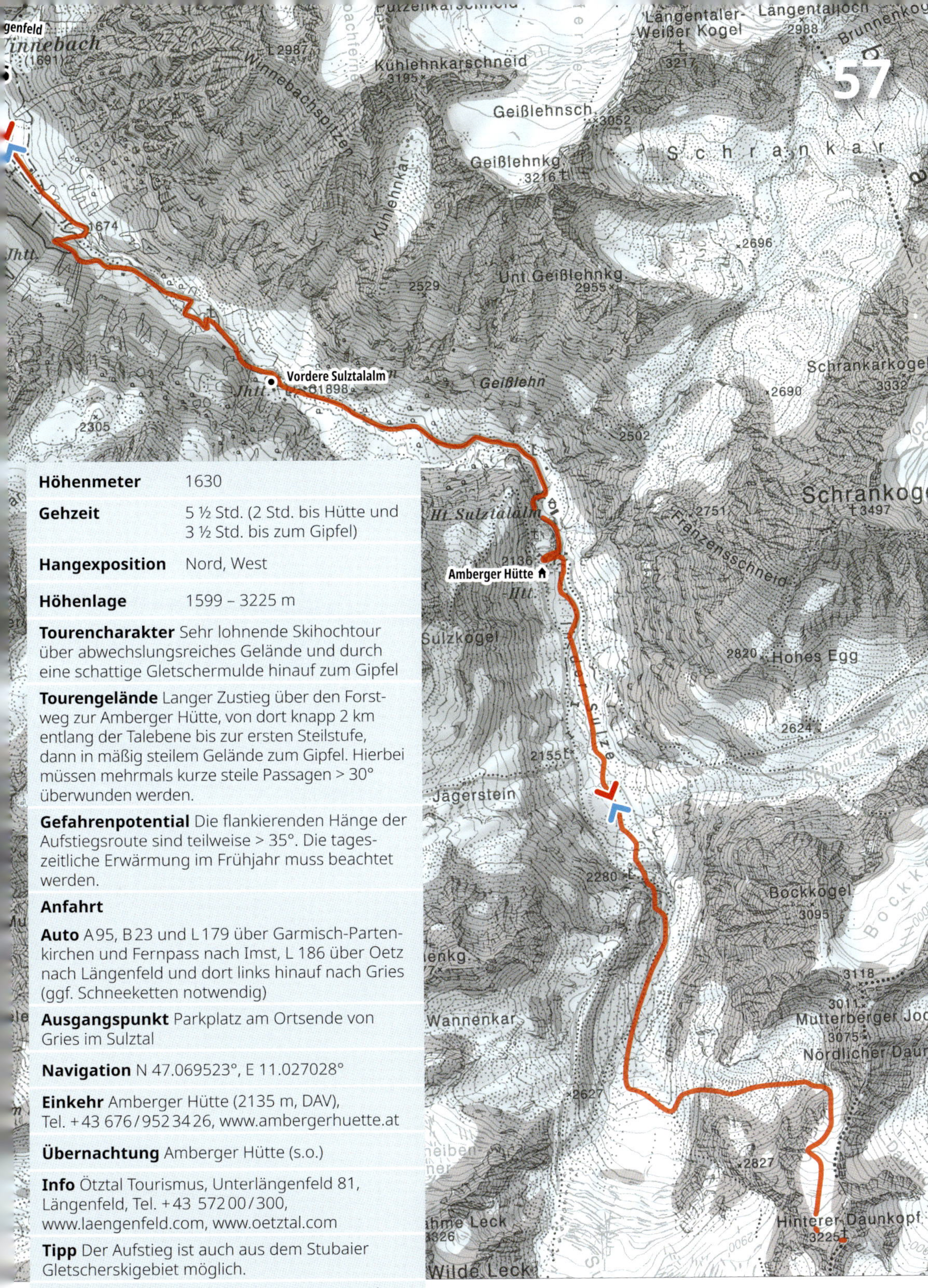

Höhenmeter	1630
Gehzeit	5 ½ Std. (2 Std. bis Hütte und 3 ½ Std. bis zum Gipfel)
Hangexposition	Nord, West
Höhenlage	1599 – 3225 m

Tourencharakter Sehr lohnende Skihochtour über abwechslungsreiches Gelände und durch eine schattige Gletschermulde hinauf zum Gipfel

Tourengelände Langer Zustieg über den Forstweg zur Amberger Hütte, von dort knapp 2 km entlang der Talebene bis zur ersten Steilstufe, dann in mäßig steilem Gelände zum Gipfel. Hierbei müssen mehrmals kurze steile Passagen > 30° überwunden werden.

Gefahrenpotential Die flankierenden Hänge der Aufstiegsroute sind teilweise > 35°. Die tageszeitliche Erwärmung im Frühjahr muss beachtet werden.

Anfahrt

Auto A 95, B 23 und L 179 über Garmisch-Partenkirchen und Fernpass nach Imst, L 186 über Oetz nach Längenfeld und dort links hinauf nach Gries (ggf. Schneeketten notwendig)

Ausgangspunkt Parkplatz am Ortsende von Gries im Sulztal

Navigation N 47.069523°, E 11.027028°

Einkehr Amberger Hütte (2135 m, DAV), Tel. +43 676/952 34 26, www.ambergerhuette.at

Übernachtung Amberger Hütte (s.o.)

Info Ötztal Tourismus, Unterlängenfeld 81, Längenfeld, Tel. +43 572 00/300, www.laengenfeld.com, www.oetztal.com

Tipp Der Aufstieg ist auch aus dem Stubaier Gletscherskigebiet möglich.

Karte AV-Karte Nr. 31/1, Stubaier Alpen, Hochstubai, 1:25.000

58 WURMTALER KOPF | 3228 m | Ötztaler Alpen

Im Krokus-Gletscher-Meer

Wie der Hintere Daunkopf ist auch der Wurmtaler Kopf eine technisch eher leichte Skihochtour, die aufgrund der potentiellen Lawinengefahr im engen Riffeltal und des Hochgebirgscharakters inklusive kleinem Gletscher alpine Erfahrung voraussetzt. Am größten ist der Genuss bei günstigen Frühjahrsbedingungen mit einer Übernachtung auf der Riffelseehütte – der Kontrast zwischen dem weißlilafarbenen Krokus-Blütenmeer im unteren Taschachtal und dem weitläufigen Gipfel-Gletscherblick könnte größer kaum sein!

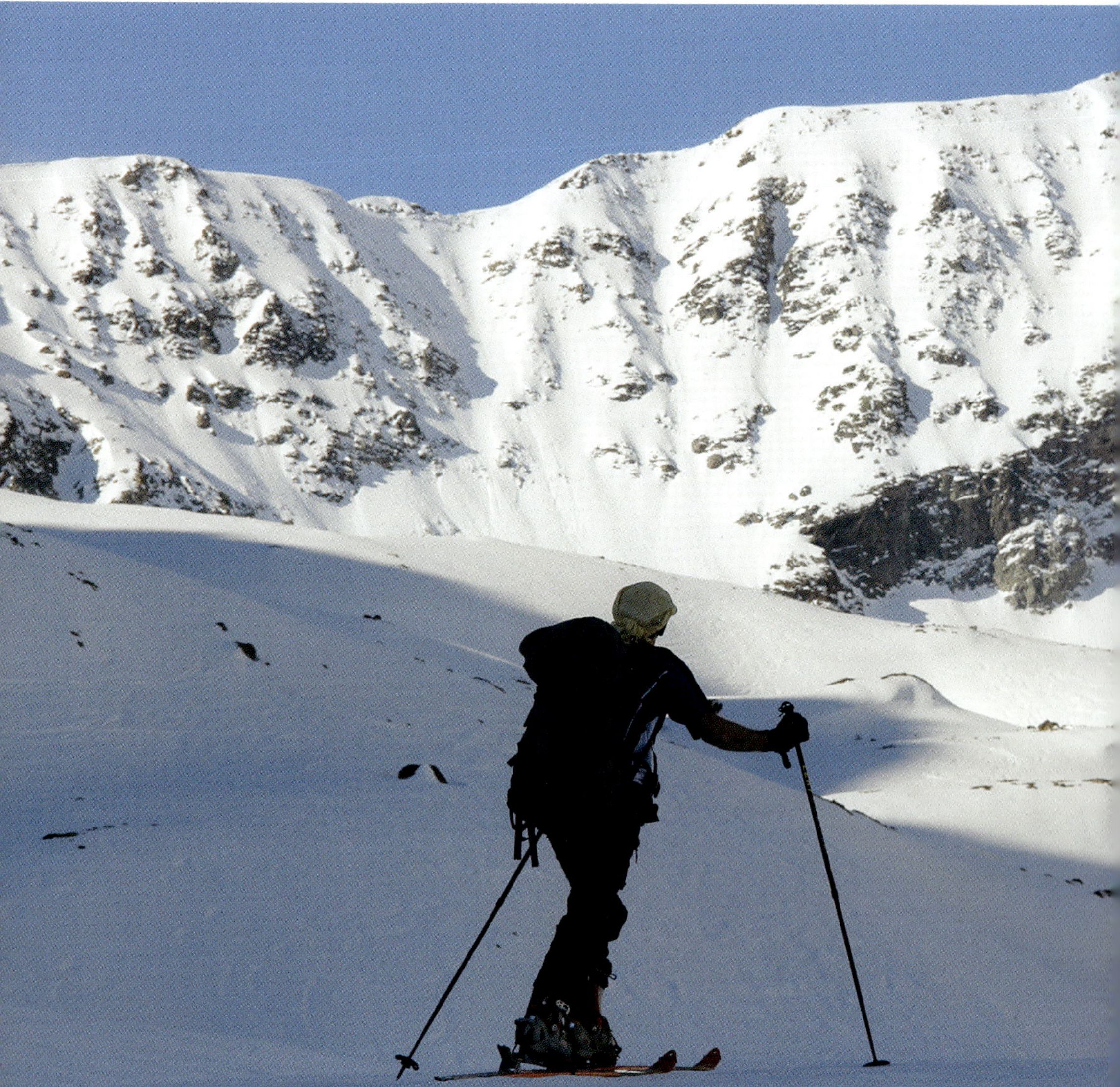

Wer nicht auf der Riffelseehütte übernachtet, kann mit der Gondel – die erste fährt allerdings erst um neun Uhr! – von Mandarfen zur Bergstation hochfahren, von dort zum Riffelsee abfahren und den Wurmtaler Kopf als Tagestour angehen. Allerdings sollte man bei dieser Variante bereits höhenakklimatisiert sein und die relativ späte Startzeit berücksichtigen.

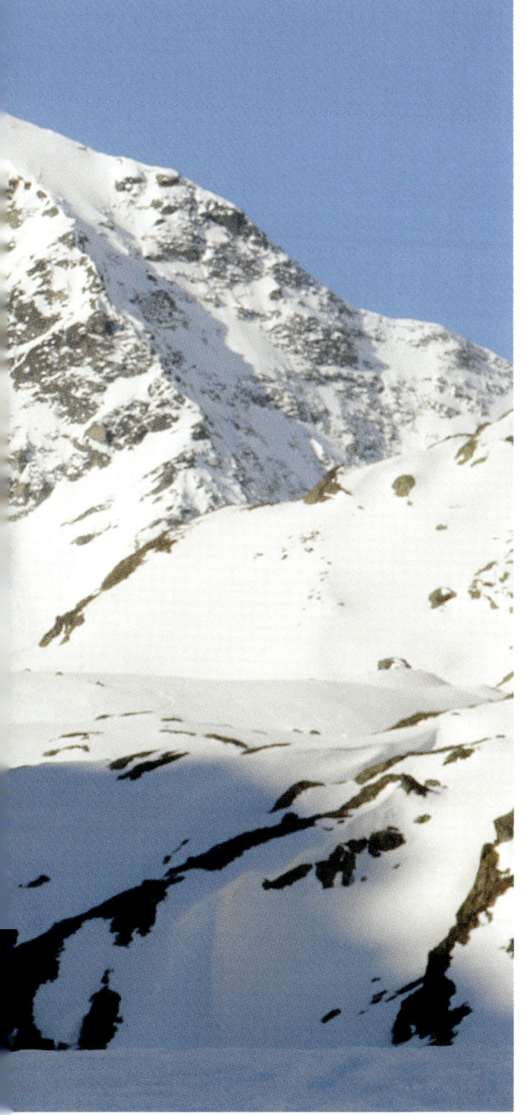

Aufstiegsweg

Ohne Aufstiegshilfe parkt man an der etwas höher gelegenen Gletscherexpress-Bahn in Mittelberg und steigt eine Brücke überquerend auf der relativ engen Piste über die Taschach Alpe (1800 m) empor. Nach der Schneeschmelze sind die umliegenden Wiesen hier von unzähligen Krokussen übersät. Vor Erreichen des Riffelsees hält man sich im Übernachtungsfall rechts in Richtung der auf dem Bergrücken des Muttenkopfes gelegenen Riffelseehütte (2293 m).

Ist der Riffelsee (2234 m) zuverlässig zugefroren, zieht man seine Spur direkt über den See, ansonsten folgt man der Loipenspur entlang des nördlichen Ufers in das anfangs flache Riffeltal. Bei wenig Schnee ist die eine oder andere Bachüberquerung nicht auszuschließen. An einem markanten Felsriegel überwindet man links haltend eine kurze Steilstufe bis zu einem flachen Geländeabsatz (ca. 2400 m). Hier zweigt nach rechts (Westen) die beliebte Route auf den K 2 ab. Etwas talein umgehen wir eine schluchtartige Verengung abermals links.

Die steile, felsige Nordostflanke unseres Tagesziels liegt nun direkt vor uns. Die Aufstiegsspur führt etwa in Talmitte nach Westen drehend über flaches, welliges Gelände durch die sogenannten Löcher zum Beginn des Riffelferners (2810 m). Um die steilste Passage des Gletschers zu vermeiden, steuert man das weithin sichtbare Joch zwischen Haupt- und Nebengipfel über den mäßig geneigten Hang in einem großzügigen Linksbogen an. Von der oberen Gletschermulde fehlen nur noch vier Kehren bis zum Skidepot. Der Rest des Anstiegs zum engen Gipfel des Wurmtaler Kopfs (3228 m) erfolgt zu Fuß wechselweise

Der nach Norden abweisende Wurmtaler Kopf wird vom Riffeltal in weitem Bogen über meist sanftes Gelände bestiegen.

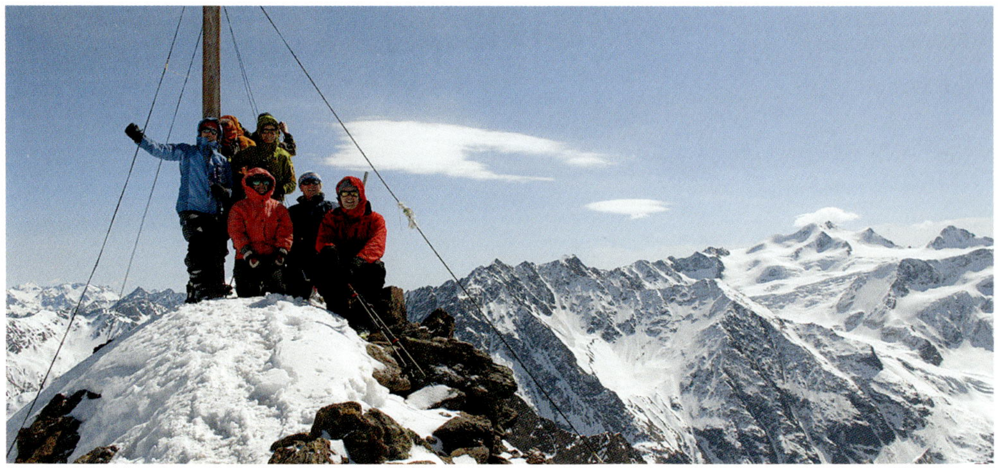

Gipfelglück mit Ötztaler Wildspitze im Hintergrund

über Firn und leichtes Blockgestein über den westlichen Gratrücken.

Wenn es am Gipfel zu stark bläst, findet man wenige Meter unterhalb an einer kleinen Biwakschachtel im blockigen Fels eine windgeschützte Brotzeitnische. Bei dem grandiosen Gletscherpanorama der Ötztaler Alpen wäre es schade, allzu schnell abzufahren! Die Wildspitze (3774 m) baut sich majestätisch vor uns auf, bei schönem Wetter sind Hunderte von Tourengehern auf dem Taschachferner auszumachen, die zuvor die Pitztaler Gletscherbahn als bequeme Aufstiegshilfe genutzt haben.

Abfahrt

Die Abfahrt erfolgt entlang der Aufstiegsspur. Bei guten Bedingungen wählen versierte Skifahrer die direkte, steilere Linie am Riffelferner. Ansonsten ist die Orientierung im langen Hochtal klar vorgegeben, weitere Varianten sind kaum möglich. Am Riffelsee folgt eine längere Flachpassage. Wer nicht mehr zur Riffelseehütte hochsteigt, kann vom See-Ende direkt auf der blauen Piste nach Mittelberg abfahren – eine finale Einkehrmöglichkeit gibt es auch auf der Taschach Alpe.

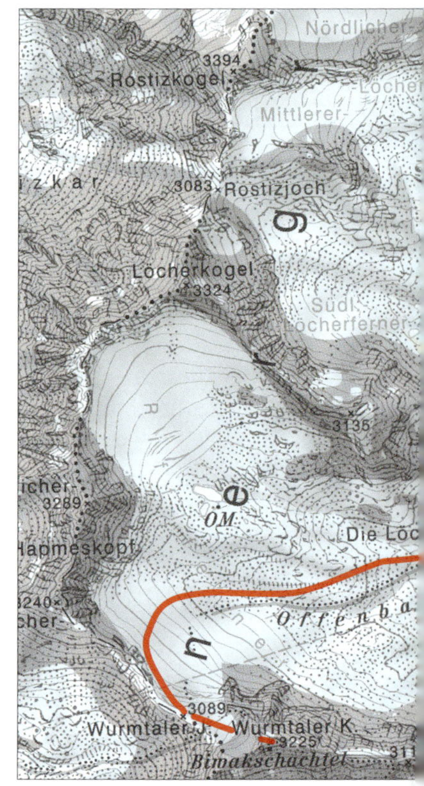

Höhenmeter	1580 (1130 ab Riffelseehütte)
Gehzeit	5 – 5 ½ Std. (ca. 4 Std. ab Riffelseehütte)
Hangexposition	Nordost bis Nordwest (zur Riffelseehütte zuletzt Süd)
Höhenlage	1740 – 3228 m

Tourencharakter Großartige Skihochtour mit einem durchschnittlich flachen Streckenprofil. Landschaftlich hervorzuheben sind die Gletschermulden unterhalb des Jochs und das überragende Gipfel-Panorama!

Tourengelände Bis zur Riffelseehütte Pisten. Am Riffelsee längere Flachpassage, dann schön kupiertes Gelände mit nur kurzen Steilpassagen. Vom Skidepot über den ohne Vereisung leichten Westgrat zum Gipfel

Gefahrenpotential Im unteren Riffeltal sind die Steilflanken vor allem des Grubenkopfs zu beachten: Etwaige Großlawinen könnten den flachen Talgrund erreichen!

Anfahrt

Auto A95 und B2 nach Garmisch-Partenkirchen, B23 über Fernpass nach Imst, L16 nach Mittelberg im Pitztal (Talschluss)

Ausgangspunkt Kostenloser Parkplatz an der Bergbahn Gletscherexpress

Navigation N 46.958933°, E 10.871251°

Einkehr

- Riffelseehütte (siehe Übernachtung)
- Taschach Alpe (1800 m), Tel. +43 5413/86248, www.taschachalpe.at

Übernachtung
Riffelseehütte (DAV, 2293 m), Tel. +43 664/3950062, www.riffelseehuette.at

Karte AV-Karte 30/3, Ötztaler Alpen Kaunergrat, 1:25.000

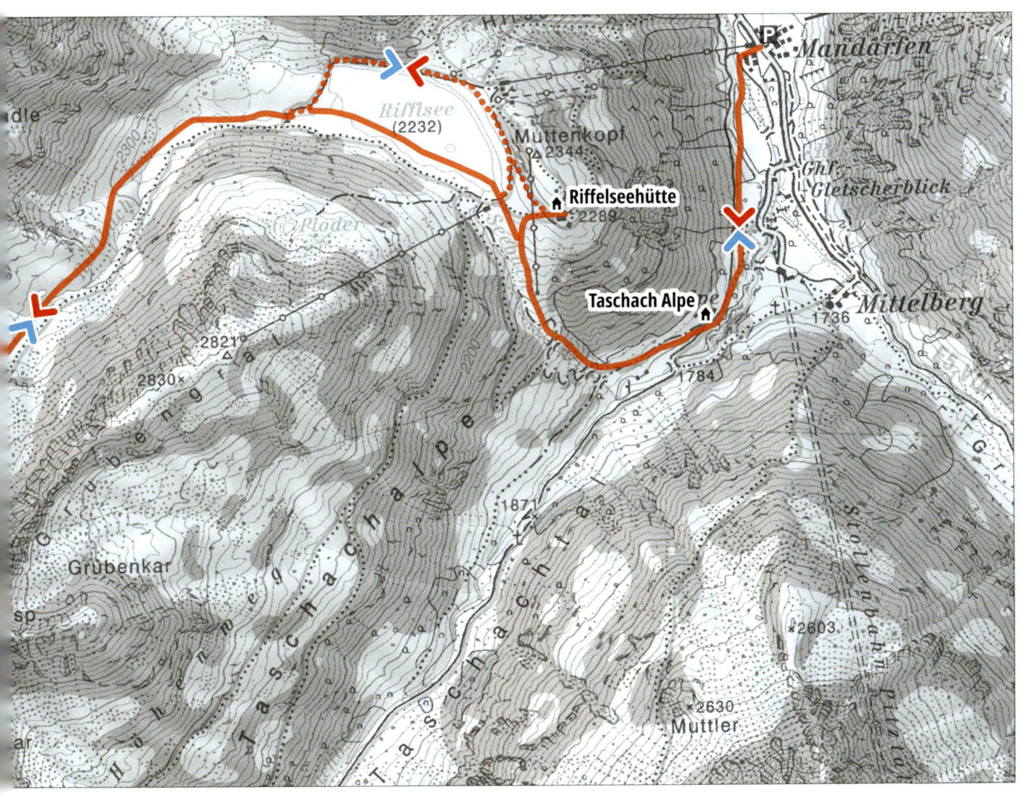

AFTER-WORK-TOUREN

After-Work-Touren in Skigebieten werden immer populärer. Neben den 43 in diesem Buch erwähnten Hütten, die zum Großteil in den Skigebieten liegen und meist an bestimmten Abenden speziell für die Tourengeher auch nach Betriebsschluss der Lifte geöffnet haben, gibt es noch weitere auf Feierabend-Sportler eingestellte Einkehren. Besonders fortschrittlich ist die Absprache der Hüttenwirte in den Regionen Allgäu und Tannheimer Tal sowie im Großraum Innsbruck. Die folgende Tabelle fasst sämtliche nicht zu schwer erreichbare Hütten sortiert nach den geöffneten Tagen innerhalb einer Region zusammen.

ALLGÄU | TANNHEIMER BERGE | AUSSERFERN		Tour
Mo. / Do.	Rohrkopfhütte (1320 m), Schwangau, Allgäuer Alpen, 530 Hm, 1 ¼ Std.	**16**
Mo.	Sonnalm (1800 m), Bach, Lechtal, 560 Hm, 1 ½ Std.	
Di.	Berggasthof Falkenhütte (1440 m), Steibis, Allgäuer Alpen, 520 Hm, 1 ¼ Std.	
Di.	Singerhütte (1660 m), Höfen, Außerfern, 730 Hm, 1 ¾ Std.	
Mi. / Fr.	Grüntenhütte (1477 m), Kranzegg, Allgäuer Alpen, 530 Hm, 1 ¼ Std.	**33**
Mi.	Heiterwanger Hochalm (1615 m), Bichlbach, Außerfern, 660 Hm, 1 ½ Std.	
Mi.	Sportheim Böck (1500 m), Nesselwang, Allgäuer Alpen, 550 Hm, 1 ½ Std.	**17**
Do. – Sa.	Staufner Haus (1634 m), Oberstaufen, Allgäuer Alpen, 800 Hm, 2 Std.	
Do.	Berghaus Schönblick (1430 m), Söllereck (Oberstdorf), Allgäuer Alpen, 390 Hm, 1 Std.	
Do.	Krinnenalpe (1530 m), Nesselwängle, Tannheimer Berge, 415 Hm, 1 Std.	**19**
Do.	Tegelberghaus (1707 m), Schwangau, Allgäuer Alpen, 920 Hm, 2 Std.	**16**
Do.	Sunnalm (1620 m), Biberwier, Mieminger Berge, 780 Hm, 1 ½ Std.	**21**
Fr.	Kappeler Alp (1350 m), Pfronten, Allgäuer Alpen, 500 Hm, 1 ¼ Std.	
Fr.	Sonnenalm (1821 m), Grän, Tannheimer Berge, 680 Hm, 1 ¾ Std.	**18**
Sa.	Hubertushütte (1554 m), Tannheim, Tannheimer Berge, 370 Hm, ¾ Std.	**20**

ALPENREGION TEGERNSEE SCHLIERSEE | MANGFALLGEBIRGE		
täglich	Taubensteinhaus (1567 m), Spitzingsee, Mangfallgebirge, 560 Hm, 2 ½ Std. (Talstation: 1 ½ Std.)	**29**
Di. + Mi.	Taubenstein-Gipfelstüberl (1613 m), Spitzingsee, Mangfallgebirge, 510 Hm, 2 ¼ Std.	**29**
Mi. + Do.	Obere Maxlrainer Alm (1520 m), Bayrischzell, Mangfallgebirge, 570 Hm, 2 Std.	**29**
Mi.	Sonnenalm (1250 m), Bayrischzell, Mangfallgebirge, 450 Hm, 1 Std.	**7**
Mi.	Walleralm (1412 m), Bayrischzell, Mangfallgebirge, 600 Hm, 2 Std.	**7**
Mi.	Speck-Alm (1408 m), Bayrischzell, Mangfallgebirge, 600 Hm, 2 Std.	**7**
Mi.	Aueralm (1260 m), Bad Wiessee, Mangfallgebirge, 450 Hm, 1 ½ Std.	**9**

BERCHTESGADENER ALPEN | CHIEMGAU

		Tour
Di. + Do.	Unternbergalm (1390 m), Ruhpolding, Chiemgauer Alpen, 680 Hm, 2 Std.	26
Mi.	Bründling-Alm (1167 m), Hochfelln-Bahn, Chiemgauer Alpen, 600 Hm, 1 ½ Std.	
Mi. + Sa.	Rossfeld Skihütte (1455 m), Pechhäusl, Berchtesgadener Alpen, 310 Hm, ¾ Std.	3
Do.	Dr.-Hugo-Beck-Haus (1260 m), Hinterbrand a. Königssee, Berchtesg. Alpen, 160 Hm, ½ Std.	2
Do.	Stahlhaus (1736 m), Königssee, Berchtesgadener Alpen, 600 Hm, 2 Std.	2
Do.	Wildalm (1260 m), Heutal, Chiemgauer Alpen, 300 Hm, 1 Std.	4
Do.	Gorialm (1258 m), Hohenaschau, Chiemgauer Alpen, 670 Hm, 1 ½ Std.	6
Do.	Steinlingalm (1467 m), Hohenaschau, Chiemgauer Alpen, 880 Hm, 2 Std.	6

GROSSRAUM INNSBRUCK | KITZBÜHELER ALPEN

Mo./Do.	Sunnalm (2020 m), Axamer Lizum, Sellrainer Berge, 480 Hm, 1 Std.	24
Mo./Do.	Hoadlhaus (2340 m), Axamer Lizum, Sellrainer Berge, 800 Hm, 2 Std.	24
Mo. + Di.	Tulfeinalm (2035 m), Tulfein, Tuxer Alpen, 700 Hm, 1 ¾ Std.	
Di. + Fr.	Rosskogelhütte (1780 m), Oberpfuss, Sellrainer Berge, 960 Hm, 2 ½ Std.	25
Di. + Fr.	Reitherjochalm (1500 m), Seefeld, Karwendelgebirge, 320 Hm, 1 Std.	22
Di. - Do.	Weinbergerhaus (1272 m), Kufstein, Kaisergebirge, 770 Hm, 2 Std.	
Di. - Sa.	Sattelbergalm (1633 m), Gries am Brenner, Brenner Berge, 450 Hm, 1 Std.	37
Di.	Panoramarestaurant Stiglreith (1363 m), Oberpfuss, Sellrainer Berge, 540 Hm, 1 ¼ Std.	25
Di.	Gasthof Koppeneck (1605 m), Stubaier Alpen, 650 Hm, 1 ½ Std.	
Mi. + Fr.	Harschbichlalm (1700 m), St. Johann, Kitzbüheler Alpen, 1000 Hm, 2 ½ Std.	
Mi., Fr.+Sa.	Bergeralm (1540 m), Nösslach, Stubaier Alpen, 500 Hm, 1 ¼ Std.	
Mi. + Sa.	Birgitzer Alm (1808 m), Adelshof, Sellrainer Berge, 470 Hm, 1 Std.	36
Do.	Patscherkofel-Schutzhaus (1970 m), Goldbichl, Stubaier Alpen, 950 Hm, 2 ½ Std.	
Fr.	Rosshütte (1760 m), Seefeld, Karwendelgebirge, 580 Hm, 1 ½ Std.	21

TÖLZER & WERDENFELSER LAND | ROFAN- | KARWENDELGEBIRGE | MIEMINGER BERGE

täglich	Hörnle (1390 m), Bad Kohlgrub, Ammergauer Alpen, 510 Hm, 1 ¼ Std.	15
	Kolbensattelhütte (1276 m), Oberammergau, Ammergauer Alpen, 420 Hm, 1 ¼ Std.	14
Di. + Do.	Drehmöser 9 (1310 m), Garmisch-Partenkirchen, Wettersteingebirge, 570 Hm, 1 ¼ Std.	13
Di. + Fr.	Brent-Alm (1100 m), Ehrwald, Wettersteingebirge, am Ausgangsort	20
Di. + Fr.	Ganghoferhütte (1289 m), Ehrwald, Wettersteingebirge, 200 Hm, ½ Std.	20
Di. + Fr.	Tirolerhaus (1289 m), Ehrwald, Wettersteingebirge, 410 Hm, 1 Std.	20
Di.	Blomberghaus (1203 m), Blomberg-Talstation, Tölzer Berge, 580 Hm, 2 Std.	30
Mi.	Berggasthof Rofan (1850 m), Maurach, Rofangebirge, 880 Hm, 2 ¼ Std.	11
Mi.	Erfurter Hütte (1831 m), Maurach, Rofangebirge, 860 Hm, 2 ¼ Std.	11
Mi.	Korbinianhütte (1200 m), Mittenwald, Karwendelgebirge, 270 Hm, ¾ Std.	12
Mi.	Kranzberghaus (1350 m), Mittenwald, Karwendelgebirge, 420 Hm, 1 ½ Std.	12
Do.	Lenggrieser Hütte (1338 m), Lenggries, Tölzer Berge, 650 Hm, 2 Std.	
Do.	Sunnalm (1620 m), Biberwier, Mieminger Berge, 540 Hm, 1 ½ Std.	21
Fr.	Ehrwalder Alm (1502 m), Ehrwald, Wettersteingebirge, 410 Hm, 1 Std.	20

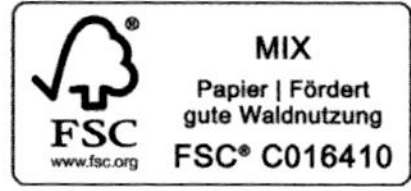

Dieses Produkt besteht aus vorbildlich bewirtschafteten, FSC®-zertifizierten Wäldern und wiedergewonnenen Material.

Impressum

frischluft | edition
Verlag GbR
Email info@frischluftedition.de
Web www.frischluftedition.de

Autoren Michael Reimer und Klaus Stierhof
Grafik-Design Katrin Baur
Druck/Repro Lanadruck GmbH
Karten Deutschland: Grundlage: Topographische Karte © Bayerische Vermessungsverwaltung, Nr. 633/22
Karten Österrreich: Grundlage: © BEV 2022, vervielfältigt mit Genehmigung des BEV – Bundesamtes für Eich- und Vermessungswesen in Wien, N 8746/2022

Bildnachweis

Michael Reimer:U1(2),U4(1),3,8,15(3),25,27,28,30,32, 35,37,38,40,42,43,44,45,46,48,49,50,51,52,53,54,56, 57,61,62,63,64,65,68,72,76,77,80,81,83,86,87,88,89, 91,108,114,115,118/119,120,152/153,154
Klaus Stierhof: 16,17,18,20,21,22,66,84,85,92,93,94/95, 97,98,100/101,102,106,117, 124,127,128,130,132,135, 136/137,138,139,140,142,144/145,146,148/149,150
Sonja Lux: 2(1),70,78,96,104,110,111,112,122/123,129, 147
Katrin Baur: 2(1),15(1),31,58,58/59,74,82
Thomas Bichler/Best of Winter/Alpenwelt (Karwendel):
Manfred Scheuermann: U1(mo),14,15
Silke Ulrich: 12
Kathi Waller/Bergbahnen Sudelfeld: 38,39

ISBN 978-3-945419-11-3

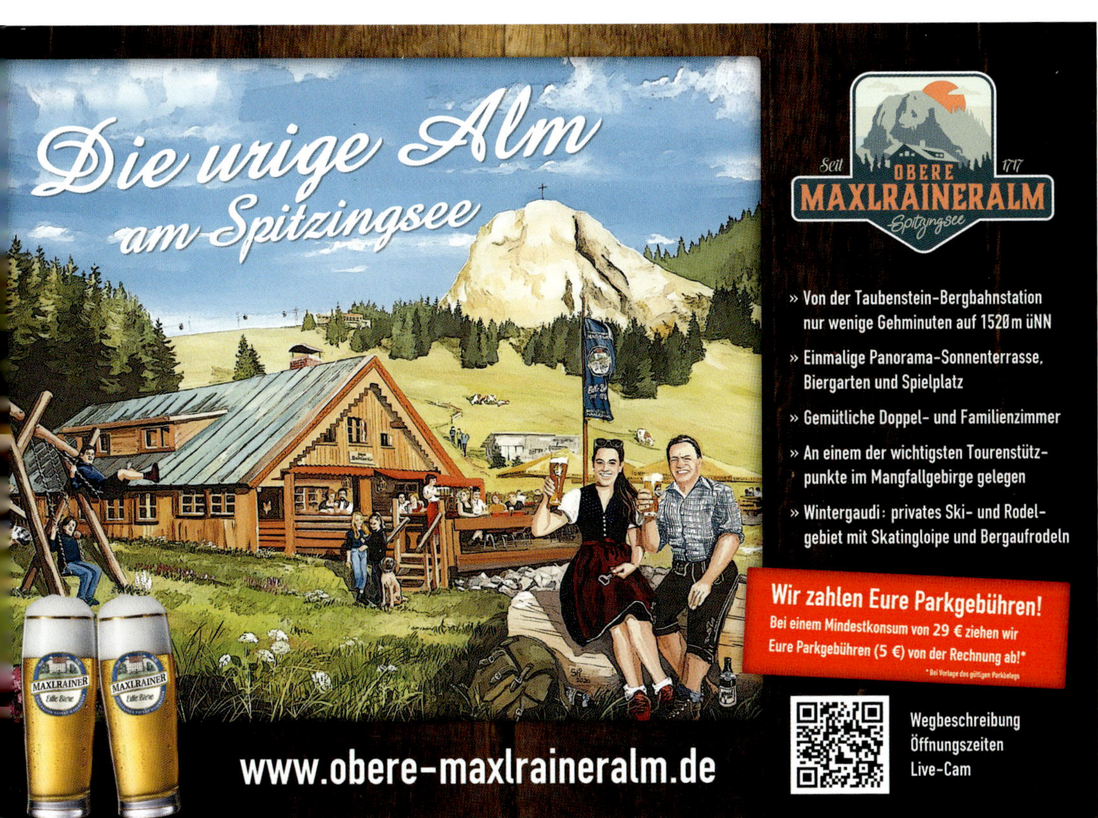

Meine Lieblingstouren

Index